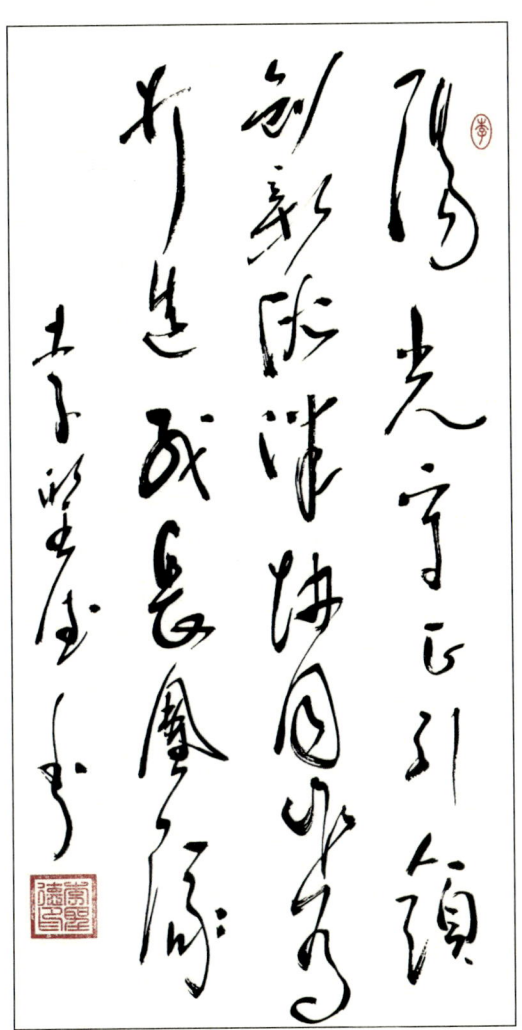

阳光守正　引领创新伙伴
协同作为　打造成长团队

李圣德　书

YANGGUANG · XIEZUO · CHENGZHANG
——ZHONG-XIAOXUE XIAOBEN JIAOYAN TANJIU

阳光·协作·成长
——中小学校本教研探究

李圣德 / 著

· 郑州 ·

图书在版编目（CIP）数据

阳光·协作·成长：中小学校本教研探究 / 李圣德著. —— 郑州：河南大学出版社，2023.8
ISBN 978-7-5649-5571-7

Ⅰ．①阳… Ⅱ．①李… Ⅲ．①中小学－教学研究 Ⅳ．①G632.0

中国国家版本馆CIP数据核字（2023）第156598号

责任编辑	马　博　时二凤
责任校对	王　珂
封面设计	马　龙

出版发行　河南大学出版社
　　　　　地址：郑州市郑东新区商务外环中华大厦2401号
　　　　　电话：0371-86059701（营销部）　0371-22860116（南方出版中心）
　　　　　邮编：450046
　　　　　网址：hupress.henu.edu.cn
排　　版　河南大学出版社设计排版部
印　　刷　广东虎彩云印刷有限公司
版　　次　2023年8月第1版　　　　　印　次　2023年8月第1次印刷
开　　本　787 mm×1092 mm　1/16　　印　张　23
字　　数　367千字　　　　　　　　　定　价　68.00元

版权所有·侵权必究

（本书如有印装质量问题，请与河南大学出版社联系调换。）

序　言

党的二十大报告指出："教育是国之大计、党之大计。培养什么人、怎样培养人、为谁培养人是教育的根本问题。"且明确提出"教育、科技、人才是全面建设社会主义现代化国家的基础性、战略性支撑。必须坚持科技是第一生产力、人才是第一资源、创新是第一动力，深入实施科教兴国战略、人才强国战略、创新驱动发展战略，开辟发展新领域新赛道，不断塑造发展新动能新优势"，对"坚持教育优先发展、科技自立自强、人才引领驱动，加快建设教育强国、科技强国、人才强国"进行整体谋划，并将"建成教育强国、科技强国、人才强国"纳入2035年我国发展的总体目标。

随着新时代教育改革的不断深入推进，面对新高考、新课程、新课标、新教材和以ChatGPT为代表的人工智能数字革命新技术对中小学基础教育教学工作的新挑战，"向教研科研要质量，靠教研科研上水平"已成为教育人的共识和行动。贯彻党的教育方针，落实立德树人根本任务，为党育人，为国育才，落地教育部、中宣部等八部门《新时代基础教育强师计划》，培养实践型、创新型、综合型人才，更加需要一大批守正创新、引领发展的优秀教师，打造一支一流的教研型、科研型卓越教师团队。

教是研的关键阵地，研是教的源头活水。教而不研则浅，研而不教则空。以教促研，以研促教，教研合一，教学相长，引领成长，提升质量。老师的教学就像一棵大树，要枝繁叶茂，硕果累累，就必须有深牢、宏大、发达的根系，校本教研是这根系生长中不可或缺的关键滋养。作为一个教研负责人，我一直关注校本教研，我认为校本教研是教育质量提升和学校特色办学的关键。

今天看到李圣德老师的《阳光·协作·成长——中小学校本教研探究》一书，在校本教研方面集成了他多年的经验，从理论到实践上都对校本教研进行了探索，确实是一本学校提高校本教研质量的好教材，是推进课程改革，实施素质教育，聚焦"双减"落地，助力提质增效，办好人民满意教育的好的教师用书。

作者李圣德老师，是厦门市翔安区2019年从全国引进的高层次教育人才，省级教学名师，省级教师教育专家，正高级教师。曾经过农村和城镇、小学和中学、教师和校长等不同地区、岗位的历练，阅历丰富，思考良多。到翔安三年来，任翔安区教师进修学校副校长、翔安区思政课一体化研究中心主任，是厦门市教育学会理事，厦门市教育学会创新拔尖人才基础教育专业委员会常务理事，厦门市李圣德名师工作室领衔人，厦门市大中小学思政课一体化建设专家指导组成员，厦门海洋职业技术学院思想政治理论课客座教授，全国中文核心期刊《中学政治教学参考》2022年3月封面人物。他多次深入中小学校，开展接地气的调查研究，立足翔安区教师队伍的结构现状，提出通过持续规范提升、优化推进校本教研等解决现实课堂问题的思路、方法和建议，着力提升教师队伍整体素质，打造厦门翔安教育教学高质量发展的"铁军"。

本书作为厦门市基础教育课程改革领导小组办公室2020年重点课题"基于学习中心的区域课堂教学改革行动研究"项目核心成果之一，以"阳光·协作·成长"为主旨，聚焦中小学校本教研工作之推进，坚持阳光守正，引领创新伙伴；突出协同作为，打造成长团队，从理论到实践，内容包括五个篇章和附录（相关政策）。其中课堂篇和教研篇立足教育教学工作常规，利用长短句的形式，平白朴实，娓娓道来，添加说明，附有他山之石相关案例，实用、有效，易于中小学校和教师接受、理解和借鉴；推进篇把握基础教育校本实际，从工作意见、推进思考到相关表格、实操案例等，供中小学校拿来参考或直接借用，有可复制、可推广的实践价值；备忘篇500句内容汇集了作者2011—2022年课堂实践随笔的精华，每一段文字的背后都有故事发生，有启迪、引领之效，提升中小学教师听课评课、观课议课水平，为教师成长提供路径和范例；概念篇则是对相关概念的梳理，帮助教师进行基础性认知和统整性把握。另有附录中的相关重要文件，为教师高质量发展提供政策支撑。

全篇文字简约精练，通俗易懂，朗朗上口，富有韵味，表格实用，便于阅读、学习和改用。文稿内容由浅入深，由表及里，循序渐进，思中有悟，研中有道，记中有法，具有明显的地方区域特点。作者能够依据教师的成长规律与学校的办学优势，把理论思考探讨与实践行动研究相结合，教研思悟内容具有灵活性、针对性、指导性、操作性和通透性。五个篇章既相互关联，又自成一体，高屋建瓴，模块清晰，凝聚着作者在乎点滴、"聚沙成塔、集腋成裘"的缜密思维和辛勤付出，彰显出作者的教育情怀和使命担当。该书的出版，有利于中小学校本教研工作的引领、指导、推进和提升。

近年来，翔安教育依托地方党委政府的高度重视和政策优势，高端引进，高位引领，快速提升，高质量发展，全体教师在日益激烈的竞争中不断调整自己的位置，进一步明确了作为"研究者"的角色定位和任务，持续作出了各种努力和尝试，在教师培训、教研科研和教育教学等诸多方面都取得了令人瞩目的好成绩。

我们欣喜地看到，翔安区中小学教师牢记教育初心使命，不负青春韶华，踔厉奋发作为，砥砺接续前行，走在翔安教育高质量发展的大道上，正由"传授型"转为"引导型"，由"单一型"转为"复合型"，由"拷贝型"转为"创新型"，由"经验型"转为"科研型"，出现了争先恐后、你追我赶、力争上游的可喜局面，成就了一批批教育名人、教育名师和教育名校。翔安教育未来可期。

本书构建了中小学校本教研系列活动的操作范式，架设了连接教科研训理论与实践之间的桥梁，将为中小学校的教育教学工作注入新的活力，值得推荐和学习。

是为序。

傅兴春

2022 年 11 月 10 日

（傅兴春：正高级教师，特级教师。国家督导评估专家，福建省政府特约督学，厦门市教育科学研究院副院长。）

目 录

第一章 校本教研之概念篇 1

第一节 关于课堂 1
一、课堂概念 1
二、课堂本质 2
三、课堂划分 3

第二节 关于教学 3
一、教学内涵 3
二、教学演绎 4

第三节 关于课堂教学 5
一、课堂教学演变 5
二、新时代的课堂教学 6

第四节 关于教研 6
一、教研含义 6
二、教研公理 7
三、教研划分 8
四、教研模型 9
五、相关概念 10

　　　　第五节　关于校本教研......11
　　　　　　一、校本教研的基础概念......11
　　　　　　二、校本教研的基本理念......13
　　　　　　三、校本教研的研究形式......15
　　　　　　四、校本教研的基础特性......16
　　　　　　五、校本教研的价值意义......17

第二章　校本教研之课堂篇......21
　　　　　　一、课堂提示长短句......21
　　　　　　二、调查报告......27
　　　　　　三、他山之石......31

第三章　校本教研之教研篇......92
　　　　　　一、校本教研提示长短句......92
　　　　　　二、他山之石......113

第四章　校本教研之推进篇......127
　　　　　　一、区域推进案例......127
　　　　　　二、相关工作表格......135
　　　　　　三、他山之石......190

第五章　校本教研之备忘篇......246
　　　　　　一、南阳部分（2011年9月—2016年6月）......246
　　　　　　二、厦门部分（2019年10月—2022年4月）......272

附录（相关政策）......306

后记......355

第一章　校本教研之概念篇

本篇对所涉及的概念（具体有课、堂、课堂，教、学、教学、课堂教学，教研、校本教研等）进行梳理，目的在于了解相关概念，为开展教育教学和校本教研相关工作做好储备。（图1-1）

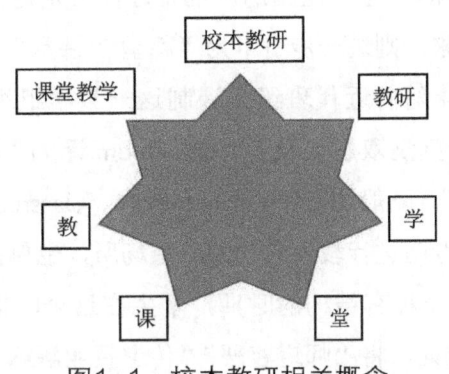

图1-1　校本教研相关概念

第一节　关于课堂

一、课堂概念

课堂，一般来说是进行教育教学活动时的教室，是指教师给学生授课的地方，泛指进行各种教育教学活动的场所。

课堂的英语一般表述是schoolroom。而相关英语单词lesson，也有课堂的意思，可作名词（教训；课程；功课；课堂），也可作动词（教训；教课；来自拉丁语 lectio，代表阅读以及说出来）。

在我国古代，"课"和"堂"是两个独立、并行存在的词语。

"课"的最初含义是"试验，考核"。《说文解字》："课，试也。从言，果声。"[1]489 段玉裁《说文解字注》："《广韵》：'第也，税也。'皆课试引申之义。"[1]489 南北朝时期，在"课"的最初含义的基础上，生发出"按规定内容和分量教授、讲习、作业"的含义。到了中国近代，"课"才逐步成为班级授课制的重要概念。

"堂"的最初含义是"殿堂"。《说文解字》："堂，殿也。从土，尚声。"[1]2932 屋之宽大敞亮之所在，是堂之范式。它高于一般房屋，用于祭献神灵、祈求丰年等。后来，"堂"泛指房屋的正厅，特别是指比较正式或尊贵的房间，即正房；再后来，则进一步引申为"朝堂""佛堂""厅堂""堂屋"等等。

"课堂"一词是伴随着近代班级授课制这一教学组织形式的出现而产生的。根据《牛津高阶英汉双解词典》，schoolroom 译为"教室"，而 classroom 意思是"教室，课堂"。一般情况下，schoolroom、classroom 两词都会将课堂、教室合在一处，泛指专门进行教学活动的时空场所，也包括教室和学生。

汉语中，课堂是一种有结构的时期，学生在这个时期打算学习知识。把"课"和"堂"连缀成词，将"师道尊严""传道授业解惑"等包含其中，彰显了课堂的神圣。

什么是课堂？王鉴在《课堂研究引论》（详见《教育研究》2003 年第 6 期）中指出，课堂的含义包括三个递进的层次：一是把课堂理解为学校教学活动发生的场所；二是把课堂理解为课程与教学活动的综合体；三是把课堂理解为课程与教学研究的一个自然实验室。

二、课堂本质

课堂的本质在于，它既是学生学习的场所、学生生命成长的原野，也是育人的主渠道、育人的主阵地。在教学中，要根据教学实际，创设必要的情境，给学生提供课内实践的机会，让学生在特定的环境中进行实践体验，使他们在活动中感悟道理、体验情感、规范行为。学生是课堂学习的主体，是学习的主人，教师应该运用自己的智慧和创造力，挖掘蕴含其中的无限生机和活力，把课堂营造成生动活泼的学习乐园，让学生在愉快的学习环境中自然、有序、潜移默化地学习和操练，不断提高口语交际能力、反思总结能力、归纳演绎能力等。

三、课堂划分

课堂按教师与学生场域可划分为：一个教师或导师为主，与很多学生同堂现场上课；一个教师或导师为主，与很多学生同堂异地直播上课；私人讲授同堂现场上课，即一对一教学；私人讲授同堂异地直播上课；没有教师在场，预先录音或录影播放上课；等等。课堂作用在于评价、互动、激励、总结、成长等。

第二节 关于教学

一、教学内涵

一般来说，教学是教师的教和学生的学所组成的一种人类特有的人才培养活动。通过这种活动，教师有目的、有计划、有组织地引导学生学习，掌握文化科学知识和基本技能，形成品格和关键能力，促进学生素养提升，使其成为面向未来社会所需要的人。

其中，当"教学"的"教"读作第一声（阴平）的时候，"教学"是动词，意思是教书，即教学生学习功课。这里的"教"是动词，意即把知识或技能传给人，如教课、教唱歌、教小孩儿识字、师傅把技术教给徒弟等。

当"教学"的"教"读作第四声（去声）的时候，"教学"是名词，意思是教师把知识、技能传授给学生的过程。如"教学相长"一词，指的就是教师通过把知识、技能传授给学生的过程，不但使学生得到进步，而且使自身得到长进（提高）。"教"读作第四声时，除作使令用词或作姓氏外，在现代汉语里一般不单独使用，通常需和其他语素一起构成合成词后方能表情达意，《中庸》有句："天命之谓性，率性之谓道，修道之谓教。"[2] 其"教"亦如此。如动词中的"教导、教育、教化、教诲、教改、管教、请教、受教、因材施教"等，名词中的"教师、教员、教程、教练、教头、教主、教徒、教案、教具、教参、教龄、教室、教堂、教益、有教无类"等。

一般来说，"教学"有三种解释。一是指教育。如《礼记·学记》："玉不琢不成器，人不学不知道。是故古之王者建国君民，教学为先。"[3] 再如《后汉书·肃宗孝章帝纪》中"十一月壬戌，诏曰：'盖三代导人，教学为本。'"[4]，《南史·崔祖思传》中"自古开物成务，必以教学为先"[5]，等等。二是指教师把知识、技能传授给学生的过程。如《孔子家语·七十二弟子解》："颜由，颜回父，字季路。孔子始教学于阙里而受学。少孔子六岁。"[6]《东观汉记·邓禹传》："（邓禹）笃于经书，教学子孙。"[7] 再如清李斗《扬州画舫录·城西录》："室三楹，庭三楹，曰一字斋，即徐硕庵教学处。"[8] 李广田在《散文三十篇》的"序"中说："二十年来，我一直从事教学工作，也一直以写作为副业。"[9] 三是指教书。如《初刻拍案惊奇》卷十二中"此间有一个教学的先生，姓阮，叫阮太始"[10]，赵树理《金字》中"在乡村集镇上教小学，教学以外的杂事很多：赛神唱戏写通知、写神庙对联，村里人有了红白大事写请柬、谢帖、庚帖（婚约）、灵牌"[11]，等等。

二、教学演绎

从中国文化传承看，早在商朝甲骨文中就已经出现了"教"字，如"丁酉卜，其呼以多方小子小臣其教戒"；也有"学"字，如"壬子卜，弗酒小求，学"。通过甲骨文中的字形分析看，"教"是从"学"派生出来的，最初都是独立的单字。据考证，最早将"教学"二字连为一词，见于《书·商书·说命》中。

根据中国古代文献的记载，"教"有"教授、教诲、教化、告诫、令使"等含义。《说文解字》中记载："教，上所施下所效也。"[1]672 其"施"就是操作、演示，即传授蓍占和龟卜；其"效"就是模仿、仿效，即学习蓍占和龟卜。

从英语表达看，与教学相对应的词有 teach、learn、instruct，以及 teach and learn 等。learn 和 teach 来自中世纪英语中 lernen 一词，意思是"学"和"教"。Lernen 的词干是 lar，lar 是 lore 的一个词根。Lore 原来的意思是"学习"和"教导"，常用来指所教的内容。也就是说，learn 和 teach 是由同一词源派生出来的。teach 一词还有另一种派生形式。它源自古英语中的 taecan 一词，taecan 又是从 taikjan 一词派生来的。Taikjan 的词根是 teik，意思是"说明"。Teik 通过前条顿语可以一直追溯到梵文的 dic。Teach 这个词与 token（意为"信号"或"符号"）也有关系。Token 一词源自古条顿语的 taiknom。这个词与 taikjan（后来成为古英语的 taecan）同源，意思是"教"。从这个词源看，"教"的意思就是通过信号或符号引起别人对事物、人物、观察和研究的结果等作出反应。由这种派生关系看，teach 同进行教学的中介有关。teach 和 instruct 二词也有区别，teach 常与教师的行为有联系，作为一种活动；而 instruct 常常与教学情境有关系，强调教学过程。正因为如此，经常有人认为，不能仅用 teach 一个词来对应教学，而应该用 teach and learn，以同时强调教师的教和学生的学。然而值得指出的是，与汉语中的"教"源自"学"有所不同，英语中 teach 和 learn 是同一词源派生出来的。

第三节 关于课堂教学

一、课堂教学演变

课堂教学是教育教学中普遍使用的一种手段，它是教师给学生传授知识和技能的全过程，主要包括教师讲解、学生问答、教学活动以及教学过程中使用的所有教具。

与"个别教学"相对应，课堂教学也称为"班级授课制"或"班级上课制"，即把年龄和知识程度相同或相近的学生，编成固定人数的班级集体；按各门学科教学大纲规定的内容，组织教材和选择适当的教学方法；并根据固定的时间表，向全班学生进行授课的教学组织形式。这是在16世纪，随着资本主义工商业的发展和科学技术的进步、教育对象范围的扩大和教学内容的增加，在西欧一些国家首先出现的一种新的教学组织形式。如法国的居耶讷中学，分为十个年级，以十年级为最低年级，一年级为最高年级。在一年级以后，还附设二年制的大学预科。德国斯特拉斯堡的文科中学，分为九个年级，还设一个预备级，为十年级。与此同时，天主教设立的耶稣会学院，也实行班级教学，分为初级和高级两部。

17世纪捷克教育家J. A. 夸美纽斯总结了前人和自己的实践经验，并在其所著的《大教学论》（1632年）中加以论证，奠定了班级教学的理论基础。此后，班级教学在欧洲许多国家的学校逐步推广。中国采用班级教学最早的雏形，是同治元年（1862年）清政府在北京开办的京师同文馆。20世纪初废科举、兴学校以后，逐步在全国采用班级教学的组织形式。

二、新时代的课堂教学

新时代的课堂教学是把握以人工智能为代表的信息技术革命，立足课堂场域，聚焦师生教、学、评的一系列活动，以信息交换、认知联动、资源共享、教学相长为遵循，以贯彻新时代党的教育方针、落实立德树人根本任务、培养全面发展和担当民族重任的时代新人为目标的教育教学成长共同体。

第四节　关于教研

一、教研含义

《现代汉语词典》中，"教研"的"教"本义为教育、教导，后引申为使、令、让；"研"的意思是细磨与研究。教研即教育研究，是指总结教学经验，发现教学问题，研究教学方法，提高教学质量。

教研是什么？可以从知识管理、社会学和心理学这三个角度进行探索。

从知识管理视角看，教研是钻研者之间成果的传播、整合与提升，是PCK（学科教学知识）的转化、传播与利用，指向教研的内容。孟子说："有为者辟若掘井，掘井九轫而不及泉，犹为弃井也。"[12] 做教研就是要掘井及泉，教研者不是聚在一起交流掘井的体会，而是来分享甘洌的"清泉"，即钻研成果。

从社会学视角看，教研是通心力与和而不同。通心力包括厘清自己、换位体验及相互影响三个渐进的过程，指向教研的条件。厘清自己即空杯心态，明确目标。换位体验即站在对方的立场上，体验对方的情绪与状态。相互影响即影响的结果是双方或多方都不处在能量级别低的情绪中，如羞愧、内疚、冷淡、悲伤、恐惧、欲望、愤怒、骄傲等，而是到达了能量级别高的情绪，如勇敢、淡定、主动、宽容、明智、仁爱、喜悦、平和、开悟等。和而不同源于《论语·子路》中"君子和而不同，小人同而不和"[13] 159，体现了教研的过程与结果在手段与目标上的差异性与统一性，以及对于教研者群体素养的社会期待。

从心理学视角看，教研是再生力，即支持他人提升和发展的心理能力，指向教研的效果。兰迪说："我发现帮助他人实现他们的梦想是唯一比实现自己梦想更有意义的事情。"[14] 曾子曰："吾日三省吾身——为人谋而不忠乎？与朋友交而不信乎？传不习乎？"[13] 3-4 这三点考虑的都是对他人是否有利，提高的就是自己的再生力。再生力的作用是相互的，教研者一、教研者二和教研者三都有再生力，都能支持别人成功。正如《老子》二章中所言："天下皆知美之为美，斯恶已；皆知善之为善，斯不善已。故有无相生，难易相成，长短相形，高下相倾，音声相和，前后相随。"[15]

二、教研公理

从教研与钻研的定义出发，可以得到两条教研公理。

教研公理一：先有钻研而后有教研，反映的是钻研者成果的传播与整合，指向教研的前提，教研者必须是钻研者。教研是发生在两个或两个以上钻研者之间的，教研时，要进行成果的交流、分享。教研者可以是有分工的钻研者。尺有所短，寸有所长，可以把不同内容根据钻研者所长进行分工，教研时，进行成果的整合。"先有钻研而后有教研"的公理对教研活动的设计提出了要求，即参加教研活动的人员必须首先是钻研者，所谓不愤不启，不悱不发。

教研公理二：教研促进钻研，反映的是教研中钻研者成果的提升，指向教研的螺旋上升发展过程。钻研者的分工或钻研者水平的参差不齐产生教研的动力，教研就是不同分工或不同水平钻研者互动的过程。教研时，或是不同分工的钻研者成果整合成为集体的、系统的教研成果，或是较高水平的钻研成果被教研者认识直至吸纳。这两个过程对教研者二和教研者三的促进是显而易见的，至于教研者一的收益则不仅仅限于教育教学本身，还可获得马斯洛需求层次理论中较高层次需求（如归属感、来自他人的尊敬以及自我实现等）的满足。

三、教研划分

我们可以从教研的发生地点、教研的组织主体、教研的目标三个角度来对教研进行划分。

根据教研的发生地点，可以把教研划分为实地教研和网络教研等。这种划分是教研的分类。

根据教研的组织主体，可以把教研划分为校本教研、校际教研以及区域教研。这种划分是教研的分层。

教研的目标是促进教师专业发展，而教师专业发展的内涵包括"一德四力"，即教师职业道德、教学设计能力、教学实施能力、教学评价能力和教育科研能力。因此，根据教研指向的目标，可以把教研划分为职业道德教研、教学设计教研、教学实施教研、教学评价教研以及教育课题教研，这五种教研既相互独立又相互依存。

四、教研模型

一般来说，中小学教研有两个基本模型，即"三人行"模型和"小课题"模型。说起"模型"，向内看，模型是术，是道和法的外显，要体现设计者的道和法；向外看，模型必须既能解释现有的教研现象，又能对现有的模型指出改进点。

第一，"三人行"模型。它适用于网络（线上）教研、区域集备、学科资源建设等，属于常规教研类型。这种教研模式从上至下可分为三层。

第一层：个人设计、互评与整合、实践与反思这三个具体环节。个人设计环节要体现以学习为中心的理念、学科有效教学模式的落地和信息技术的融合等，属于外化过程。互评与整合环节，一般三至五人为一小组（校内或校际均可），要经历组内互评、组内优化、组间轮评，构成碰撞生成的三个过程。组内互评是小组内成员之间互相评价，组内优化是从小组内整合出一个教学设计，组间轮评是指当存在三个以上的小组（如 A、B、C 三个小组）时采取 A 评价 B、B 评价 C、C 评价 A 的方式。互评、轮评可以从特色、不足、建议三个方面评价，也可以从 PCK 的纵横两维（即纵向：学生的思维特点及策略、易错概念等；横向：教学设计思想、教学策略等）来进行评价。组内优化要遵循教研议事的规则，倡导开放包容的心态、主动积极协商的行动，最后达成最有效的共识。实践与反思环节是在实践中对设计方案进行检验、修正、反思、提升的过程。

第二层：教研模式与教研发展过程的对应情况，可根据新时代、新课标、新导向和教研的新需求，与时俱进完善，守正创新变革，不断调整发展。

第三层：教研模式的特点，即教研技术和教研形式的具体体现。其中网络（线上）教研信息技术平台可为专用的平台，如各级教育行政部门、进修学校或教研部门、电教中心等开发的区（县）域性教育教学信息中心等，也可以是公众的博客、微博、微信等其他平台，如腾讯会议、腾讯课堂直播等。

第二，"小课题"模型。它把教研和科研整合对接，实际上提供了一线教师做科研的路线，实现了教研、科研的一体化。正如陶行知所言，对于教育问题，要用分析的、客观的也就是科学的方法进行研究。教研者将大问题分解为数十、数百个小问题，每一个小问题至少有一人继续研究，如是，大问题也不难解决了。做"小课题"模型也是这个道理，属于专项、长效的菜单定制式教研模型。

一般情况下，"小课题"模型包括问题、课题、主题、选题四个连续发展的具体环节。

问题环节包括四个步骤：一是立足教学，诊断质量，查找优劣，科学分析，梳理问题；二是根据需求，优选确定具体研究内容（小问题）；三是根据研究内容（小问题），确定3—5人的研究团队；四是申报开展区域性小课题的研究项目。

课题环节，既是学科教研的过程，也是小课题科研的过程，周期一般为一个学期，主要涉及教育规律、范式模式、方法技术等在某一具体教学上的使用。课题研究过程及成果可通过数字故事、博客、Moodle（一种课程管理系统）、微课、视频等技术呈现。

主题环节是指主题教研环节，是对小课题研究成果的应用、推广、完善和提升。研究成果作为区域教研活动的内容，由小课题的研究成员进行讲解、展示，争取吸纳新成员，增强新活力，着力带动、打造优秀学科研究团队。

选题环节指菜单式主题教研选修课程的形成环节，是将绩效好的小课题研究成果系统积累起来，形成可视化、可复制、可推广的成果，成为年轻教师专业成长过程中不可或缺的"自助餐"。

五、相关概念

综合来看，与教研紧密相关的几个基本概念主要有：钻研，钻研者，教研，教研者，教研发展过程。

钻研是教师（或教研员）在对课程标准和教材文本系统研究、系列规划之后，独自对课程、教材、教法的实践，是其独自对课前、课中和课后的探索，是普遍的教育教学原理、教学方法、学习方法与个体的学科教学内容结合起来的应用过程。钻研者是对从事钻研的工作者的统称。

教研是钻研者之间成果的传播、整合与提升过程。教研者是参与教研的钻研者。一次活动的教研者按钻研成果水平一分为三，从高到低称为教研者一、教研者二、教研者三。教研者之间的差异形成了教研开展的必要性，教研作用就在于让教师认知流通，交流碰撞，生成智慧，实现"慧通天下"，惠及学子。

教研发展过程由钻研、教研和教研之钻研构成，其中教研之钻研对应于否定之否定环节，是教研的结果，是钻研的飞跃，是知行合一的体现。

第五节　关于校本教研

一、校本教研的基础概念

（1）校本教研就是为了改进学校的教育教学，提高学校的教育教学质量，从学校的实际出发，依托学校自身的资源优势和特色进行的教育教学研究。

（2）校本教研是基于校级教研活动的制度化规范，其基本特征是以校为本，强调围绕学校自身遇到的问题开展研究。学校是教学研究的基地，教师是教学研究的主体，促进师生共同发展是教学研究的直接目的。

（3）教育部基础教育司原副司长朱慕菊指出，以校为本的教研，是将教学研究的重心下移到学校，以课程实施过程中教师所面对的各种具体问题为对象，以教师为研究的主体，理论和专业人员共同参与。强调理论指导下的实践性研究，既注重解决实际问题，又注重经验的总结、理论的提升、规律的探索和教师的专业发展，是保证新课程改革实验向纵深发展的新的推进策略。

（4）有关专家认为，所谓校本教研，也就是教师为了改进自己的教学，在自己的教室里发现了某个教学问题，并在自己的教学过程中通过汲取他人的经验解决问题。也有人称之为"为了教学""在教学中""通过教学"。

"为了教学"是指校本教研的主要目的不在于验证某个教学理论，而在于改进、解决教学中的实际问题，提升教学效率，实现教学的价值。

"在教学中"是指校本教研主要是研究教学之内的问题，而不是教学之外的问题；是研究自己教室里发生的教学问题，而不是别人的问题；是研究现实的教学问题，而不是某种教学理论假设。

"通过教学"是指校本教研就是在日常教学过程中发现和解决问题，而不是让教师将自己的日常教学工作放在一边，到另外的地方做研究。

（5）校本教研是在教育教学情境中生成的教学研究。校本教研是基于学校，为了学校而进行的实践性教学研究。这种研究的重心在学校，基地也在学校。校长是第一责任人，教学一线教师是研究的主体，即研究者。教师在教学过程中是以研究者的身份置身于教学情境之中，以研究者的眼光审视和分析教学理论和教学实践中的各种问题，进一步发现问题、明确问题，并以此作为自己的研究课题进行探究，对积累的经验进行总结，使其形成规律性的认识。

（6）校本教研的研究对象是教学中亟待解决的具体问题，是教师自己的问题。教师在教学实践中，能够直接了解到教学的困难和问题，能立刻感知问题的所在。许多教学问题如果脱离具体的教学实践去研究，尽管理论上看上去很完美，实际上是经不起教学实践的检验的。因为它和真实的教学情境有距离，也无法解决具体教学中的问题。在具体教学情境中出现的问题，只有任课教师才最有资格去研究它，解决它。

（7）开展校本教研、推动教师专业化成长的三种基本力量是教师个人的自我反思、教师集体的同伴互助和专业研究人员的专业引领。

自我反思是开展校本教研的基础和前提。校本教研只有转化为教师个人的自我意识和自觉自愿的行为，才能得到真正的落实和实施。

校本教研是一种合作性的参与式研究，强调研究的民主性，包括教师与教师、教师与专家、学校管理者、其他合作者之间的相互协作与支持。以校为本的教研，还应有专业研究人员的参与，学校要积极主动地争取他们的支持和指导。

专业研究人员要以高度的责任心和满腔热情，积极主动地参与校本教研制度的建设，努力发挥专业引领的作用，为学校和教师提供切实有效的帮助，并虚心向教师学习，在改革的实践中不断地提高自己。

二、校本教研的基本理念

校本教研的理论基点是，学校是真正发生教育的地方，教学研究只有基于学校真实的教学问题才有直接的意义。由此，校本教研特别强调以下基本理念：

（1）学校应该是教学研究的基地。

校本教研强调学校是教学研究的基地，这意味着要把教学研究的重心置于具体的学校教学情境中。因为教学研究的问题是从学校教学实践中归纳和汇集的，而不是预设和推演的，所以要在学校的教学情境中发现问题、分析问题和解决问题。对于许多教学问题，如果脱离了具体的教学情境抽象谈论容易做到，但意义不大。例如，在实施新课程的过程中，三级课程管理政策对学校提出了新的要求，学校不仅要创造性地执行国家课程和地方课程，还有权力和责任开发适合本校特点的校本课程，实现上级课程的校本化、校本课程的个性化，这样就会出现与以往任何时候都很不相同的教学情境。再加上各个学校的情况差异较大，对于具体学校而言，解决所谓"面上"的教学问题就显得不那么"真实"，总有一种隔离感，不能对学校的教学实践产生直接的影响。如校本课程如何开发，综合实践活动如何开展，大班额背景下如何体现学习的自主、合作和探究等问题，只有把它们置于学校的具体教学情境中才可能找到解决的办法。如果教师持续地关注某个或某些有意义的教学"问题"，想方设法"设计"在教学"行动"中解决问题，并且不断地回头"反思"解决问题的效果，那么教师的教学工作就同时具备了教学研究的性质，教学质量和水平的不断提高就有了坚实的基础。

强调教学研究的基地是学校，这意味着教学研究的工作方式将发生很大变化。一方面，学校内部的教学研究要立足于学校自身的真实教学问题；另一方面，校外教学研究机构不仅要采用自上而下的工作方式，还要更多地采用自下而上的工作方式，倾听和反映学生、教师和校长的教学要求和教学问题。教学研究除了研究教材、教参和教法，还要重视研究学生、研究课堂、研究学校、研究课程。如果只是传达指示和分派任务，即使天天在学校，也不能说教学研究的基地在学校。

（2）教师应该是教学研究的主体。

校本教研强调教师是教学研究的主体，认为教学研究不能只是少数专职研究人员的专利，还应该是所有教师的权利和责任。只有当越来越多的教师以研究的态度对待自己的教学实践和教学工作，并且在这个过程中不断提高解决实际教学问题能力的时候，学校教学质量的普遍提高才有真正的可能。以教师为主体所从事的教学研究不同于以倡导"思想观念"和"理论流派"为己任的象牙塔式的研究，应该是"问题解决"的行动研究，自觉和主动地致力于探索和解决自身教学实际中的教学问题，从而达到改进教学实践和提高教学质量的目的。

强调教师是教学研究的主体，就要对中小学在教学研究中的一些误区加以澄清。例如，在一些学校，教学研究项目仅由学校个别科研能人乃至校外专家代劳，或者教育科研项目越做越大，甚至动辄就要形成某某理论，这不仅让广大教师对教学研究望而却步，也否定了教师从事教学研究的权利和责任，而且这样的研究游离于教师自身的教育教学实践之外，脱离教师的经验范围，对提高学校的教学质量起不到应有的支持作用。这些现象的存在和蔓延，会使教学研究越来越远离学校的教学实践，这与校本教研机制方面的制度建设跟不上有密切关系。加强校本教研，必须提高教师教学研究的意识和能力。教师成为教学研究的主体是整个教育创新的活力所在。

（3）促进师生共同发展是教学研究的主要而直接的目的。

校本教研，无论作为一种教学研究活动，还是作为一种教学研究机制，其直接目的都是改善学校实践状况，提高教学质量，促进师生共同发展。其中的核心是教师的专业发展和学生的身心健全发展，这是体现学校办学水平的主要内容。丢掉了这个直接目的，"以校为本"就会变成一句空话。

考察教学研究的直接目的是否指向改善学校实践、提高教学质量、促进师生共同发展，一个重要的标志就是看它是否植根于师生的日常教学活动，是否与学校日常教学行为的改善联结起来。而且，评判的最终主体应该是学校的校长、教师和学生，不应该是学校之外的其他主体。这一点，需要有制度上的保障，也就是说，当学校认为教学研究没有直接指向教师和学生的共同发展时，他们应该在制度上能够很顺畅地表达自己的感受和要求。这并不是否定校外评价的重要性，而是要在制度上确认校内评价应有的地位和作用。校本教研的成果，包括它的目的指向，应该由学校师生自己确认，这一点在制度上应该获得更多的鼓励和肯定。教学研究中存在的一些为研究而研究、为"装门面"而研究的现象，是与校本教研的基本理念背道而驰的。

三、校本教研的研究形式

校本教研必须从学校、教师的实际出发，要对教师队伍、学生队伍状况做调查分析，对课堂教学进行诊断与评价，在充分了解师生的需求与教学现状的基础上制定研究课题，并采取多种形式，提高校本教研成效。

（1）专题讲座促观念更新。校本教研在带给学校机遇的同时，还带给学校及教师一个个挑战。新理念的接受与实施会遇到很多阻力，因为它使许多教师必须否定自我，突破自我，这不是人人都能接受的。所以，为帮助教师转变教育观念，必须适时适机地举办各种专题报告，如学习新课程标准，了解课程目标、课程内容如何适应社会发展的需要，了解现代社会对人才素养的要求，促进教师树立正确的学生观、人才观、质量观，更好地开展教改科研。

（2）案例分析促教学反思。教师成长之路应是经验加反思之路。把课堂作为案例，以先进的教育教学理论为指导，对教师课堂教学进行诊断与评价。让教师上完课后，回过头来看看，反思自己的这节课达到了什么目标、用了什么教学策略、哪些策略是成功的等问题，帮助教师寻找课堂教学的优点与创新之处，寻找问题与不足，捕捉隐藏在教学行为背后的教育观念，找到改进的切入口。案例分析也有助于教师了解自身的缺失，从而有针对性地加强缺失方面的学习与锻炼，促进教学水平的提高。

（3）专家指导促骨干成长。校本教研面向全体教师，但同时要创造条件让肯钻研、敢创新、有潜力的教师尽快成长为骨干教师。可以聘请专家或教研员对这些教师跟踪指导、重点培养，给他们提供更多的对外交流的机会、搭建施展才华的舞台，让他们逐渐形成自己系统的教育思想、独特的教学风格，成为学科带头人。

（4）学术沙龙促交流沟通。定期组织轻松愉快的学术沙龙活动，让教师针对教育观念、教学行为、教学手段等各抒己见、畅所欲言。这种学术思想的交流、思维火花的碰撞促进了教师间的了解与沟通，也有利于增强教师队伍的凝聚力。 新时代的教育要求教师走上研究之路，校本教研创设了和谐浓厚的科研氛围，其灵活多样的活动方式，实现了科研与培训并举，主研与群研结合，行为与理念互动，研究与使用统一，唤醒了教师的科研主体意识，促进了教师的教育观念、教学行为发生全方位的变革，为教师的成长提供了肥沃的土壤。

四、校本教研的基础特性

（1）校本性。就是"为了学校、基于学校、在学校中"，意味着校本教研是以改进学校实践、解决学校自身所面临的问题为目标；学校自身问题，要由学校中人来解决；要从学校的实际出发，安排学校管理、教学、师资培训等一系列工作。特别需要强调的是，校本教研是为了学校自身的发展，校本教研的主体是学校校长、行政人员和教师。那些专业研究人员、上级部门领导、社区和家长对学校可以做宏观的要求或具体的指导，但他们仅仅是同盟，也许会起很大的作用，但不能取代校长和教师。

（2）科研性。校本教研在本质上是一种科研活动，它不是主观性的设想，也不是随意性的研究。它要求以科研的态度和方法对学校发展进行科学规划，构建科研总课题和子课题。校本教研的核心工作就是必须找准学校的定位，选好课题和切入点，拟订出近、中、远期规划，并持之以恒地开展教科研训活动。

（3）人本性。校本教研以人本、生本为基础，追求学校的发展和广大学生、教师发展的和谐统一。离开了人本、生本的校本教研，是一种畸形，一种变质，背离了校本教研的真义。校本教研必须把学生和教师的发展、可持续发展放在首位，而不能以忽略甚至牺牲师生的发展为代价谋求学校的片面发展或效益。

（4）牵引性。教学工作是学校的核心工作，学校的一切主客观因素都必须有利于教学工作的顺利进行。以教学研究为主的校本教研必然涉及教学的内外部环境、条件等因素的研究，带动学校其他方面的发展。

（5）依托性。在校本教研中，学校是课题的主持人，专家是顾问或指导者。同时，学校需要广开门路，相互借鉴和学习，盘活各种资源，为我所用。必须充分地借助于外界的力量包括区（县）教科研部门的教研员、高校专家或各级研究机构的研究人员来规范学校科研工作、提升学校科研层次和办学效益。校本教研以学校为主体，倡导"教师即研究者"，并不意味着要实行"关门主义"，拒绝外援。区（县）级教研机构是学校教科研直接联系的业务部门，在教育教学理论的掌握上、教科研操作的基本规范上、学科教学的把握上拥有优势，而学校一线教师在教学经验上具有优势。教研员与一线教师合作，形成互补，也是学校开展校本教研的一个极其重要的保证。

五、校本教研的价值意义

（1）校本教研，对学校内部而言，是整合校本系列活动的纽带。

学校的中心工作是教学，它决定了校本教研的地位和作用。华东师范大学郑金洲博士认为，校本主要落实、体现在四个方面，即校本教研、校本培训、校本课程和校本管理，其中校本教研直指学校问题，将学校实践活动与研究活动密切结合在一起。对四者来说，校本教研是起点，校本培训是中介，校本课程开发是落脚点，校本管理则贯穿渗透其间，起组织、协调作用。基于学校教育教学问题的研究即校本教研是开展校本活动的起点和基础，是整合校本培训、校本课程和校本管理的中心和纽带，是校本最重要的体现。没有校本教研，就谈不上校本培训、校本课程和校本管理等。

（2）校本教研，对中小学校而言，是推进特色办学的重要支撑。

创建学校特色是学校生存与发展的需要，也是时代的呼唤。它需要特定的条件，包括校长的风格、学生的需要、教师的特长、科研的支撑、学校的底蕴和社区的环境等。"科研兴校"已成为中小学校的共识，如何走出一条立足本校、促进自身可持续发展的科研新路是许多学校发展的瓶颈，也是亟须解决的问题。而"为了学校、基于学校、在学校中"的校本教研正是一条可探索、可复制、可推进的有效路径。中小学校可以借助于校本教研，整合系列课题项目，通过与科研合作、与专家对话、与师生交流、与家社联动，确定发展方向和目标，提升办学理念和宗旨，不断培养教师的科研素养，提高创造能力，促进学生的多元发展，实现立德树人，逐渐形成办学特色。

（3）校本教研，对区域而言，是教研机构适应新时代学校发展要求的必然选择。

面对新课程、新课标、新教材、新高考、新中考等新要求，基于教研室本位或学科本位的传统教研机构的工作思路和工作模式需要与时俱进、守正创新。教研员"主角"、老师"配角"，用力均衡、学科为本的教研模式弊端多现：一是以教研机构为主体，学校被动配合；二是走马观花，不能为学校解决实际问题；三是教研布局单一，缺少点面结合，不能对学校的教学及发展产生持久的拉力，也不能在学校间形成一种构架合理的张力；四是教研员整体素养提升的速度赶不上新教师、新学生快速成长的变化，呈现相对落后的态势。

为更好地推进区域内的教学研究工作，就必须确立学校在教学研究中的主体地位，而区域内的教研机构，特别是县（区）级的教研机构必须积极主动走向校本教研、研究校本教研、宣传校本教研、助推校本教研，让在学校开展的校本教研发挥更接地气、更加有效的重要作用。

同时，县（区）级教研机构通过积极开展和参与校本教研，有利于提升效能，实现三个转变：

① 推进教研队伍转型。校本教研是时代精神的产物，其理论和实践有待于学校一线教师和广大教研员去开拓、去创新。教研人开拓创新的过程，也是素养提升的过程。教师会从教书匠转变为教育家，教研员也会不断探索新理论，构建新模式，实现新成长，从经验型走向科研型。

② 拓展教研课程视域。随着课程改革和素质教育的深入推进，各中小学教研机构要把基础教育课程改革工作作为中心工作，充分发挥教学研究、指导和服务等作用，不断推进基础教育课程改革，由微观的课堂教学研究转向中观的学科课程研究和宏观的学校办学特色研究。而区（县）教研机构不仅要研究

教材教法，而且要关注和参与地方或学校课程、教材的开发与建设，以及学校课程体系的建设。教研员的视野与思维也要从微观的教学细节与问题的分析转向中观的学科课程、教材的建构与开发，具体包括指导学校实施新课程计划、培训教师、开发地方课程、指导学校开发校本课程、课程管理等，并且将进一步拓展到对学校宏观办学特色的构思与治理。

校本教研，将有助于增强教研机构的服务意识，拓展教研机构的服务空间，积极主动介入中观及宏观的问题研究，与校长和教师进行深层次对话，共同对学校现状进行分析诊断，一起制订立足学校实际、发挥学校资源优势、富有校本特色的中长期教育科研规划，实现从微观课堂教学问题研究到中观学科课程研究及学校宏观办学特色研究的转变。

③ 实现教研模式转变。通过开展校本教研，将完善和补充传统教研模式，构建校本教研与集中教研相结合的教研模式，使二者相互补充、相得益彰。集中教研，对解决具有普遍性和基础性的问题，在新教师培训、教学常规指导、示范观摩和经验交流等方面发挥着重要作用。校本教研，立足每一所学校实际，对解决具有个性或特殊性的问题，在开发校本课程、有针对性地培养新教师、培育新特色等方面有着重要作用。

参考文献：

[1] 说文解字 [M]. 汤可敬, 译注. 北京：中华书局, 2018.

[2] 王云五. 中庸今注今译 [M]. 宋天正, 注译. 台北：台湾商务印书馆, 1977：2.

[3] 李学勤. 十三经注疏·礼记正义（上、中、下）[M]. 北京：北京大学出版社, 1999：1051.

[4] 范晔. 后汉书：卷三 [M]. 北京：中华书局, 1965：137.

[5] 李延寿. 南史：卷四七 [M]. 北京：中华书局, 1975：1171.

[6] 孔子家语：卷九 [M]. 王肃, 注. 太宰纯, 增注. 上海：上海古籍出版社, 2019：312.

[7] 东观汉记：卷八 [M]. 清乾隆文渊阁四库全书钞永乐大典本.

[8] 李斗. 扬州画舫录 [M]. 北京：光明日报出版社，2014：69.

[9] 李广田. 散文三十篇 [M]. 北京：作家出版社，1956：序1.

[10] 凌濛初. 初刻拍案惊奇 [M]. 北京：华夏出版社，2017：144.

[11] 赵树理. 赵树理小说选 [M]. 太原：山西人民出版社，1979：386.

[12] 孟子 [M]. 朱熹，集注. 上海：上海古籍出版社，2013：193.

[13] 论语译注 [M]. 杨伯峻，译注. 北京：中华书局，2006.

[14] 兰迪·鲍许，杰弗里·让斯罗. 最后的演讲 [M]. 邹惠玲，张林，译. 长沙：湖南科学技术出版社，2009：推荐序6.

[15] 老子 [M]. 汤漳平，王朝华，译注. 北京：中华书局，2014：8.

第二章 校本教研之课堂篇

课堂是教育教学的主阵地，是校本教研生成问题、发现问题、解决问题的主战场，是师生互动、智慧碰撞、教学相长的孵化园，是推进校本教研成果最直接、最有效、最重要的检验地。由此，从课堂常规、核心素养、立德树人、守正创新等方面基于课堂教学之问题，坚持践行"课堂提示长短句"，精准把握中小学校本教研之本真，着力打造有效、富效、高效课堂，推进教育的高质量发展。

一、课堂提示长短句

（一）课堂常规方面

（1）一节课，看时间，五至十分算一段。每一段，讲展练，具体落实有重点。

【说明】此内容提醒教师课前教研注意把握，每节课不论时间长短，都要进行时段划分，每时段都需要师生互动，突出重点，课堂落实。

（2）对课标，不一般，能说会用多资源。对教材，熟为先，抽丝剥茧真理现。对学情，遵意愿，学习为本平等观。对平台，要优选，信息技术适切难。对课件，重简练，两分一张自判断。对练习，典题现，最好一节不超三。对板书，更精练，思维导图师生展。对结构，有预设，重点生成不受限。

【说明】此"八对"内容，是课前教学设计需要关注八个方面的要求。特别强调，高度重视课程标准，把教材文本玩个通透，坚持学习为本，选用最适用的信息化平台，建议课件2分钟一张PPT，一节课不要超过3道典型例题

（或习题），注重认知过程，实现思维导图的结构化、可视化、素养化，培养学生高阶思维能力，提升课程核心素养。

（3）备课前，师重点，下足功夫情怀现。待上课，提前见，关键阵地拼情感。讲规矩，有尊严，分科要求守规范。准备好，仪式感，敬畏课堂要严管。

【说明】此内容为上课的组织管理要求。提醒教师课前下功夫，上课提前2—3分钟到教室，课堂有规矩、厚爱严管。

（4）看内容，定主题，听说读写围着转。看重点，思周全，合作探究留时间。看难点，讲攻坚，分层教学单页练。看疑点，再实践，多法一标同心圆。看状态，有激情，精神炸弹智慧关。看整合，文理融，情境议题真活动。看充实，有节奏，课堂成效在建构。看有效，重训练，精讲多练老话谈。

【说明】此"八看"是观课议课的八个要点。注意课堂观察内容的主题化、听说读写的一体化，提醒师生互动活动的时空留白、整合文理互鉴的多种方法，重视分层攻坚的作业设计、激情碰撞的智慧风暴和建构提升的课堂成效等。

（5）开始练，不超前，精准审明第一关。过程练，定时间，上下同台老师看。看书写，看规范，考试状态课堂演。看专注，看心理，魔鬼比拼不怕难。看速度，看困难，个性补学真关键。结束练，不拖延，讲求效率养习惯。

【说明】此内容是对课堂训练提出的相关要求。特别关注精准审题、规范答题、限时训练、个性补学等重点做法。

（6）练后思，方法见，梳理展示学生干。错题抄，不敢懒，保证每周看一遍。典题剪，做标注，上下左右可勾联。个体补，自命题，规范答案再检验。重基础，抓习惯，考前复习有重点。重梳理，抓整合，实用价值在反三。

【说明】此内容是针对课堂训练之后个体补训、巩固提升、强化认知、完善技能，形成解决问题和提高整合能力的参照办法，也是对部分学生分层补学的具体要求。

（7）好课堂，太关键，智慧课堂三改变。学式变，交互变，评测方式也改变。

【说明】此内容重点突出现代学校智慧课堂需要持续推进课堂学习方式的变革、交流互动方式的变革和评价监测方式的变革。特别是按照2020年9月28日中共中央、国务院正式印发的《深化新时代教育评价改革总体方案》要求，全面贯彻党的教育方针，落实立德树人根本任务，破除"五唯"顽瘴痼疾，改变教育评价，树立正确办学导向，提高现代教育治理能力，促进教育的高质量发展。

（8）常态课，金石练，示范引领走在前。找问题，做课题，解决问题不容易。我课堂，我成全，掌控课堂不随便。到下课，不恋战，一声令下学生散。作业本，别求全，每做一题都规范。认真改，步步看，激励点评重发现。

【说明】此内容是常态课堂规范要求的延续。提出教师要掌控课堂，按时下课；作业布置，不贪多求全，要认真批改，重在激励；反思课堂，发现问题，并作为教研课题，开展研究活动，不断解决课堂教学中的真问题、小课题，进一步增强教学能力。

（二）核心素养方面

（1）说教研，链科研，专业成长不等闲。靠反思，练慧眼，问题解决是关键。靠课题，亲实践，提炼主张有观点。靠团队，随机研，与时俱进敢争先。

【说明】此内容指出，教师的专业成长是教研、科研一体化的过程，其路径在于个人长期的观察反思、问题解决、课余练笔、主张提炼，以及研究团队的示范引领、课题支撑与创新实践。

（2）新时代，潮头立，为党育人固铸魂。新方针，明方向，为国育才智润心。新课程，要守正，立德树人求本真。新课堂，重服务，学为中心生素养。

【说明】此内容要求新时代的教育必须扎根中国大地，以人民为中心，坚持社会主义办学方向，坚持"为党育人、为国育才"的宗旨，贯彻党的教育方针，即"教育必须为社会主义现代化建设服务、为人民服务，必须与生产劳动和社会实践相结合，培养德智体美劳全面发展的社会主义建设者和接班人"，培根铸魂，启智润心，落实好立德树人的根本任务。

新课程要求真求本，守正创新，立德树人。新课堂要注重服务，坚持学为中心，不断培育学生核心素养。

（3）看素养，有理念，3、6、18总贯穿。定目标，要培养，深度学习在课堂。重文化，优传承，创造转化求认真。讲科学，重人文，打好基础更用心。会学习，会生活，自主发展相促进。有责任，敢担当，社会参与走远方。勤劳动，勇探究，立即行动在课堂。勤变革，多改进，时刻不忘学为本。

【说明】此段是对2014年提出、2016年9月教育部发布的中国学生发展核心素养内容的通俗化表述。学生发展核心素养，主要指学生应具备的，能够适应终身发展和社会发展需要的必备品格和关键能力。核心素养是党的教育方针的具体化，是连接宏观教育理念、培养目标与具体教育教学实践的中间环节。研究学生发展核心素养是落实立德树人根本任务的一项重要举措，也是适应世界教育改革发展趋势、提升我国教育国际竞争力的迫切需要。中国学生发展核心素养以培养"全面发展的人"为核心，分为文化基础、自主发展、社会参与三大方面，综合表现为人文底蕴、科学精神、学会学习、健康生活、责任担当、实践创新等六大素养，具体细化为18个基本要点。（图2-1）各素养之间相互联系、相互补充、相互促进，在不同情境中整体发挥作用。

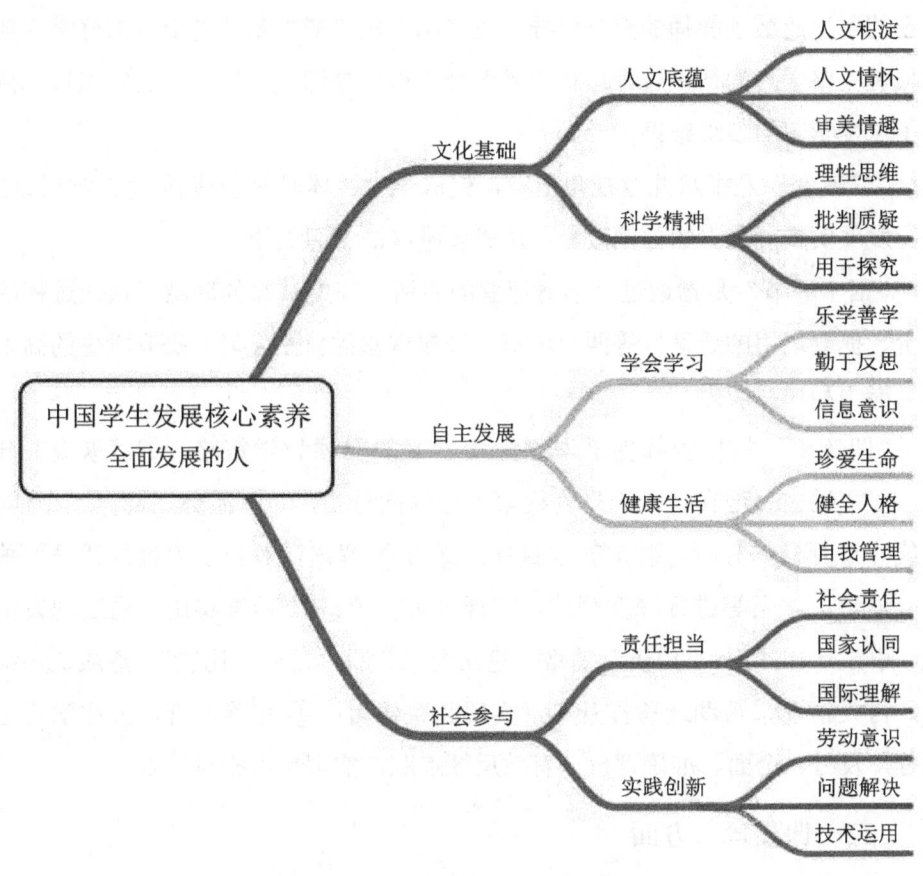

图2-1 中国学生发展核心素养

（4）看学习，有深度，课堂深度"三关注"；能动学，把握住，"三重三轻"是误区；"三改变"，靠自主，"四个环节"多维度；"四策略"，紧关联，深度学习在持续。

【说明】此内容是对课堂深度学习的"落地"理解与关注。课堂深度学习是课堂上学生在教师的引导下，通过对知识的理解与创造，实现认知结构完善、实践能力发展和复杂情感体验的过程。

"三关注"是指课堂要实现深度学习，重点关注学习过程的引导性、学习环节的完整性和学习成果的丰富性。

课堂深度学习的三个误区在于重"学"轻"教"、重"高"轻"低"、重"难"轻"得"，即"三重三轻"。具体来说，重"学"轻"教"是课堂上以学生自己的学习遮蔽了教师的充分引导,重"高"轻"低"是课堂上以部分学习环节代替完整学习的认知过程;重"难"轻"得"是课堂上以单一的知识目标掩盖了深度学习的多维结果。

"三改变"是指从儿童视角出发,促成学生"体验复杂情感、完善认知结构、发展实践能力"的三项改变,达成多维度的学习结果。

"四个环节"是指通过"学情把握的激活、深度认知的联结、认知过程的评价、提取运用的迁移"等四个环节,开展课堂的自主学习,提升学生的高阶思维能力和实践能力。

"四策略"是指教师促进课堂深度学习的四项教学策略:①"纵横"分析,以"过去、现在、未来"为线索进行纵向分析,以"整体、部分、个体"为线索进行横向分析,确定教学目标;②多维解读,对教学内容的背景、关系、方法、意义等进行深度解读,挖掘多重价值;③精准实施,通过创设情境、引发认知冲突、"搭桥"铺路、建立内在关联、设问"比较"、形成认知结构、再设情境、帮助迁移提升等,实现完整学习;④完善评价,关注学习全过程,及时、全面、准确评价,有效反馈追踪,实现持续推进。

(三)课程育人方面

(1)新时事,多创新,思政课程紧步跟。新阶段,静观察,课程思政生活化。

【说明】此内容提醒教师,在面对"世界百年未有之大变局"时,课堂意识形态领域要联系生活,关注时事,把握新发展阶段,注重"思政课程"和"课程思政"的统筹兼顾,推进跨学科、多学科一体化育人目标的实现。

(2)政治强,情怀深,思想理论一条根。视野广,思维新,亲和教师课堂真。人格正,自律严,身教言传都温馨。好教师,有信仰,育人导向根和魂。政治性,学理性,专业支撑针对性。价值性,知识性,学科核心人文领。建设性,批判性,思维传导加输送。理论性,实践性,做奋斗者真行动。统一性,多样性,因材施教学科功。主导性,主体性,真实参与求共赢。灌输性,启发性,漫灌滴灌都实用。显性教,隐性育,形成合力大教育。六个要,八统一，所有学科都注意。重育人，重考试，课堂价值一贯之。

【说明】此内容是对大中小学思政课教师提出的具体要求，同时对其他学段所有学科教师也有指导性意义，更是立足大课程、办好大教育，落实课程育人、实施课堂教学的价值所在。

（四）自我成长方面

说师德，说师风，职业品格自由行。课堂事，说不完，我的提醒供参看。愿舒心，都进展，师生成长真空间。勤自省，要自励，自律成长靠自己。勤立志，总立言，立行成才在磨炼。勤实干，重巧干，恒干成功在实践。勤平凡，写不凡，非凡成就靠修远。勤奋斗，正奔跑，赓续接力会更好。

【说明】此内容提醒学科教师特别是青年教师，需要坚守平凡岗位，恪守职业道德，基于教育情怀，牢记初心使命，担当育人重任，并寄予成长的厚望。

二、调查报告

规范课堂行为　提升教研效益

——区域内部分中小学校2019—2020学年课堂教学情况的调查报告

××××年××月—××××年××月，我们借助于教学视导、参加教研活动、参与听课评课、督查校本教研等活动，采取走访、座谈、问卷、反馈、交流等多种方式，深入区域内部分中小学校，了解学校教研开展情况和专任教师基本情况，关注课堂教学，摸底排查，开展一系列调查研究活动。共计走访了12所中学、22所小学、10所幼儿园。重点对12所中学初三毕业班教师课堂教学、常规管理、校本教研等情况进行了调查、梳理和分析。

（一）情况分析

据抽样统计，12所中学在职教师875人，平均年龄43.5岁，年龄指数+8.5；毕业班教师250人，平均年龄47.2岁，年龄指数+12.2，远远大于一般初中教师平均年龄合理区间（29—39岁），毕业班教师更甚。

毕业班数60个，总学生数2619人，平均每班43.65人，比较合理，相对均衡，符合要求。（表2-1）

表2-1 2019－2020学年第一学期专任教师及毕业班情况

	专任教师数/人	毕业班教师数/人	毕业班数/人	毕业班学生数/人	备注
××中学	197	33	8	422	
××中学	161	31	8	325	
××中学	85	18	4	149	
××学校	59	23	6	264	
××中学	49	16	4	198	
××中学	50	17	4	147	
××中学	40	15	4	144	
××学校	37	14	3	135	
××中学	47	16	4	187	
××中学	57	26	6	222	
××中学	36	10	2	97	
××学校	57	31	7	329	
合计	875	250	60	2619	
教师平均年龄/岁	43.5	47.2			
年龄指数	+8.5	+12.2			
毕业班平均人数/人	43.65				

此数据显示：在教师总数基本够用的背后，是教师年龄过大所带来的一系列问题，如理念更新难度大、身体素质出状况、学生喜爱程度低、学习提升须攻坚、家庭学校兼顾难、职业倦怠比较重、工作积极性难调动等，值得组织、领导和个人采取更多有效举措，积极应对和解决。对毕业班来说，提升中考质量，难度更大，如果不能及时关注和解决，所谓"壮腰"工程将一推再推，难以实现。

从2019－2020学年第一学期学校组织的大型教研活动情况看，12所中学总数 71 次，均数 5.92 次，差异数 +1.92，-2.08。从中可以看出，各校组织教研活动差别不大，但了解到每次活动的时效性相距很大，如××学校和××中学秋季都有 8 次教研活动，并且做到了严密、规范、有序、有效，值得借鉴。而××中学、××中学、××学校存在活动组织少、规范性低、有效性打折等突出问题；××中学、××中学相对来说，学生多，更应进一步加强课堂教学和教研管理，为全区中考质量提升作出更大贡献。

从 2019－2020 学年第一学期毕业班备考次数看，12 所学校总数 23 次，均数 1.92 次，差异数 +0.92，-1.08。××学校、××中学、××中学、××学校 4 所学校年内备考 3 次，能提前谋划、关注进度、积极备考，比较到位。还有 6 所学校年内备考 1 次，明显太少。××中学、××中学等毕业学生多、体量大、贡献大，更应高度关注毕业班复习备考工作，做好计划，精细推进，着力提升中考成绩。

从教学常规管理看，据初步抽样统计，2019－2020 学年第一学期听课节数（10 人均）总数 261 次，均数 21.75 次，差异数 +3.75，-5.25；可以看出，教师听课评课、观课议课次数差异不大，但听课记录内容却有较大差异，突出表现在对课堂教学过程中的反思评点、理论提升、改进指导和助推成长方面，须引起各校的重视。从满意度调查看，教师层面，12 所学校教研管理满意度（10 人均）总数 83，均数 6.92，差异数 +2.92，-3.08；总体教师满意度不高，反映出教学管理服务不到位、不认可、不支持等问题，只有××中学、××学校教师满意度为 10，反映出优秀教师团队的良好状态，应引起其他学校的高度重视和及时改变。学生层面来看，学生课堂满意度（10 人均）总数 93，均数 7.75，差异数 +1.75，-2.25；总体学生课堂满意度虽然在正常空间内，还不够高，且各校差异明显，值得反思和改进。（表 2-2）

表2-2　2019—2020学年第一学期常规工作情况

	学期教研活动次数/次	年内毕业班备考次数/次	学期听课次数（10人均）/次	教研管理满意度（10人均）	学生课堂满意度（10人均）
××中学	6	1	20	6	7
××中学	5	1	22	7	8
××中学	5	2	20	6	7
××学校	7	3	23	8	9
××中学	7	3	24	9	8
××中学	8	3	26	10	10
××中学	6	2	24	9	9
××学校	5	1	18	5	6
××中学	4	1	19	4	6
××中学	5	1	20	5	7
××中学	5	2	18	4	6
××学校	8	3	27	10	10
合计	71	23	261	83	93
平均数/次	5.92	1.92	21.75	6.92	7.75
差异数	+1.92 −2.08	+0.92 −1.08	+3.75 −5.25	+2.92 −3.08	+1.75 −2.25

（二）调研建议

针对12所学校教师年龄问题、结构性缺编问题十分突出，建议教育局一是要想方设法争取编制，增加能用的中学教师的数量；二是打通区域内中小学教师流动机制，实现有师用、能活用、管流动；三是加大培训跟踪力度，提升大龄教师的业务能力；四是各方发力，形成合力，挖掘潜能，激活队伍，充分调动全体教师的工作积极性。

针对教学常规管理和毕业班工作，建议区（县）教育局和各个学校领导团队落实目标导向，压实具体责任，坚持问题导向，严格常规管理，切实带好队伍，以上率下，身先士卒，切实做好谋划，坚持到底，追踪推进，重点关注毕业班，做好对毕业班教师和学生的服务激励工作，真正立足课堂，落实教研，注重实效，推进"壮腰"，责任到人，一抓到底，多方并举，携手推进。

（三）调研成果

个人根据调研情况，结合区域教师实际，重点就课堂教学和校本教研进行反思和梳理，用顺口溜的形式写成长短句，作为对区域内中小学校教科研训一体化工作的调研成果，助力区域教育跨越发展，行稳致远。

三、他山之石

案例1 从"课改"到"改课"的跨越

为全面深化课程改革，落实立德树人根本任务，教育部基础教育课程教材发展中心组织专家团队，研究开发了"深度学习"教学改进项目。6年来，项目组做了大量研究和实践探索，今年年会分论坛8的主题"深度学习：课程育人的实践探索"就是"深度学习"教学改进项目的主旨。我主要谈3个问题：一是我国人才培养面临的严峻挑战，二是从"课改"到"改课"的实践探索，三是"深度学习"深在何处。

（一）我国人才培养面临的严峻挑战

现在我国的人才培养面临着非常严峻的挑战。国际竞争空前加剧，科学技术发展非常迅速，迭代进步。我国正经历着实现第二个百年奋斗目标的关键时期，"十四五"规划建议中特别提出要实施科教兴国战略、人才强国战略和创新驱动发展战略。加快建设科技强国，必须依靠教育。教育要遵循党的教育方针，要完成立德树人的根本性任务，最终要培养社会主义事业的建设者和接班人。

20世纪末，我们启动了第八次基础教育课程改革。从某种意义上说是要努力完成教育对国家政治、经济、文化各个领域发展的支撑作用，培养好社会主义现代化的建设者和接班人。第八次基础教育课程改革至今20余年了，这20余年取得了非常可喜的成绩：促进了先进教育理念的普及，确立了有中国特色的、更加符合时代要求的新课程体系，带动了基础教育的整体变革。这是我们努力奋斗的结果。但是，我们也要看到至今还存在一些没有解决好的问题：比如，我们关注课程顶层设计多，关注各学科课程的具体设计少；关注课程建设多，关注课程实施特别是教学少；关注课程本身多，关注与课程配套的政策与条件少；自上而下推进多，自下而上地调动积极性和创造性少；宏观要求多，具体指导少。

从一些数据中我们也能看到存在的问题：OECD（经济合作与发展组织）组织的 PISA（国际学生评估项目）测试，中国学生在问卷调查中表达"将来期望进入科学相关行业从业"的学生比例为 16.8%（OECD 均值 24.5%，美国的比例为 38%）。这说明我们的学生不是在为理想学习，不是在为热爱学习，而是在为功利的目标学习。它反映了学生学习信念、学习动机严重不足。2017年中国科学技术协会对全国中小学生的调查结果表明，仅有 7.3% 的学生表示将来愿意当科学家，并且比例随年龄增长而不断降低。小学科学课每学期在实验室上课的次数不足 5 次的比例超过 64.3%，一半以上的科学教师未运用过科学探究方法。很多中学教师在黑板上讲实验，在讲台上演示实验，让学生记忆实验过程和结论，最后去应付考试。

现在课堂主阵地也存在一定问题，如：教学变革"模式化""程序化"倾向严重，"形式化""浅表性"问题突出，基本形成了"导学案"风靡全国的单一态势；很多老师把"改变教学方式"理解为教学改革的全部追求，忽略了对教学领域，诸如学生的认知特点和学习规律、学科特点和本质、教学规律等重要的认知、研究和探索；有的教学变成了一种浅表化的现象，要么"满堂灌"，要么"满堂问"，忽视思维过程，排斥求异思维，留给学生独立思考、深度思考的时间和空间极为有限；"注重知识传授，忽视能力培养"的状态没有从根本上得到改观，学生作为学习者的主体地位没有得到真正意义上的尊重；教学设计、教学实施、教学评价与反思等教学改进过程的思路、方法和路径不清晰。这些问题在一些地区和学校是有普遍性的。从某种意义上说，课堂变革是最为专业的一个变革，也是最为复杂、更有难度的变革。面对面大量广的学校以及 1000 多万名中小学老师，教学改革的基础性研究和相应的准备是严重不足的，基础教育课程改革还任重道远。

近 10 年，国家印发系列文件来推动课程改革特别是基础教育课程改革的全面深化。从 2010 年国家颁布《国家中长期教育改革和发展规划纲要（2010—2020 年）》，一直到 2020 年，国家印发了近 20 个相关文件来推动课程的深度改革，进一步聚焦教材建设、教学改革、考试评价改革，推动着课程改革往宽处走，往深处扎，往实处落。那么课程的深度改革最终应该走向哪里？

课程改革不断深化的标志性事件：

第一个重要标志是全面修订普通高中课程。这次普通高中课程的修订某种意义上是我国基础教育课程改革新的里程碑，是全面深化基础教育改革的风向标。它是第八次基础教育课程改革的一种延续和创新发展。它最大的变化是提出了学科核心素养，基于核心素养对课程整体结构进行了调整，对课程内容进行了重构、重建，同时提出了高中学生学业发展水平标准和基本要求。

第二个重要标志是从"课改"到"改课"。课堂是培育学生的主阵地，深化课程改革必须在主阵地上打攻坚战。新课标既给整个改革提出了严峻挑战和明确要求，也为教学改革创造了有利条件。接下来，整个基础教育领域的课程改革，无论是义务教育阶段还是高中阶段，都需要两手抓，且两手都要硬。要一手抓课程方案的转化落地，一手抓课程标准的转化落地，必须在课堂教学上有所突破。课程改革只有落在课堂上，才能最终惠及学生，才能把人才培养的最终指向落到学生身上。

（二）从"课改"走向"改课"的实践探索

这些年我们所做的工作就是从"课改"走向"改课"。2013 年底，为顺应我国课程教学改革大趋势，教育部基础教育课程教材发展中心前瞻性地提出了"深度学习"教学改进项目。2014 年 9 月起，组织专家团队，在总结我国课程教学改革经验的基础上，着手研究开发"深度学习"教学改进项目，并将其作为深化基础教育课程改革的重要抓手和落实学生发展核心素养及各学科课程标准的实践途径。通过"深度学习"教学改进项目的实施，推动课堂教学关系的深度调整和人才培养模式的重大变革，引领教学理念、教学方式、评价体系、教学组织管理制度等全方位的变革。

第一,"深度学习"教学改进项目立足于研究解决教学改革中的实际问题。教学中长期存在的浅层性的学习问题必须得到解决,如:学习方式单一,以讲授为主;教学方式改进表面化;满堂灌—满堂问—满堂动;小组合作形式化、表面化,活动目的单一,学生体验不充分;师生缺少对话,或者对话浅显;素养目标泛化,价值观目标缺失。实际上最终学生又回到了死记硬背、鹦鹉学舌、心不在焉的状态中。

第二,"深度学习"教学改进项目立足于给老师提供思考教学问题的基本思想方法,研究、建立教学改革实践模型,形成教师探索教学改革的"脚手架",帮助老师去思考究竟什么样的学习目标更有意义,学生为什么要学,学习之后获得什么,什么样的学习内容更有价值,什么样的学习方式更有利于学生学习目标的实现,什么样的学习方式能更好地检验学生的学习效果。这些问题都是教学中,特别是学生学习过程中的基本问题,我们希望老师能够去思考这些基本问题,然后改变教学。"深度学习"教学改进项目并没有给大家提供一种教学的固定模式,而是希望老师能够基于对原有教学的基本思考,去建构符合相应学科特征,符合自己对教学的理解、对课程的理解、对人才培养理解的一种教学。

第三,"深度学习"教学改进项目采取的是行动研究策略,边研究边实验,边指导边解决问题,不断提升完善。研究成果在实践中形成,确保理论指引与实践指导管用好用,能够更好地落地。

可以说,"深度学习"教学改进项目取得了阶段性成果:目前,已经形成了"深度学习"理论框架与实践模型;出版了理论普及读本《深度学习:走向核心素养》;研制出版了《"深度学习"学科教学指南》,包括义务教育阶段的10个学科(如小学数学、初中数学、初中物理、初中化学、初中生物等);高中12个学科的《学科教学指南》研究工作正在全面推进之中;还形成了教师研修模型及实践案例。目前义务教育学段已经有16个实验区、1个示范区、292所实验学校,高中学段有12个中心实验区、12个学科教研基地、143所实验学校。"深度学习"教学改进项目正在帮助更多的学校改进教学。

(三)"深度学习"深在何处

我们说的"深度学习"与机器学习的"深度学习"是不同的。机器学习的"深度学习"是一种基于大数据分析而进行的一种表征的技术和方法。它对于人来说仍然是浅表性的学习。

我们倡导的"深度学习"是力求实现从"以学科为中心"到"以学生为中心",从"知识技能获得"到"核心素养发展",从"教师的教为主"到"学生的学为主",从"单一纸笔测试"到"成长综合评价"。我们提倡的"深度学习"是在教师引领下,学生围绕具有挑战性的学习主题,全身积极参与、体验成功、获得发展的有意义的学习过程。在这个过程当中,学生掌握学科的核心知识,体验学习过程,把握学科本质及思想方法,形成积极的、内在的学习动机和高级的社会性情感、学习态度,正确的价值观念,成为既具独立性、创造性,又有合作精神、基础扎实的优秀的学习者。

那么"深度学习"究竟深在何处?

第一,"深度学习"深在让学生成为学习的主人。过去我们实际上是不关心,也不了解不同年段学生年龄特征和认知规律的。缺少学生视角和儿童立场是我国教育的最大问题。我们天天和学生打交道,但我们对学生并没有那么深的了解,学生是怎样学习的,他们喜欢什么样的学习内容,喜欢什么样的学习方式,我们并不十分清楚。

PISA测试的研究结果显示:动机影响学生的学习成绩——学生对某学科(数学或阅读)的兴趣和从中得到的乐趣,与他们的PISA成绩呈正相关。这个结果反映了学生如果不是学习的主人,缺少相应的学习动机,对学习成绩有很深的负面影响。学习动机问题是我们在教学中一直不关注的问题。中国学生学习负担的问题是值得思考的。学习负担重仅仅是学习内容太多、太难、太深的问题吗?从本质上来说,学生学习负担问题,实际是缺少内在学习动机的问题。学生理解不到学习的意义,感受不到学习的价值,不能全身心参与到学习中,没有效能感、成就感。在这种情况下,学习就是负担。学习负担本质上是一种心理感受。当学生有理想追求,喜欢、热爱学习,愿意为此去投入的时候,投入再多的时间和精力,都不觉得是负担。教师的教学究竟在多大程度上吸引了学生，引导着学生对相应的学习内容更加感兴趣，更能让学生体会到学习内容对其个人发展的意义和价值，对社会民族振兴的意义和价值呢？所以，学生有没有学习兴趣，有没有内在学习动机，教学能不能吸引学生是值得思考和研究的问题。

第二，"深度学习"深在让学生对学科核心知识有深度的理解和加工。对学科核心知识的深度加工，一体现在从单一知识到结构性知识；二体现在从细枝末节的知识的学习到学科核心内容、大概念的理解；三体现在从浅表性知识的学习到学科独特思想方法和学科本质的把握。

第三，"深度学习"深在学生学习方式的调整。要引导学生从简单记忆走向深度思考，从单纯的、封闭式的、缺乏挑战性的活动走向复杂的、具有挑战性的学习任务的设计上。这种挑战性的学习任务与现实是结合的，是探索性的，是开放的。另外，深度学习还体现在从个体学习走向共同学习、合作交流中的学习。

第四，"深度学习"深在以核心素养作为目标追求。"深度学习"最终追求的是在知识载体的基础上，引导学生形成关键能力、必备品格和正确的价值观。从人才培养目标到课程目标，再到教学目标，逐一落实核心素养。让目标在整个教学系统中具有统摄性，统摄教学主题的确定、教学活动的设计和教学评价的实施。

第五，"深度学习"深在指向学生学习，让学习真实发生。以学生的学习为中心，以核心素养为目标，使学生从识记、复述知识走向更深层次的思考，学会解释、思辨、推理、验证、应用；引导学生去理解世界、解决问题、学以致用，促进健全人格和精神成长。

"深度学习"教学的基本特征是关注学生的学习机制的形成；关注对学习对象的深度加工；关注知识与经验的相互转化；关注教学活动中模拟社会实践，实现更好地迁移和应用；让学生去体会学习的内在价值。虽然"深度学习"是指向学生的，但它是通过教师的教学实现的，因此，最终还是要由教师促进学生"深度学习"的发生。2014年我们提出了促进学生核心素养发展的单元教学，形成了"深度学习"的教学实践模型1.0版。1.0版是基于单元学习的教学实践探索，其关键要素包含确定单元学习目标、确定单元学习主题、设计单元学习活动、设计持续性评价等。随着改革实验的深化，以及我们对理论的进一步思考，目前我们正在研究"深度学习"教学实践模型2.0版。2.0版中"深度学习"有素养导向的学习目标、引领性的学习主题、挑战性的学习任务、持续性的学习评价。在整个学习过程中，教师伴随着教学反思、诊断和改进，同时要努力构建起开放性的学习环境，促进教学与信息技术的深度融合。

教学是一个系统，对教学改革而言，要把教学领域中的各个要素，从目标到内容、到活动、到评价。进行统筹设计，厘清内在逻辑关系，实现内在的一致性。而在教学改革之中，教师和学生的角色定位以及师生关系决定着我们教学的基本走向。未来，推动从"以教为主"向"以学为主"转变，引导学生"深度学习"是中国教学改革的基本方向和工作重点。

（文章根据教育部基础教育课程教材发展中心副主任刘月霞在2020年12月5—6日"首届中国基础教育论坛暨中国教育学会第33次学术年会"的讲话整理）

案例2 实施"四化"策略 实现深度教学
——以九年级《道德与法治》"共筑生命家园"为例

新时代背景下，学生的深度参与、课堂的深度互动是教学互动、师生成长的关键，是孜孜以求的目标。本文试结合"共筑生命家园"（统编教材《道德与法治》九年级上册第六课第二框），联系自己的"三化"课堂实践研究成果（河南省基础教研项目2018年8月已结项），就全媒体条件下探索实施"四化"教学、努力打造互动范式、迎接成果转化新挑战、实现教学实践再提升进行思考，提供借鉴。

（一）课题成果实践转化的新挑战

河南省基础教育教学研究项目《信息技术条件下道德与法治"三化"教

学实践研究》重点研究了在信息技术条件下，把时政等社会信息等融入道德与法治课堂，进行课题化设计、主题化教学、社会化发展，实现素养化实践的有效途径和立足课内、放眼课外的提高学生观察、阅读、反思、整合、创新能力的策略，取得了阶段性成果。2018年按时结项后，课题组继续进行研究推广，在实践中不断遇到课题成果转化的新瓶颈。

1. 新时代高要求

随着中国特色社会主义进入新时代，改革开放的全面深化，社会快速的发展变化，以2019年3月18日习近平总书记主持召开的学校思想政治理论课教师座谈会为标志，掀开了1949年以来政治学科课程改革的新篇章。

《关于深化新时代学校思想政治理论课改革创新的若干意见》《新时代公民道德建设实施纲要》《新时代爱国主义教育实施纲要》《关于深化教育教学改革全面提高义务教育质量的意见》等文件的印发，加强了顶层设计，形成了"大思政"课程的育人体系，指导着新时代的思政课教学工作，成为思政课程发展的里程碑。

社会主义核心价值观统领下的思政课教学，渗透优秀传统文化，践行当代法治文明，增强"四个自信"，提升政治素养，创新思路方法，强化学科担当，发展学生品质，助力学生成长，抓住青少年阶段的"拔节孕穗期"，帮助学生扣好人生第一粒扣子，践行立德树人使命，焕发思政课堂魅力，推动思政课更有力量，都对思政学科的课堂教学提出了更高要求。

2. 全媒体新挑战

以数字技术为基础的全媒体条件下，无限量几何式增长的社会信息素材、中国优秀传统文化几千年的深厚积淀，如何有机地融入有限时空的校园课堂，整合课程资源、提升课堂品质，适应时代发展、提升核心素养等就成为新的重要课题。同时，学生在对教材文本的阅读理解、合作探究、思考践行等方面，跳跃性更强，随意性更大，思维时空更加丰富，这也为道德与法治课堂落实立德树人根本任务提出了新挑战。

由此，课题组践行工匠精神，实现专业成长，充分发挥课题研究的实践功能，进一步加强教学互动，注重体验交流，与时俱进，守正创新，落实学习为本，延伸课堂教学，推进学生的深度参与，实现课堂的深度教学，促进师生的共同成长，增强此课题成果应用的持续性和有效性，扩大其影响力和辐射面，更好地为道德与法治课堂教学服务就成为本课题研究的新探索与新行动。

（二）课堂教学实践研究的再提升

1. 探究化设计预热课堂

（1）课前预设。首先，根据文本和课标，对"共筑生命家园"这一框题内容，进行深度解读。其次，结合新时代的学生现状及地域特点，做好总体设计，确立课堂案例。最后，组织研究性学习团队，分工协作，开发课程资源，自主体验活动，预热课堂教学。

（2）策略思考。探究化设计，即借助于学科小组，以学生在教材文本和社会时政中遇到的问题为课题，开展有目标的论证与研讨，进行菜单式搜索和总体化设计，搭建教与学的"脚手架"，默化科学精神，助力素养提升。

① 团队研读，创设行动。

研读文本，团队行动。学科小组把握三个视角，集体研读文本。一是从"整体"角度审视文本，明晰学科价值，找准文本定位；二是从"要素"角度分析文本，厘清文本内容，链接生活导行；三是从"对象"角度剖析文本，审视发现互动，找到文本生长点。通过坚持不间断的总体设计，精准确定实践活动主题，形成教学案例：发展经济，既要金山银山，又要绿水青山；绿水青山就是金山银山（以下简称"两山论"）。然后，围绕框题核心内容，结合生活实际，发挥全媒体优势，网上搜集内容，走访、拍照、设计等，学习讲故事，制作微视频，生成微感悟，开展线上搜集素材、线下实地调查，课下小组研讨、课上展示交流等学中做、做中学，学中研、研中学的实践活动，掌握第一手材料，体验"生命家园"的内涵、意义和价值，内化为深刻的思想认知，外化为自觉的行动指南。

创设先行，实践提升。一是通过提前2—3周借助于"互联网+"征集学生志愿者，利用学科小组做好主题研讨，初步形成课前预设。二是多方搜集相关材料，在与网上进行比对筛选后，组织开展实地探访、议题分析等活动。三是撰写环境报告及小论文。课前三天，把设计调查的相关材料放到思政学科网络平台上，让学生参与讨论，收集建议，从而通过合作探究，把文本观点的阐述寓于社会生活和学生实践之中，体现素养要求，落实创设先行，实现课堂预热。[1]94

② 合作参与，自主探究。

兴趣引领，活动参与。本节课进行教学之前，从教材问题"坚持人与自然和谐共生、坚持绿色发展道路"两个目标任务出发，结合社会生活实际，联系学校"保卫蓝天"环保俱乐部活动实践，利用时政内容，通过教材解读、建构问题、设置议题、自主体验、收集信息、调查分析、假设预判等多种形式开展走访、观察等探究活动，注重兴趣引领，提高学习能力。

合作设计，自主探究。按照教材编排顺序，"共筑生命家园"一框应在上学期十一月下旬教学。笔者提前由科研小组细化设计，开展系列实践活动。如通过走访城区河道，调查水质变化、发展变迁过程，探讨风景区喀斯特地貌、山水特征等，进行总结，制作小视频，撰写小论文，提出小建议，形成环境报告，激发内生动力，实现自主探究。

2. 社会化渗透发展课堂

（1）主题教学。利用学生亲身创造设计的成果，采用音乐、歌曲、舞蹈、朗诵、长短句、微视频等多种艺术表达形式激发情感、展示交流，讲好生态故事，引发积极思考，开展主题化教学，实现社会化渗透。

【板块一】坚持人与自然和谐共生（自读、解读、探问、交流、评议等）。

① 人类智慧选择；② 遵循自然规律；③ 建设生态文明；④ 三个严守。

拓展深化：2019年中国北京世界园艺博览会向世界发出共建美好未来的"绿色邀请"（可扩展到2019年上半年中国三大主场外交、2020年全球协同抗击新冠疫情等）。

【板块二】坚持绿色发展道路（展示、思考、想象、表达、分享、追问等）。

① 中国发展共识：浙江安吉余村——国家级美丽宜居示范村；② 处理好经济发展和生态环境保护的关系：绿水青山就是金山银山（城区××河的变

迁故事);③绿色富国之梦;④方针、方式、行动:绿色、循环、低碳——用自觉行动点染绿色中国;⑤建设美丽中国:生命家园、时代图景、历史使命。

拓展深化:① 塞罕坝的启发——电视剧《最美的青春》片段;② 分享环保故事——学校的"保卫蓝天"环保俱乐部;③ 传播环保理念——保护野生动物等环保倡议。

(2)策略思考。社会化渗透,即让课堂教学持续延伸到社会参与,使课堂与社会生活有针对性和发展性地"连接起来",把学习的过程和社会生活的过程统一起来,实现时事政治渗透链接、社会生活自主实践,增强教育责任,发展核心素养。[1]97

① 经典传承,整合时政。

经典引领,文化传承。课堂上,首先通过诵读诗文、欣赏经典配乐视频来实现体验和传承,长期坚持,潜移默化,启迪智慧,养成习惯,达成经典诵读、寓教于乐、创设情境、文化引领的目标。本节课设计内容为:陶渊明的《饮酒》(其五)和梁衡的《天星桥》(节选);接着,全体闭目默思:想象两幅生活图景,斟酌二者蕴含的共同意境;然后,围绕"共筑生命家园"开展主题研讨、讲好生态故事等活动。

时政渗透,资源整合。本节内容涉及时事政治、社会生活等诸多方面,周边素材多,学生有话说。借助于长短句、微视频等引导学生关注时政、了解社会,特别是定时收看《新闻联播》《经典咏流传》《中国诗词大会》《朗读者》等栏目,特别注重从"学习强国"中找寻素材、拓展视野、增长见识、丰富素养,实现各类课程资源的交叉整合,积累丰厚的知识内涵和人文底蕴。

涉及本节课"共筑生命家园",学生整理的时政资源非常多。例如:a. 2016年12月,习近平主持召开中央财经领导小组第十四次会议,研究普遍推行垃圾分类制度;2019年6月,又对垃圾分类工作作出重要指示。由此,学生结合厦门各社区垃圾分类实践,特别是特殊时期口罩回收单列,深刻理解和把握身边的环保与可持续发展、绿色发展、生态文明建设的紧密联系,把日常行动延伸到家庭和社区,把环境教育、生命教育和劳动教育结合起来,从自己做起,从身边行动,节约使用资源,践行绿色理念,落实教育方针,形成教育合力。b. 2019年6月，世界环境日全球主场活动在杭州举行；7月，世界新能源汽车大会召开。习近平分别致贺信。c. 2020年新冠疫情暴发，根据世界卫生组织实时统计数据，截至欧洲中部时间4月11日10时（北京时间11日16时），全球确诊新冠肺炎病例1610909例，死亡99690例，其中疫情最为严重的欧洲区域已确诊839257例，死亡70565例。中国已向100多个国家进行援助，助力各国抗疫渡厄，向世界传递共同战"疫"的信心和力量。由此，学生明白绿色发展理念已深刻改变着中国，也为世界可持续发展提供了中国方案、中国智慧和中国力量等。

美国约翰斯·霍普金斯大学统计数据显示，截至北京时间2020年4月12日2时50分，全球累计确诊新冠肺炎病例1754457例，累计死亡107520例。

由此，通过以上相关内容，学生的视野由福建厦门走向全国、走向全球、走向未来，既有知识视野，也有国际视野；境界提升到落实2030年可持续发展议程，提升到建设全球生态文明，保护好人类赖以生存的地球家园的高度；从心底明理践行，要为建设清洁美丽世界、推动构建人类命运共同体作出自己的贡献，思想得到进一步升华，格局在潜移默化中不断放大，实现了道德与法治课堂教学理论性和实践性的统一。

② 互动引领，生命同行。

关注社会，互动引领。通过比照课堂案例，用视频展示引发深入思考，坚持以学科核心素养为主线，结合生活激发情感、理解专题，联系时政把握内容、讲好故事，采用多种形式创设问题情境，关注社会，深度学习，在进行主题化教学活动的同时，注重引导对专题的多维度观察、多途径探究、多方法指路，实现课堂的社会化，更好地凸显素养、促进成长。[1]96

本节课教学中，学生结合厦门实际，深度思考"青山绿水为了谁？""金山银山咋长久？""家乡发展靠什么？"等现实问题，经过头脑风暴、小组展示、书面表达，进行课堂互动交流，提高了语言、文字表达等多种能力。在此基础上，进一步拓展教材内容、延伸社会生活，通过追问反问，深度比较"家乡山水今与夕"，努力征集"家乡发展金点子"，注重落实"我为家乡做什么""新时代里咋行动""抗击疫情我逆行"等社会责任，进一步和家长邻里商议、主动和外校同学沟通，实现积极互动、学以致用，引领课堂、实践创新。最后，再围绕"中国梦中看家乡""民族复兴看中国""家乡未来有多美""统一中华我先行"等主题，设想憧憬，汇集数十篇文章装订成册。这既是校本研究的成果，也为政府发展规划提供参考，从而立足校本、综合提升，固本培元、发展育人。

共建美好，生命同行。"共筑生命家园"本框题内容，引领我们向着建设美丽中国的目标进发，渗透了顺应自然、天人合一的朴素思想和生存哲学，也预言了幸福美好的未来生活，提出了与生命同行、构建人类命运共同体的时代课题。

在课堂教学中，采用亲身体验、艺术感染、边演边讲、请学生边看边讲等多种形式探讨主题、助力学习、情境相连、展示整合，既注重思维过程，又推动合作发展，为课程插上艺术的翅膀；既注重教材内容延展，又突出师生生命成长，让思想引发激情共鸣，实现知识性和价值性相统一的学科目标。通过辨别分析、展示观点，表达、交流和对话，实现师生课堂上的共同参与和个性发展，启动思维，启迪智慧，由小见大，点拨总结，回归教材，汇集结论。如：处理好绿水青山和金山银山二者的关系，共筑家园，共建美好，功在当代，利在千秋，是对子孙后代的担当和大爱；绿水青山就是金山银山既是发展目标，也是未来趋势，更是党和政府以人民为中心，贯彻落实党的十九大和十九届二中、三中、四中全会精神，不忘初心、不负韶华，团结一心加油干、越是困难越向前的行动誓言；等等。

由此，让道德与法治课走出教室，与实践结合、与生活结合、与生命同行，解决问题、提升能力，丰盈课堂、落实素养，使学生打破思维限制，在分析鉴别、深度互动中提高认知，在理性探究、科学推理中拓展视野，在观念更新、价值冲突中深化理解，多方位汇总升华，达成最优课堂效果，[1]95 促进师生命成长，实现课堂育人目标。

3. 知行化树人创新课堂

（1）问题反馈。在学生亲身设计、实践"体验"、展示碰撞、情感被真实有效激发的基础上，坚持问题导向，反思问题解决，拓展学科价值，注重课堂生成，梳理思路方法，实现知行合一。① 为什么要坚持人与自然和谐共生（怎么做）？② 怎样建设生态文明？2019年国庆"青山绿水"方阵有何启示？2020年全球抗疫有何反思？③ 怎样建设美丽中国（走绿色发展道路）？2020年3月30日习近平总书记15年后重到"两山论"发祥地，有何深意？④ 共筑生命家园，政府、企业、个人怎么做？特别是面对新冠疫情，如何打好阻击战？

（2）策略思考。知中有行，行中有知，二者互为表里、不可分离，是谓知行合一。道德与法治课堂就是要正本清源，守正创新，坚持建设性和批判性相统一，通过不断的教学创新，实现立德树人的课程目标。

① 守正创新，长效丰盈。

创新是引领发展的第一动力。课前设计有探究，问题调查出思路；课堂教学看主题，社会渗透促交流；课后实践为提升，体验反思重行动；关注课堂求创新，师生成长不忘本。

本节课教学中，开发课程资源，利用生活案例，突出学生体验，注重问题反馈，坚持议题追问，凸显方法引领，以一个案例生成相关数个问题来落实创新理念，实现了课前的设计创新、课中的互动创新、课后的实践创新，着力把课堂教学实践和学科核心素养作为一个整体统筹考虑，坚持道德与法治教育和社会化、生活化教学相结合，突出丰富性和长效性，在注重培养学生持续学习能力、思维创新能力的同时，着力培养其政治认同、社会参与、法治精神、文化素养、道德情怀、人格魅力、心理素质等。[1]98

② 知行合一，向美践行。

本节课通过两大板块、四个环节多维互动，创新引领，将学习的过程分成激活经验、获取新知、深度加工、评价学习四个步骤，[2] 真正达成学以致用、知行合一，使学生更好地表现为现实生活中一个真实、发展、成长的自我，使学生思维由浅表走向深入、由单一走向综合、由零散走向统整，使道德与法治课程成为学生品德、精神、情感、责任等素养成长的园地，实现深度学习导向下多维互动课堂教学的创新与突破。

"共筑生命家园"这节课借助于案例"两山论"，创造体验化情境，开展探究化设计,激发需求,精心预设,思维碰撞,锻炼师生;借助于"坚持人与自然和谐共生""坚持绿色发展道路"两大板块,进行主题化教学,搭桥立柱,激发情感,互动展示,"有感"生成;借助于环保时政、新冠疫情等课程资源,体验交流、分享传播,梳理思路、讲好故事,实现社会化发展,渗透延伸,有效融合,课堂"声"动;总体教学活动落实问题导向,注重课堂生成,突出深度互动,体现了案例化、议题化、知行化的教学特点,营造出一个充盈生活情怀、助推创新引领、富有人文底蕴、弘扬师生个性的道德与法治课堂教学图景,[1]98 实现了"自美其美、成人之美、美美与共、向美践行"的立美育人目标。

4. 素养化实践互动课堂

(1)升华践行。在经历设计、渗透、发展、树人的课堂环节基础上,拓展文本内容,回归升华践行,注重社会参与,突出学科素养,坚守培根铸魂,实现课程育人:①2019年9月,习近平提出的"黄河流域生态保护和高质量发展"重大国家战略的价值与启示;②2019年上半年,我国举行的三场主场外交活动,即亚洲文明对话大会、北京世界园艺博览会、第二届"一带一路"国际合作高峰论坛等对人类命运共同体的意义所在;③2020年,对比全球新冠疫情大暴发后,中外各国治理能力大比拼,人类卫生健康共同体和"一带一路"协助抗疫的价值导向;④2020年3月30日,习近平在抗疫取得阶段性成果之际,时隔15年重访安吉,宣示了推进生态文明建设是关系中华民族永续发展的千年大计,要为人类命运共同体的构建贡献中国智慧,也看到了中国人的矢志不渝,读懂了中国人的初心如磐。

(2)策略思考。道德与法治课堂教学的最终目标在于通过开发课程资源、创新课堂教学,借助古今贯通、中西融汇、文理渗透等方式方法,注重参与体验,改善师生思维,实现学思用结合、知信行统一,从而内化为自身素质,外化为行为习惯,固化为价值追求,关注社会,服务国家,深度学习,终身受益,达成课程育人目标。

① 铸魂育人,深度互动。

本节课根据统编教材和2011年课程标准,综合分析了九年级学生的个体发展特征，关注学生的家庭、地域、性格等差异，承认并欣赏学生的内在独特价值，结合其行为特点，坚持学科育人目标，注重知识、情感、思想和精神等深度互动，创新思路方法，落实铸魂育人。

例如，课前设计的课堂案例"两山论"，就是坚持科研引领、教师引导、学生主持、小组合作、交流体验、互动展示的主线，通过思想先行、武装大脑，调查研讨、分析总结，学科渗透、发展融通，创设真实的情境，设置驱动性任务，建立对话型师生关系；重视生生互动和协作反思，[4]让学生在课标教材的引领下，通过自主确立内容、查阅文献、研讨案例等，扩展课程资源，进行探究化设计，实现跨时段、跨学科理论与实践的统一；坚持主导性和主体性相结合，注重道德与法治课程的应用和迁移，提升学生终身学习、合作反思、深度互动的能力和素养；[1]97从而让每个师生个体的生命价值、特殊才能、个性差异都获得尊重和肯定，使课堂教学有热度、增温度、显个性、更出彩。

② 核心素养，群体提升。

本节课把握课堂互动，以人文素养和审美素养为抓手，以探究思路培育公共参与，进一步通过拓展参与空间、关注参与文化、创新参与角色、实现高效参与，强化问题导向、推动精准参与，开阔广阔视野、实现深度参与等改进教学方法[3]。坚持通过课前预设、主题教学、问题反馈、升华践行四个环节的实施，展开深度互动，把素养化实践贯穿始终；以设置情景式、梯度性、开放性、文化辨析性等不同层次的多个问题为抓手，发展高阶思维；遵循"研讨预设、实践探究、合作展示、课堂生成、指导行动、反思成功、激发兴趣、拓展提升"不断循环往复的学习链条和方法，聚焦学科核心素养，既注重理论性和实践性的统一，又把握了统一性和多样性的结合，使学生不断养成自己认识问题、自主发现问题、合作解决问题、共同获得新知、不断生成新问题的良好习惯，达成教学目标，实现师生群体提升。

全媒体条件下的道德与法治课堂，通过探究化设计预热课堂、社会化渗透发展课堂、知行化树人创新课堂、素养化实践互动课堂等"四化"策略的实施，着力打造互动范式，增强了课程的思想性、理论性和亲和力、针对性，实现了深度教学、全面育人的目标，有效落实了立德树人的根本任务。

（作者：厦门市翔安区教师进修学校　李圣德；来源：《基础教育研究》2020年第15期）

参考文献：

[1] 李圣德."四化"撬动课堂　培育核心素养：信息技术条件下道德与法治"三化"课堂教学实践研究 [J].福建教育学院学报，2018（6）：94-98.

[2] 章莉.走向深度学习的"多维互动"课堂教学研究 [J].中小学教学研究，2018（10）：3-9.

[3] 汪桢亮.以创客思维培育公共参与 [J].思想政治课教学，2019（6）：16-19.

[4] 俞丽萍.深度学习视野下课堂互动的优化策略 [J].生物学教学，2016，41（2）：22-23.

案例3　课堂"九思"：提高学生思维品质的九大途径

从思维的一般过程来看，要经历的是发现问题、提出问题、分析问题、提出假设、进行验证、解决问题的过程。

（一）变"快思考"为"慢思考"

细察课堂教学中师生的每一环节都步履匆匆，忽然而来，倏然而过，没有时间驻足，没有时间流连，没有时间沉思。往往教师一提问就指名要某个学生回答，教师提问的话音未落，学生便急不可耐地要报出答案。我们不以为非，还沾沾自喜地认为，课堂教学节奏快、效率高，学生思维灵活，等等。

其实，这些快的背后意味着，学生学习及思考时没有经过深思熟虑，没有消化、整合、生成，只是停留在"快言快语"，而不是"快心快思"。

"慢中有真味。"从知识形成的过程来看，它是一个动态发展的过程，必然经历生根、发芽、长叶、开花、结果的生长过程。学习也需要一个过程，如中国古代学者就提出"博学、审问、慎思、明辨、笃行"的过程。

从思维的一般过程来看，要经历的是发现问题、提出问题、分析问题、提出假设、进行验证、解决问题的过程。从学生的思维方式及学习能力来看也是各有差异，有的学生是"慢热型"的，需要时间的等待与培植，急不可待的做法可能会干扰他的内心秩序与思考系统。

（二）变"闹思考"为"静思考"

"闹思考"是以表面的欢乐、热闹来掩盖内在的浅薄与缺乏底蕴；以表面的生动、活泼来遮蔽生命内在的舒展与精神力量沉潜的凝聚；以身体的活动、感官的娱乐来刺激一些生理性的本能反应，看似在组织学习，实则在稀释智慧的含量与思考的浓度。

苏联著名教育家苏霍姆林斯基讲："教室里一片寂静，学生都在聚精会神地进行紧张的思考。教师要珍视这样的时刻。课堂上应当经常出现这样的寂静。"[1]

只有这种学习，才能真正促成青少年的自觉活动，激发其心智，形成其对认识的渴望等，最终使他们从掌握真理中获得愉悦，作为对艰苦努力的报偿。

（三）变"暗思考"为"显思考"

课堂教学对于思考一直处于"暗箱状态"，至于学生有没有思考，思考什么，怎么思考，思考到什么程度，基本上没有细致而明确的关注。如何化暗为明，化隐为显，逐步增强思考力训练的可控性与实操性，这是至关重要的。

在具体的课堂教学环节中，我们建议要设计"先自己阅读思考，然后写下来，接着同桌交流，或小组交流，然后全班反馈、丰富、补充、修正"这样的环节。

其目的就在于引导学生在学习过程中呈现出思维从模糊到清晰的过程，实现从自我到他者再到新自我诞生的过程，完成学习与思考的内化与外化、外化与内化、内化外化互生的过程。

（四）变"弱思考"为"强思考"

"弱思考"主要表现在哪些方面呢？一是学习的任务对大部分学生来说几乎没有难度；二是以个别优秀的学生的思考来代替全班学生的思考；三是教师越俎代庖，直接将思考的过程与结果呈现给学生；四是大部分学生没有经历完整的思考过程，而是在教师的步步诱导下，按章办事般地进行所谓的"思考"，结果不过是碎片化的思维；五是思考缺乏独特性、深刻性与发散性。

"弱思考"可能会给学生及学习带来怎样的危害呢？学生们在学习过程中，高阶思维没有得到训练与培养；课堂学习成了一种时间资源及生命的莫大浪费，同时极大地败坏了学生的学习趣味；没有养成良好的思维方法及习惯，给学生的后续学习及生活带来极大、极恶劣的"后遗症"。

如何纠正及克服"弱思考"带来的弊端？如何达到"强思考"的效果呢？我们提出：学习任务要有适当的难度，让学生经历探究过程，让学生理解思考过程，鼓励学生进行多样化、发散性、个人化的思考……

（五）变"浅思考"为"深思考"

课堂教学中的"浅思考"主要表现在对问题缺乏敏感性，面对许多信息、知识都一滑而过，无法切入核心，无法突破常规的硬壳。至于思考的层次，在学习方面主要是以记忆为主，最后沦为机械重复、死记硬背。

"深思考"，也就是深入持久地思考，盯住某一点，从四面八方来思考，愈入愈深地思考，形成深度思考。"深思考"应该是时间上的长度，表现为持续思考、不断跟进，在思考的情绪状态上应该是情不自禁、一往情深，在思考的深入程度上应该表现为意味深长、深入人心。因为在课堂学习中，我们要以"主问题"的方式呈现出来，让学生"一""集""剖""钻""韧"地进行学习、思考、探究，从而获得更深入、更深刻的理解。

（六）变"怕思考"为"乐思考"

"怕思考"主要表现为吃不了思考的苦，受不了思考错遭受的"辱"，怕思考没有结果等。

"乐思考"之乐基本上呈现为这几种状态：

一是被好奇心及问题意识点燃的一种叩开知识大门与探索宇宙人生的兴奋感、急切感、新奇感。

二是思考过程中的身心俱忘，与时间融为一体，与思考的对象融为一体，物我交融、物我同在的专注感。心理学研究表明，专注带来积极的"心流体验"，能产生多巴胺，增进心灵的愉悦。

三是思考过程中一波三折的"峰回路转，寻幽探胜"给人带来的丰富的、真切的、深刻的心灵体验令人流连忘返。唯有深刻体验这些状态的人才能成为真正的思想者。

（七）变"被思考"为"自思考"

思考的重要特性是自我、自主、自由。"被思考"最大的弊端就是导致学生不会提问，不会质疑，没有批判意识，没有怀疑精神，不会理性思考。知识与思想只有通过内在自我心智的作用，才会激越、沸腾，才会生根、盛放。

约翰·亨利·纽曼先生在《大学的理念》中写道，一个人可以听一千场讲座，读一千本书，好似通过这种方式获得了知识。但是求知的过程不仅仅是被动地接受知识，而是让知识进入自己的头脑。求知不是消极地接受，而是真实主动地进入知识领域，拥抱知识，掌握知识。思维必须行动起来，主动出击，迎接迎面而来的知识，丰富自己的心智，让自己从无到有。

"自思考"就是一种主动拥抱、主动出击、主动生长的过程。

（八）变"独思考"为"共思考"

独立思考是我们所倡导的，但独立思考并不是说自说自话、自以为是，如果不全面接触世界、社会、人生，没有充分地和他人交流对话，所思所想就会狭隘、片面。

独立思考就是要破除思考的迷障，养成清明、清醒、清朗的思想状态，尤其是要穿越英国哲学家培根提出的四大假相，即种族假相、洞穴假相、市场假相、剧场假相，只有这样才能"得人生几清明"。

而破除这四大假相最好的路径就是不断地与人对话、与人共思。要化"独思考"为"共思考"，个体与集体相辅相成，相映成趣。正如佐藤学先生所说的,学习(思考也是一样的)是与历史的对话、与他人的对话、与自己的对话。独思与共思要交融互鉴,并肩作战,携手共进。

(九)变"固思考"为"活思考"

"乔布斯年近30岁时曾做过一个关于唱片的比喻。他一直在思考为何人在30多岁后就会变得思维僵化、缺乏创新意识。他说:'人们被卡在这些固有的形式中,就像唱片中某一段固定的凹槽,他们永远无法摆脱出来。当然,有些人天生就有强烈的好奇心,永远有一颗孩子般的心,可惜这样的人太稀少了。'"[2]

思考的形状如苏轼在文论中讲的"水无常形",即孔子所说的"智者乐水",老子所称的"上善若水",以流动不居、随物赋形、灵活通彻为其形质。

只有在稳定的、集中注意的沉思状态中学习,才能真正促成青少年的自觉活动,激发其心智,形成其对认识的渴望,最终使他们从掌握真理中获得愉悦,作为对艰苦努力的报偿。

(来源:"教师博览"2020年1月6日)

参考文献:

[1] B.A.苏霍姆林斯基.给教师的建议(全一册)[M].杜殿坤,编译.2版.北京:教育科学出版社,1984:219.

[2] 沃尔特·艾萨克森.史蒂夫·乔布斯传[M].管延圻,魏群,余倩,等译.北京:中信出版社,2011:349.

案例4 深度:课堂教学改革的十大追问

(一)"表现"还是"思维"

课堂教学改革已经到了"嬗变期"是不争的事实。

回顾"奠基期"的课改,一些力量薄弱的学校向传统课堂挑战,以"小组合作"与"学生展示"为特征,创生了不少"方法模式",学生的表达力与表现力有了质的变化,课堂充满了生命的活力,最大限度地解放了学生,改变了传统课堂死气沉沉的局面。

然而,随着课堂教学改革的发展,先期课改存在的诸多问题日益凸显,许多学校看似将课堂还给了学生,却仍然没有解决学生学习不投入的问题——参与讨论展示的永远是几个优等生,大部分学生依然是课堂的旁观者。

此外,许多课堂过于追求"表现",学生展示时载歌载舞、精彩纷呈,但展示的内容却浮于表面,缺乏深入的思考,更缺乏思维层面的深度发掘。这样的课堂,仅仅是表面繁荣,热闹过后学生却收获不多。

为了让课堂从浅层走向深层,我们迫切需要突破现有观念,寻找新方法,创生深度课堂教学改革的策略。课堂为什么而改,课堂应该更加注重什么,这是我们必须思考的问题。

香港中文大学原校长沈祖尧曾在2014年毕业典礼上说:"学会多听别人意见,考虑各方看法,协力实现梦想……教育的目的,是培养独立思考。"在世界各国的教育目标中,最为一致,最重要的一条就是"培养学生独立人格和批判性思维能力"。由此可见,课堂应该充分尊重学生个性,注重对学生思维能力的培养。

思维能力是学习能力的核心。改革课堂教学,必须找准思维方式存在的问题,追根溯源,才能选择正确的改革方向、选用科学的改革策略。如果只是把课堂中存在的问题归结于教育体制、应试需要、教学方式,则不可能解决根本性问题。

诚然,表现是思维的外化,我们无须怀疑表现的价值,也不能排斥课堂活动的形式创新,但表现源于思维,内容决定形式,二者不可偏颇。因此,从聚焦学生"表现力"到关注学生"思维力",实现表现与思维有机结合,形式与内容和谐统一,这是深度课改必须迈过的一道门槛。

（二）"输入"还是"产出"

学习是"知识输入"还是"思维产出"？这是一个从根本上动摇课堂教学模式的学习理念。

学生的许多问题，比如厌学、精神不振等，都是由学生没有看到自己的力量与才能造成的。学生学习的最大苦恼，是看不到自己的学习成果，得不到应有的回报。如何解决学生"看不到学习成果而厌学"这一难题呢？

解决这一难题可以逆向思考，以"产出"为导向，组织课堂活动，搭建交往平台。何谓"产出导向"？"产出导向"即由学习产品（创作作品、实验报告、解决方案……）为固着点组织教学行动，让学生在搜集、探究、展示、反馈的过程中建构知识、启迪思维、提升智慧、养育人格，并通过获得成果激发学生学习的内部动机，让学习者体验到知识收获的成就感与解决问题的实践智慧。

传统教学把知识看成定论，把学习看成知识从外到内的输入，学习就是要把知识装进学习者的头脑中，在以后需要的时候提取应用，这种"输入观"导致了教学的简单化倾向，并产生了极为消极的后果。

与"输入观"不同，由苏格拉底"产婆术"引申出的学习"产出观"认为：只有学生"思维产出"的知识，才可能成为学生自己的知识，教学的一个中心任务是产生新知识、新技能以及概念性框架。在学习过程中，学生需要把知识变成自己的思想、见解、学识，并呈现出来。交往与沟通是教学的核心，但交往与沟通必须以产出成果为目标，否则课堂活动就难以保证有效。

产出即创造，产出即体验。以成果创造为引领，评价、分析、应用、理解、识记均在创造的统领之下，为创造所需而建构，这是本质意义上的课堂翻转。以产出为导向的课堂教学，既可以让学生高效率地接受、内化现成的定论性知识，又可以引导学生像科学家那样探求知识、复演过程，培养学生独立解决问题与预见未知的能力。

"输入观"的最大不足，是难以回答"学生是否已经发生了学习"，因为输入的知识难以外化，教师只能通过抽取一些知识进行验证，这就是应试难以割舍的重要因素；"产出观"可有效地改善这一不足，因为"产出观"强调思维外化，形成显性或隐性的学习产品，这为明确"学习是否已经发生"与衡量"学习成果是否有效"提供了可能。

学生的思维产品至少应该分为内隐与外显两种形式，外显产品可以通过口头、文本、肢体语言表达，内隐产品如智慧、情感、价值观虽难以外显，但也能够以产品形式植入学生的思维体系之中。

传统的学习产出主要包括平时作业与试卷，用这种单一的标准评价学生的学习效果不仅失之偏颇，而且会使学生普遍缺乏成就感。因此，深度改革需要以产出为导向，改变传统课堂中单一僵化的模式，"让作业作品化"，使学生在创造与体验中成功学习、主动发展。

（三）"颠覆"还是"组合"

教育学者顾泠沅认为，课堂教学改革的突破策略有两类，一类是颠覆性突破，另一类是组合性突破。前者针对问题、创意鲜明、登高疾呼、轰轰烈烈，但容易执其一端，引发钟摆现象；后者了解以往、看懂现在、殚精竭虑、润物无声，但它需在众多成功的碎片上作出整体性归纳，这就是人们常说的"把珍珠串成项链"。在课堂教学改革进入深化阶段后，我们应该选择"颠覆"还是"组合"策略实现突破呢？

让我们首先分析先期课堂教学改革的策略类型。

毋庸讳言，先期的成功典型基本来自力量薄弱的农村学校，如洋思中学、杜郎口中学等。这些学校"穷则思变""破釜沉舟"，以课堂为突破口，强力限制教师的授课时间，"把课堂还给学生"，"砸掉讲台闹革命"，从而推动学校层面的深化改革。

这些典型学校的共同特征：一是师资薄弱，困难重重，学校陷入"生存危机"；二是校长强势，雷厉风行，敢于"壮士断腕"；三是模式统一，强制执行，改革方式"疾风暴雨"。可见，先期改革基本属于颠覆性突破。

然而，相对于"为救亡而改革"的典型来说，大部分学校师资力量相对较好，学校发展稳中有升，教学质量得到了社会认可，并没有生存危机。如果单纯模仿上述学校经验，采取颠覆式改革，势必带来风险。

在课堂教学进入深度改革阶段后，走组合性突破的发展之路是必然选择。

组合性突破需要循序渐进、组合优化。我们的教育往往过于急切地盼望出成效、成正果，能够"立竿见影"，缺乏期待与从容。其实，课改也是"慢的艺术"，不可能"不改则已，一改惊人"。

组合性突破需要科学兼容、智慧施教。其实，传统教学中也有许多精华，比如注重传授系统知识、倡导启发式教学、利用"变式练习"培育学生的知识迁移能力等。因此，对待传统教学应扬弃而不应抛弃，利用现代教学理论加以改造，把传统教学的特色与优势发扬光大。

组合性突破需要借鉴创新、继承发展。对于先期课改经验，既不能比照葫芦画瓢，只顾形式不得实质，也不能不加分析地批判。只有不断超越，才能走向卓越。深度改革应该善于汲取先期课改的一切营养，扬长避短，借鉴而不盲从，创新而不越轨，让课堂教学改革走向健康的发展道路。

深度改革的路径选择：优化组合——集"传统"与"改革"之长，提炼校内外课堂"成功碎片"，建构具有民族特色与现代意识的本色课堂；教学平衡——师生双主体，教学两平衡，让两者有机统一；回归基础——追寻课堂基本元素，回归学生思维发展，遵循教学规律，不搞极端创新；志在高远——立足培养现代社会合格公民，力求让"生命活力"与"学习成绩"双赢。

（四）"展示"还是"反馈"

通过课堂展示，学生的表现力被激活，课堂迸发出前所未有的活力。于是，展示成了课堂教学改革的核心词，展示是解决学习内驱力的最好手段，是走进高效课堂的"金钥匙"。然而，也有人认为，展示会消耗大量的课堂时间，应该寻求一种实现课堂生命活力与教学质量双赢的策略。

其实，真正的学习发生在展示之前的准备与展示之后的反馈上，展示如同扁担，挑起备学与反馈这两种学习活动。因此，更深度的课堂教学改革应该把聚焦点从展示转移到反馈上。

理由如下：

首先，课堂倡导对话，没有反馈就难以形成对话。

展示强调的是展现、显示，未强调互动特质；反馈则是在沟通过程中信息接收者向信息发出者的回应。一个完整的沟通过程既包括信息发出者的表达与信息接收者的倾听，还包括信息接收者对信息发出者的反馈。

思维对话有两个层次，低层次的思维对话是对话、共享，实质是信息的呈现与简单的交流；高层次的思维对话是碰撞、共建，实质是思维互动与智慧共生。展示是引发对话的一种方式，而交互式反馈则是深度对话不可或缺的元素。

其次，交互式反馈可以创造课堂中真正的生命活力。

真正的课堂生命活力不是一问一答式的全体参与、交流互动；不是以表现为本的自编自演、说学逗唱；不是廉价评价下的小手林立、争先恐后；不是文本灌输式的成绩提高、排名提升；不是将教师讲变成学生讲、教师问变成学生问的知识搬迁……

真正体现课堂生命活力的教学活动应具备以下三个条件：以问题解决为中心，充满思维碰撞式的对话，生成精彩观念等思维产品。围绕问题而展开的交互式反馈则为生生对话、师生对话搭建了互动平台。

最后，交互式反馈能有效提高教学质量。

英国教育家伊恩·史密斯指出，反馈被称为"学习的生命线""冠军的早餐"。他认为，给学生高质量的反馈是教师的核心职责之一，也是学习性评价的一个重要方面。

可以说，改进教育教学质量的关键之一就在于提高反馈质量，具有补充、完善、修正、扩展、提升等不同性质的交互式反馈，可以帮助学生实现对问题的再思考、对内容的再丰富、对知识的再加工、对过程的再论证……最好的参与是思维参与，最好的对话是思维对话，唯有如此，课堂品质方能提升。

可见，交互式反馈有利于实现课堂生命活力与教学质量的双提升，能有效地破解当前课堂教学改革的难题。

（五）"模式"还是"要素"

课堂教学模式一般要具有以下要素：所依据的教学思想与教学理论，需要达到的教学目标，所运用的教学策略，教学实施的基本程序，教学评价的标准与方式,等等。

显然,把某种教学策略的发现、教学流程的确立理解为建构一种教学模式,这是一种夸大其词、以偏概全的做法。那么,课堂教学需不需要模式?这是一个长久以来争论不休的话题。

模式可"求"而不可"贪"。模式的建立是一个极其缓慢的过程,对于外来经验,不能"拿来主义",而是应该结合校情,创生实践智慧。课堂教学改革的目的是追寻教学规律、回归教育本质。因此,我们应该抛弃建构"速生模式"的幻想,跳出改造流程与环节的窠臼,挖掘模式之后的基本要素,从"轰轰烈烈的改革"走向"静悄悄的革命"。

如果深度研究课堂内涵,我们会发现,问题、活动、评价是教学设计的基本要素,可以称为课堂教学的"三块基石"。没有"三块基石",课堂教学就无从实施,教学组织、教学过程也都成了"空中楼阁"。

问题、活动、评价指向课堂学习"做什么""怎么做""怎样做好",三者结合才能实现课堂高效。课堂活动是为解决问题服务的,课堂中每一个环节都离不开问题。问题解决得怎么样,教学活动是否有意义、有价值,这就需要评价做支撑。有此三者,课堂教学才能形成一体,教学目标才能得以实现,教学思想才能得以贯彻。

问题是成功学习的本源,活动是有效学习的基点,评价是智慧学习的保障。立足课堂"三块基石",教学设计就有了依托。教师需要发掘学习问题,将知识点以问题的形式呈现在学生面前;教师要创造性地设计学习活动,让学生在探索中掌握知识、培养技能、发展智力、养育人格;此外,教师还要科学有效地运用评价,调控并引导学生的学习活动,保障课堂目标有效达成。

设计优质问题,对每个教师来说都是挑战;学习活动设计,是许多课堂的一大不足;用好课堂评价,又被称为世界性教学难题。如果改革能够突破这三大难题,将有效提高课堂教学的价值,同时也能为促进教师专业化搭建发展平台。

（六）"解惑"还是"激辩"

问题质量的优劣直接决定着教学的成功与否，教师一定要高度重视问题设计，为学生学习提供优质问题。

问题设计应立足"消解疑难、呈现知识"，还是"激发冲突、引导思辨"呢？这不是一个简单的教学策略问题，而是涉及思维行为习惯的问题。头脑不是一个需要被填满的容器，而是一个需要被点燃的火把，教师的责任是点燃学生的思维火把，而不是浇灭学生的思维火花。教师要善于利用问题"惹事"，帮助学生拓展思维，让学生最大限度地产出成果而不是复原结论。可见，优质问题的基本特征应该是：在学生最近发展区内，引发认知冲突，激发思维碰撞。

教师应该如何设计优质问题呢？

一般说来，高层次思维问题易激发思维碰撞，低层次思维问题不利于引发思维碰撞；批判性思维问题易激发思维碰撞，再现性思维问题不利于引发思维碰撞。

因此，教师的问题设计首先应面向高层次思维。

低层次思维问题是指知识、理解、运用层次的问题，如记忆性的"什么时间、是谁"，描述性的"这道题运用了什么原理"，运用性的"50元钱能买几张8元钱的电影票"，等等。高层次思维是指分析、综合、评价类的问题，如对比性的"植物和动物的异同点"，创造性的"给某某写200字颁奖词"，判断性的"为什么在官渡之战中曹操能够以少胜多而在赤壁之战中却以多败少"，等等。低层次思维较为肤浅，容易让学生产生思维惰性，而高层次思维需要"与自我对话"并"冲破自我"，利于学生深度思考。

其次应面向批判性思维。

批判性思维是让学生自己去伪存真，认识事物本质的思维方式。一般的课堂提问如"这个句子的意思是什么""这个段落的关键句是什么"等，都属于再现性思维。而批判性思维的提问类似于"为什么提出这个观点""推导过程合乎逻辑吗""这些论据可信度高吗"等。这种提问可以让学生发现问题、质疑推理、评估材料，比起阅读句子、标注重点、总结观点，更利于学生突破思维模式，创造性地接受并建构知识。

优质问题是教学目标的转化，是教学内容的提炼，是学习评价的依据。优质问题是深层次课堂活动的引爆点、牵引机、黏合剂，"以其求思之深而无不在也"。教师要设计出优质问题，首先需要改变自己的思维习惯，变"解惑"为"思辨"，变"消事"为"惹事"，最大限度地激发学生的思维冲突，让学生"真动脑、动真脑"，在解决高层次思维问题中发展低层次思维，而不是在解决低层次思维问题中积累高层次思维。

当然，课堂中的优质问题不能仅仅依靠教师预设，教师可以让学生参与问题设计，或鼓励学生在学习中提出问题。这种做法利于培养学生的问题意识与质疑能力，也是一种高层次的思维活动。与"多学"相伴的是"多问"，在操作上，可以设定这样的评价标准：没有学生发问的课算不上好课，"答必正确"的课不是真正的好课，把学生教得"提不出问题"的课也不能算是好课。变"消灭问题"的课堂为"暴露思维"的课堂，变"师问生答"的教学为"共同设问"的教学，这应该是课堂教学改革的基本策略。

（七）"分散"还是"整体"

许多教师的课堂活动设计都存在一些问题：一是重视教，轻视学，教师想的是"如何教"而不顾"如何学"；二是过分随意，教师在课堂上常常是"眉头一皱计上心来"，并没有在课前精心设计；三是学习活动琐碎，缺乏整体意识。

其实，活动设计是课堂教学的关键，传统的注入式教学忽视学习活动，课堂缺乏生命活力；而另外一些课堂活动偏离了学习本质，又导致了形式主义的出现。

那么，应该如何设计课堂学习活动呢？我认为，一个完整的学习活动，至少应该包含活动任务、组织形式、活动方法三个要素。比如，"以小组为单位分角色朗读《皇帝的新装》"这一学习活动，学习任务是"朗读《皇帝的新装》"，组织形式是"小组"，活动方法是"分角色朗读"。在此基础上，学生明确了"做什么""谁来做""怎么做"，就可以更好地投入深度学习的活动之中。

优质活动应该是"主题活动"，即针对一个具体的主题或主问题，有计划、分步骤、递进式展开的学习活动，要明确阶段内容、实施方式以及评价建议。

好的活动设计，一是从低到高具有层次性，可以引导学生步步深入，利于解决问题；二是符合探究式教学的程序，在教师提供的"学习支架"支持下，学生开展自主探索、合作探究，发现并得出相应的结论；三是体现了"做中学"的原则，学生作为学习主体，亲力亲为，能体验到知识建构的快乐。

主题化活动是体系化学习的基本要求，需要把教学内容蕴含于整体的活动设计之中。课堂教学应该"低起点、小台阶、大容量、快节奏"，仅仅为了突破重点、难点而设计的一些分散、琐碎的小活动，容易导致学习碎片化，不利于学生思维能力的发展。

（八）"外在"还是"嵌入"

在一个学习任务开始前，学生应该清楚他们将要学什么，以及怎样才能知道自己已经学会了。付出就要得到回报，这是人之常情，学生学习也是如此。如果学生的努力得不到及时回报，即无法得知"我学会了吗"，就容易产生挫败感，甚至会怀疑自己的学习能力。

然而，许多课堂并没有解决上述问题，教师不清楚自己的教学效果，学生也不清楚自己的学习情况，只能用一句"差不多"来搪塞。有没有办法评价每一节课乃至每一个学习活动，让师生能有一本课堂效益"明白账"呢？

让我们先看看常见的三种评价形式：第一种是传统的结果性评价（打分或对错），第二种是以学生表现为依据的小组量化评价（捆绑式评价），第三种是嵌入教学过程的教师口语评价。

这三种评价各有优势，但问题也明显：结果性评价是"事后诸葛亮"；小组量化评价经常"扰乱课堂对话"；教师口语评价又"过分随意"，难以做到严谨、准确、科学。

更重要的是，这些评价严格意义上都是外在的，学生个体往往被排除在评价之外，很难指导学生自我反馈、改善学习。如果一种评价总是很关注获奖、贴星、排名，学生就会想方设法得到最好的评价，而不是思考如何学得更好。或者，他们也可能得过且过，逃避困难的学习任务。更糟的是，他们干脆就放弃学习，以逃避这种评价带来的伤害。

有没有一种真正嵌入学习过程且对学生来说是内在的评价反馈方法呢？有，这就是交互反馈与嵌入评价。嵌入评价是与学习同时发生的评价，将评价融合到教学的整个过程之中，评价不再是学习的终结，而是改进学习方法、提高学习能力的载体。

这种嵌入评价实现了"学习力"的可视化，能够让每一个学生明确自己解决问题的水平，也能够指导学生完成自我评价、自我反馈，极大地改善了学生处于被评价地位的消极影响。

这种评价具有导向性作用，暗含问题解决要求，可引领各层次学生提高问题解决质量，起到了"以评价引领学习"的效果。不仅如此，嵌入评价还能为解决"一放就乱"以及教书育人"两张皮"的难题提供支持。

例如，组织一场辩论活动，教师可以先提供评价量规：观点与他人不同加1分；列举理由准确，每条加1分；能发现别人漏洞并进行适当辩驳加2分；能有理有据地对话辩驳加2分。

在这种评价量规的引导下，学生不仅敢于表达、敢于质疑，有理有据地论述观点，还会注意倾听、搜集、处理对方的发言信息。这样的评价既保证了辩论的效果，又能培养学生的规则意识与交往礼仪，对提升学生综合素养很有意义。

（九）"抛弃"还是"扬弃"

随着课堂教学改革的深入，围绕导学案的存与废也出现了对立的意见。有人认为，导学案限制了学生的自由，让学生成为新"傀儡"，导致课堂同质化，应该退出课堂；也有人认为，导学案可以有效指导学生的自主学习，是教师集体备课的载体，应该发扬光大。那么，导学案还有没有保留的必要呢？

我认为，许多学校的导学案确实出现了一些问题：试题化倾向严重；"课后练"变成了"课前练"；栏目众多，内容繁杂，不注重学习活动设计；"学生围绕学案学，教师围绕学案教"，削弱了课堂生成，限制了学生思维发展；

等等。

不过，导学案也有不少优势：取代了原有的教辅、学辅，实现了学校对学生课内外作业的可控化；在一定程度上发挥出导教、导学的作用，引导学生有序推进学习活动；改善了教学的随意化问题，为校本教研搭建了平台；等等。

其实，类似导学案的课程资源载体还有许多，比如"工作纸""任务单"等。导学案是一种学习工具，其价值与多媒体课件、平板电脑一样，只有设计与使用是否合理之说，不应有"存废之争"。

如果我们能正确定位，导学案就能发挥帮助学生学习的作用；反之，如果滥用，就会成为课堂学习的"绊脚石"。因此，我的观点是：导学案要扬弃，不要抛弃，要扬长避短、优化改进、寻求突破。

我建议，可以把导学案改造成学生的"学习支架"与思维的"产出媒介"，让其具备以下特点：

一是凸显思维特征。

思维是学习能力的核心，导学案可以设立"思维导引""思维碰撞""思维迁移""思维导图"等栏目，引导师生把课堂学习重点放到思维能力的培养上。

二是促进师生发展。

导学案应该紧扣"问题设计""活动设计""评价设计"，让学生明确课堂上"学什么""怎么学""学得怎么样"，促进教师整合课程，引导教师转变教学方式。

三是引领学生学习。

导学案是学生课堂活动的路线图，要围绕主问题由浅入深、从具体到抽象进行探索，最后完成整体知识结构。同时，导学案还要给予学生资源性支持、方法性帮助，为自主、合作、探究学习提供"支架"。

四是面向多元发展。

简洁、实用、多元是导学案的发展追求，教师设计时应该取消形式、栏目限制，变为"个性化产品"。教师个体或团队应该自我创作导学案，不要再由学校统一要求并使用。

善于继承才能善于创新。使用导学案要在继承中发展、在扬弃中创新，给学生适时、适当、适量的支持与帮助，让课堂教学重新焕发青春。

（十）"粗放"还是"精细"

小组学习是课堂教学改革的重中之重。

如何提高小组学习的质量呢？我认为，最关键的是摆脱"知识中心"的窠臼，从育人角度思考小组学习的价值。对学生来说，参与小组合作学习，首先应该学会遵守规则，"规则即育人"；其次，要学会表达、倾听、总结、评价等技巧，"表现即创造"。

"有心就有教育。"解决小组学习的困难，除了必须转变观念，还需用心磨炼。从组织方面讲，小组学习要比个体学习复杂得多，需要师生都具备较高的操作技能，而技能培养与知识学习不同，只有"学而时习之"，才能熟能生巧，"不敢用、不愿用"就无法"运用之妙，存乎于心"，达到游刃有余的境界。

在课堂教学改革的深化阶段，教师要"瞄准"小组合作学习的技能研究，让学生的合作学习更加精细化。事实上，如果我们能够把研究细化、深化，就能找到一些好方法。

以小组活动为例，可以分为小组竞争、小组论辩、小组协作、小组交流、小组讨论等类型。小组竞争是有输赢的比赛，小组论辩是有组织的辩论，小组协作是有分工的做事，小组交流是有成果的分享，小组讨论是无成果的磋商。许多教师诟病的"低效、杂乱"，主要指小组讨论，而其他任务类别的小组学习效果则比较好。

小组讨论如何改善呢？有效的小组讨论，一般是"问题有冲突、手中有物品、磋商有同伴、行动有规则、提问有差异"。换句话说就是，基于资源、文本的讨论高效，以同伴互教互学、互评互改为基础的讨论高效，具有如循环式、拼图式、传递式等行动规则的讨论高效，尊重小组成员具有独立性的提问方式的讨论高效……

此外，有的学校也寻找到一些好手段。比如，"一个声音策略"：要在小组长的组织下交流，一人发言，其他人注意倾听，然后分析、修正、补充、质疑;"两分钟策略":提前组织语言,要求发言简明、有条理,时间不得超过两分钟;"互不干扰策略":组内交流时,交流发言的声音要适中,以本组同学能够听清为准;"轮流坐庄策略":部分组长由小组成员轮流担任……

良好的小组合作学习要解决缺乏培训、缺乏规则、缺乏组织等问题,只要教师潜心研究、精心设计、用心操作,就一定能找到"破障"的智慧。

(作者:山东省泰安市第一中学　崔成林;来源:"光明社教育家"2022年3月8日)

案例5　高中思想政治必修2第二单元综合探究二

"践行社会责任　促进社会进步"课堂观察

(一)背景

任教老师:黄书梅,教龄26年,厦门市新店中学高级教师,福建省学科带头人,长期在高中任教,注重将乡土文化融入高中思想政治课堂教学,对学习中心课堂有一定实践和研究。

教学主题:"践行社会责任　促进社会进步"。

观察老师:李圣德、王财权、陈金墩、李永记、纪华荣、周问奇、陈莉、沈美香。

活动目的:为更好地开展学习中心课堂实践研究、深化议题式教学起到示范引领作用。

(二)课前会议

1. 主题说明

本课地位:本课作为统编教材高中思想政治必修2第二单元后的综合探究,既是对单元知识进行的系统概括和总结,也是对单元知识的深化和升华。通过探究获得新知,提升学生运用知识、分析和解决问题的能力,让学生主动感悟社会生活，在劳动就业、绿色消费、脱贫致富方面正确引导学生思考社会生活问题，回应学生社会关切，激发进取心和探究热情，促进全面发展，使学生能够适应新课改、应对新高考，具有很强的现实意义。

本课内容：本节课综合探究编排清晰，设置有"探究活动目标""探究活动建议""探究路径参考""理论评析"等环节，文本内容"践行社会责任　促进社会进步"与单元主题"经济发展与社会进步"相统一，是对单元教学内容的概括性提炼，实现了理论与实践的统一、教育与教学的一致，体现了培根铸魂、启智润心的学科育人价值。

文本分为三个板块，共有三个探究性问题：劳动精神、创新创业，绿色生产、绿色消费，精准脱贫、共同富裕。

"劳动精神、创新创业"主要分析劳动精神的内涵特征，明确弘扬劳动精神的重要价值，探讨对劳模精神、工匠精神的认识，引发学生思考如何投身创新创业的时代大潮。

"绿色生产、绿色消费"联系我国"2030碳高峰""2060碳中和"的时间目标，引导学生树立正确的消费观，坚持绿色消费，促进人与自然的和谐统一，正确认识"保护环境会影响经济发展"观点的科学性、合理性，为建设绿色生态家园提出合理化建议。

"精准脱贫、共同富裕"通过分析了解精准脱贫的方法和建议，为脱贫攻坚和乡村振兴提供借鉴，进一步增强对实现共同富裕紧迫性与必然性的认知。

2. 学情分析

学生心智特征分析：高一学生由少年向青年阶段过渡，其认知能力、观察分析力、自我判断力、思维水平虽有了较大提高，但大多数孩子心理发展略落后于生理发展，且处在相对不稳定的时期。

学生认知结构分析：本节课的教学内容建立在单元内容学习基础之上，有关内容与社会生活、家庭生活及个人生活实践紧密结合，初中的道德与法治课本已经初步涉及，高一学生对此内容也并不陌生。可以借助于学生已有的社会实践经验开展具有辅助性的学习活动，一定程度上降低了学生理解文本的难度，但高一学生对社会责任和社会进步的判断、辨析还缺乏必要的经验积累，缺少较深层次分析问题、解决问题的能力和素养。

3. 教学目标

政治认同：结合劳动、创业、经营等问题情境，树立正确的就业创业观；结合与家庭、学校、社区有关的生产和消费情境，树立正确的消费观；结合与精准脱贫和共同富裕有关的问题，树立正确的财富观和致富观，认同践行社会主义核心价值观。

科学精神：通过学习，能够对劳动、创业、经营中的不同价值观作出正确判断与合理选择，能够弘扬劳动精神、劳模精神和工匠精神；能够树立正确的消费观，提出符合绿色生产和绿色消费要求的可行性建议；能够结合具体情况，提出精准脱贫、乡村振兴和共同富裕的针对性建议。

法治意识：注重理论联系实际，通过学习《中华人民共和国环境保护法》，让学生商议讨论，坚持简约适度、绿色低碳的生活方式，反对奢侈浪费和不合理消费，使学生牢固树立起法治意识和法治情感。

公共参与：通过学习，树立正确的就业创业观，乐于承担社会责任，养成尊重劳动、热爱劳动、勇于创新的品质；坚持简约适度、绿色低碳的生活方式，反对奢侈浪费和不合理消费；能够树立正确的财富观和致富观，培养奋斗精神、自力更生精神和乐于助人的品质。

4. 教学重难点

教学重点：树立正确的消费观、就业观、财富观，并提出可行性建议；完善分配制度，实现共同富裕，并提出针对性建议。

教学难点：如何培养劳动精神、劳模精神、工匠精神、企业家精神等，如何成为有担当的创业者和经营者。

5. 教学设计

（1）课前准备。

① 围绕"中国梦——劳动创业梦"议题，让学生搜集劳动模范、优秀工匠和自主创业者的先进事迹，并制作相关板报、班刊或校园报。

设计意图：引发学生探究身边劳动典型事迹，有利于学生学习劳动精神、劳模精神、工匠精神和锐意创新、自主创业等优秀品质。

②围绕"中国梦——绿色发展梦"议题,让学生调查校园、社区、村庄采取的节约资源、保护环境的现状及措施,制作调查总结表。

设计意图:激发学生学习兴趣,帮助学生树立绿色消费观,深化学生对绿色生产和绿色消费的认知。

③围绕"中国梦——共同富裕梦"议题,让学生搜集福建省厦门市翔安区和甘肃省临夏回族自治州永靖县"东西部扶贫协作和对口帮扶"牵手协作、决战脱贫攻坚的成功案例,探究参与扶贫"多方并举、志智双扶"的有效做法,总结脱贫工作经验,制作宣传板报。

设计意图:激励学生深度思考,让学生主动探究,结合与精准脱贫和共同富裕有关的问题,使学生对"促进全体人民共享改革发展成果,体现社会主义制度优越性"等加深认识。

(2)课堂教学环节。

总议题:中国梦、我们的梦——如何践行社会责任、促进社会进步;议题一:中国梦——劳动创业梦;议题二:中国梦——绿色发展梦;议题三:中国梦——共同富裕梦;其他环节——当堂检测、本堂小结、作业布置等。

本探究主题设计得当,议题导向明确,教材思路清晰,内在结构化特点比较明显。3个分议题,方便教师组织开展议题式教学。学生对就业、绿色消费,以及财富的认知有一定的局限性,价值观初步形成,需要正确的引导;教材虽然提供了一系列事例和观点,也有详细的理论分析,但如何坚持理论联系实际、激发学习兴趣和探究欲望,也是授课教师应该关注的重点。

本节课采用议题式教学,设置一定的情景,进行适当的引导,通过自主探究与合作探究相结合的方式,因材施教,使学生通过学习体验,树立正确的就业创业观,乐于承担社会责任,养成尊重劳动、热爱劳动、勇于创新的品质;坚持简约适度、绿色低碳的生活方式,反对奢侈浪费和不合理消费;树立正确的财富观和致富观,培养奋斗精神、自力更生的精神和乐于助人的品质。说易做难,课堂调控压力加大。

（3）课堂创新。

议题贯穿，一题一案，综合展示，素养全面提升，效果明显。

（4）教学困惑。

时间把控难度大，课堂教学任务重，关键概念，如劳动创业、绿色发展、共同富裕等融会贯通难度大，学生活动线难以收放自如等。

（二）课中观察

（1）主讲者和观察者讨论确定观察点。

第一组（王财权、纪华荣）：学生学习—互动—学生参与度。

第二组（李圣德、沈美香）：学生学习—达成—目标达成度。

第三组（李永记、陈莉）：教师教学—联动—师生对话度。

第四组（陈金墩、周问奇）：课程资源—议题—问题解决度。

（2）观察工具：观察量表、摄像机等。

（3）观察位置（观察任务的分工）。（表2-3）

（三）观察过程

课前，教师根据综合探究实践课的特点要求和高一学生实际，询问了解学生对议题中若干问题的认知，查看学生准备资料的整理情况和对课堂问题解决等活动的期待。

课中，教师根据自己选择或开发设置的观察表进行观察和记录，关注师生联动状态，开启录播室2台以上摄像机全程录像。

课后，教师询问了解学生目标达成情况，进行简单的对话交流。

表2-3　观察位置安排表

		观察者（第三组：李永记）			观察者（第四组：周问奇）			
观摩老师	观察者（第一组：王财权；第二组：沈美香）		◇	☆	◇		◇	观察者（第一组：纪华荣；第二组：李圣德）	观摩老师
		◇	☆	◇				
		☆		☆		☆	◇	
					☆			
		◇	☆		◇		☆	
观察者（第三组：陈莉）			讲　台			观察者（第四组：陈金墩）		

注：1. 现场观摩的专家、教师90余人，分坐学生周边，能近距离观察。

2. ☆标注为学优生，◇标注为学困生。

（四）课后会议

1. 授课教师反思

（1）学生素养不错。课堂上学生表现可圈可点，发言主动，表述准确，思维灵动，反应迅捷，综合能力强，机智状态出乎意料，值得自豪。

（2）素材来源于时政和生活。教学素材从脱贫攻坚这个重大时政、社会生活中身边的劳模典型和垃圾分类具体事例中收集，贴近学生，有体验，有感动，学生有兴趣，展示有话说，演绎有精彩。

（3）教学目标基本达成。从学生互动状态、师生联动状态、问题解决能力、综合探究情况来看，学习中心有效彰显，课堂生成比较智慧，教学目标基本达成。

（4）改进建议：① 教师引导需更智慧。不仅关注课前，更要引导课中，特别是在个别学生分析表达不到位的情况下，需要机智点拨和精准规范，但考虑到教学进程和自主探究等因素，没能做到位。② 内容多，生成也多，学生展示表达时间长，一定程度上影响了课堂教学进程，需调整。

2. 观察结果

对照本节综合实践课，旨在引导学生积极走入社会大课堂，围绕议题综合运用本单元知识，展开合作学习和探究学习，解决真实复杂的问题，促进学科内容和社会实践活动相结合，将观察情况进行了汇总通报。

（1）小组观察情况。

第一组（王财权、纪华荣）：观察的是"学生学习－互动－学生参与度"。学生以学习为中心，互动展示了13次，5次是应议题活动中老师的要求，5次是小组合作中自我的需要，3次是小组间的商议。全班8个小组参与总人数43人，占比100%；活跃学生人数31人，占比72%；互动表述优秀学生人数5人，占比12%。总体来看，学生讨论、记录、查阅、交流比较好，学生参与的广度和深度也比较高。

第二组（李圣德、沈美香）：观察的是"学生学习－达成－目标达成度"。本节课共3个大目标、8个小目标，其中6个小目标学生基本能理解、迁移并运用，另外2个小目标学生演绎、推理还不够到位，需要进一步深化掌握，在知识体系的建构和思维素养的提升方面仍有一定的不足。

第三组（李永记、陈莉）：观察的是"教师教学－联动－师生对话度"。本节课师生对话了解型10次，理解型6次，探究型5次，共计21次，很好地起到了引发学生思考和展示的作用，课堂民主、平等、开放、合作，进一步提升了学科素养。

第四组（陈金墩、周问奇）：观察的是"课程资源－议题－问题解决度"。师生围绕1个总议题、3个分议题、6个子议题、若干个小主题或问题掌控课堂教学活动，指向明确，表达清晰，层层推进，螺旋上升，显示了议题核心以及活动线、任务线和情境线的统一，体现了较好的学科逻辑性。

（2）本次观察结论。

总体看，整合学科资源，联系时政热点、生活实际和身边典例，进行议题式教学设计，任务明确，思路清晰，活动有效，成绩明显，课堂观察收到了预期效果：

① 针对总议题，师生对收集的素材等课程资源进行二度开发，设计成彼此关联的小议题或问题串，提升了学生的信息获取和分析能力、学科表达能力、综合演绎和展示能力等学科能力。

② 课堂议题式教学实现了任务线、情境线、活动线三线的统一，指向了学科核心素养，议中学、学中议特色鲜明。

③ 课堂学生参与度较高，讨论生成有价值，师生联动、主动对话效果好，问题解决有推动，思维训练比较到位，知识建构过程符合高一学生认知规律，课堂落实有效益，目标达成度比较高，思政学科的问题解决等多种综合能力都有比较大的提升。

值得研讨改进的地方在于：

① 合理掌控课堂进程，注重衔接，把握好时间，提高课堂时效。

② 注重认知形成过程，有效合作，开展好探究，增强思维活跃度。

③ 拓展议题的深度生成，激活分议题，增强关联性，提高学习中心课堂品位。

④ 有效介入课前准备、课中指导和课后践行，把握介入时机、介入深度、介入形式，实现深度学习，产生更好的效果。

3. 观察报告

报告一：主讲人课后反思（黄书梅）

本节课，准备时间不到两周，在新时代新高考、新课标新教材背景下，作为厦门市翔安区的高中，学校录取分数线低，中考思政学科分值低，感到上课难度大，以前没有采用，也不敢进行议题式教学，所以，我非常担心此次探索达不到课程目标、收不到预期效果，心理压力很大。但此次课堂实践证明，我的担心是多余的。

本节综合探究课，进行议题式教学设计，成功的原因其一在于教学素材来自脱贫攻坚实际这个重大时政和社会生活中身边的劳模典型及垃圾分类具体事例。学生们两眼发光有兴趣、感到新奇有体验，积极主动参与课前的调查、搜集、整理和分析，课堂思维活跃，展示自己有话说，演绎概念有深度，努力用学科语言表达观点、阐述收获，整体表现真正出彩，超过预期，令我十分意外,让听课老师都刮目相看。学生的出色展示更给了我探索实践议题式教学的信心和力量,我认为这是本节课最大的成功。

其二在于综合探究议题式教学设计的有效性。能够整合"三线"(即任务线、情境线、活动线),开展"践行社会责任 促进社会进步"的合作探究,从学生小组参与、问题解决能力、综合议学成效来看,学习中心得到有效彰显,学科素养生成也比较智慧,教学目标基本达成。

其三在于师生联动、议学生成、推进学习中心课堂的有效性。学生素质本不够高,但在课前、课中的表现却可圈可点,围绕分议题,积极碰撞,主动发言,看学生互动状态、师生联动状态,几乎精准的表达,迅捷灵动的思维,充分展示了学生的综合素养。

观察者和观摩的老师、专家都给了我莫大的支持和鼓励,提出了很好的建议和主张,使我进一步明确了努力方向:

其一,继续在课前下足功夫,深度备课,增强时效;在课中机智引导,注重衔接,合理掌控课堂进程。

其二,注重认知的形成过程,组织有效合作、开展探究活动,增强关联度,拓展总议题和分议题的深度生成,不断提高以学习为中心的课堂品位。

报告二:问题解决度追踪(陈金墩、周问奇)

(1)观察点说明。

本节课作为第二单元的综合探究,依据课程标准和教材"践行社会责任 促进社会进步"分为三个板块,即"劳动精神、创新创业""绿色生产、绿色消费""精准脱贫、共同富裕",正确引导学生,促进学生发展。课前的素材收集、加工和整理,总议题和分议题的设计、确定和布局,情境线、活动线和任务线"三线"整合的内在统一和外在展示,成为课堂教学成功的关键。从问题解决的层面入手进行观察,就是本节课的重点所在。

(2)观察量表设计。

本节课内容上以总议题"中国梦、我们的梦——如何践行社会责任、促进社会进步"为统领,3个分议题"中国梦——劳动创业梦""中国梦——绿色发展梦""中国梦——共同富裕梦"为支撑。设计的问题是否能有效地促进学生的深度学习，从问题的性质看，主要影响因素有问题的表述、呈现和指向，问题与议题、话题的关联，问题的认知层次与能力提升等方面，这些因素从学生的课堂应答可以作出一些判断。据此，我们设计的量表如表2-4所示：

表2-4 问题解决度观察量表

教学环节	议（问）题	议（问）题呈现方式	议（问）题来源	议（问）题指向	议（问）题与话题的关联度	议（问）题层次	议（问）题应答（题意理解/应答方式）
新课导入	总议题：中国梦、我们的梦——如何践行社会责任、促进社会进步						
环节一：议题描述	议题一：中国梦——劳动创业梦 [子议题1] 劳动精神、劳模精神中等蕴含哪些创业素质？ [子议题2] 如何实现中国梦——劳动创业梦？	竞猜说明	A	A	A	A	A	集体直答
		收集信息提取与分析	B	B	B	B	AB	个别直答，方法引导，总结概括
		简答描述	B	B	B	BC	AB	思考汇总，直接表达
环节二：议题辨析	议题二：中国梦——绿色发展梦 [子议题1] 要经济发展还是要生态环境？ [子议题2] 如何实现中国梦——绿色发展梦？	辨别分析，归纳展示	B	B	B	A	BC	分组讨论，课堂交流，引导补充，板书提炼
		提出疑义，讨论交流	C	A	B	B	BC	小组讨论，表达交流，引导提升
		演绎表达	C	B	B	BC	B	理解思考，口头归纳

续表

教学环节	议（问）题	议（问）题呈现方式	议（问）题来源	议（问）题指向	议（问）题与话题的关联度	议（问）题层次	议（问）题应答（题意理解/应答方式）
环节三：议学策划	议题三：中国梦——共同富裕梦 [子议题]从脱贫攻坚到乡村振兴，如何实现共同富裕？	计算统计	B	A	B	A	AB	总结归纳
		归纳分析	C	B	B	B	B	个别直答
		举例说明	A	A	BC	BC	BC	讨论表达，师生纠错
环节四：议学延伸	[子议题]面对新时代巩固拓展脱贫攻坚成果，走好乡村振兴路，我们中学生该做些什么？	信息提取，小组讨论后提问	B	C	B	BC	ABC	提示引导，概括归纳，代表展示
		简答说明	B	A	B	AB	AB	整理口述
		书面表达	B	B	A	BC	A	简洁规整

注：1. 议（问）题来源，学生提出记为 A，课前预设为 B，课堂生成记为 C。

2. 议（问）题指向，很明确记为 A，较明确记为 B，不明确记为 C。

3. 议（问）题与话题的关联度，很紧密记为 A，比较紧密记为 B，不紧密记为 C。

4. 议（问）题层次，强化基础记为 A，提升能力记为 B，激发情感记为 C。

5. 题意理解，明白的记为 A，不太明白的记为 B，不明白的记为 C。

6. 应答方式，即答记为 A，思考后回答记为 B，讨论后回答记为 C。

（3）观察结果分析与教学建议。

从议（问）题呈现方式看：有竞猜说明、收集信息提取与分析、简答描述、演绎表达、计算统计、归纳分析、举例说明、简答说明、书面表达等多种方式，有效呈现，提升了综合素养。

从议（问）题来源看：2个由学生提出；7个课前预设，占比58.33%；3个课堂生成，占比25%。此统计表明，预设最多，生成不易，实现课堂教学中问题的生成和提出仍是一项长期的任务，需高度重视并有效激发。

从议（问）题指向看：5个标的很明确，占比41.67%；6个较明确，占比50%；1个不明确。从中可发现，问题指向核心素养或具体标的相对稳定居多，彰显了课堂教学中师生的认知水平比较高，为解决问题奠定了较好的基础。

从议（问）题与话题的关联度看：很紧密的有2个，占比15.38%；比较紧密的有10个，占比76.92%；不紧密的有1个。从中可以看出，与厦门本土地域与学生生活实际联系相对紧密的，关联度就高，体现出思政课堂教学的社会化、区域化特色，时政化仍需加强。只有1个不紧密的具体问题是"从脱贫攻坚到乡村振兴，如何实现共同富裕？"，相对来说，翔安地处特区，经济发展快，比较富裕，此话题学生体验有欠缺，也是个别问题。

从议（问）题层次看：强化基础的有4个，占比22.22%；提升能力的有9个，占比50%；激发情感的有5个，占比27.78%。其中，既强化基础又提升能力的有1个，既提升能力又激发情感的有5个，没有单独来激发情感的问题。此结果表明，通过激发情感、提升综合能力、实现学科目标符合常态课的问题目标分层要求，也是本节课的亮点所在。

从议（问）题应答（题意理解/应答方式）看：即答的有7个，占比33.33%；思考后回答的有10个，占比47.62%；讨论后回答的有4个，占比19.05%。其中，既能体现即答又能看出思考后回答的有4个，既能体现思考后回答又能体现讨论后回答的有3个，三者都能体现的有1个。具体的应答方式除集体、个别直答外，还有方法引导、讨论归纳、交流展示、总结概括、补充提炼、整理提升等多种形式。此结果表明，设计问题比较符合学情，学生思维比较活跃，问题得到较好解决，混合型、复合型的认知、理解、思考、表达占据思政课堂解决问题方式的大部分，注重展示的是学科知识体系的建构和表达，关注培养的是人文学科的综合素养。

总体看，本节课4个环节，师生围绕1个总议题、3个分议题、6个子议题、若干个小主题或问题掌控课堂教学活动，从观察"课程资源—议题—问题解决度"来看，指向明确，表达清晰，层层推进，螺旋上升，显示了议题核心，展示了教师的教学机智和学生的发现智慧，情境线、活动线和任务线的统一，体现了较好的学科逻辑性。不仅使原有设计的问题得到深化与拓展，还对知识的迁移、巩固与整合，思维的激活起到了很好的作用，让课堂充满了生机与活力。

建议教师在教学活动中，一是更多从学生的视角和状态提出问题、分析问题，着力在解决问题、生成新问题的过程中得到体验和提升；二是更多关注学生个体对学科议题（问）题的认知差异，分层、分类重点培养学科的人文素质和综合素养。

报告三：目标达成度汇总（李圣德、沈美香）

（1）观察点说明。

课堂活动进程中教与学目标的达成情况是我们课堂观察的最终任务，课堂活动目标、师生互动目标、知识体系建构与践行目标、问题解决与生成的素养目标都应该成为课堂实践提升的观察要点。本节"践行社会责任　促进社会进步"综合探究课，围绕一个总目标、三个大目标的达成及学科素养的生成等，将为思政课堂议题式教学过程的改进提供一个研究的实例。

（2）观察量表设计。

本节课的三个板块（劳动精神、创新创业，绿色生产、绿色消费，精准脱贫、共同富裕）相对独立又联系贯通，就必备知识表述及运用、思维建模关键能力提升、学科价值及素养生成等相关指标进行观察，具有课堂教学的实践价值。由此，我们设计了观察量表。（表2-5）

表2-5 目标达成度观察量表

教学环节	议题内容	必备知识表述		必备知识运用			思维建模关键能力提升	学科价值及素养生成
		正确	熟练	准确	较熟练	不熟练		
新课导入	总议题：中国梦、我们的梦——如何践行社会责任、促进社会进步							
环节一：议题描述	议题一：中国梦——劳动创业梦 [子议题1] 劳动精神、劳模精神中等蕴含哪些创业素质？	6人次	2人次	3人次	5人次	2人次	3个组描述表达好	效果好
	[子议题2] 如何实现中国梦——劳动创业梦？	3人次	2人次	2人次	3人次	4人次	2个组描述表达不错	效果还行
环节二：议题辨析	议题二：中国梦——绿色发展梦 [子议题1] 要经济发展还是要生态环境？	6人次	4人次	6人次	6人次	4人次	1个组描述较好	效果较好
	[子议题2] 如何实现中国梦——绿色发展梦？	7人次	5人次	8人次	1人次	3人次	5个组合作默契	效果还好
环节三：议学策划	议题三：中国梦——共同富裕梦 [子议题] 从脱贫攻坚到乡村振兴，如何实现共同富裕？	2人次	1人次	4人次	3人次	3人次	3个组演绎较好	效果一般
环节四：议学延伸	[子议题] 面对新时代巩固拓展脱贫攻坚成果，走好乡村振兴路，我们中学生该做些什么？	3人次	2人次	2人次	3人次	4人次	3个组表达较好	效果一般

（3）观察结果分析与教学建议。

从必备知识表述及运用观察，表述正确的 27 人次，表述熟练的 16 人次，准确运用的 25 人次，较熟练运用的 21 人次，不能熟练运用的 20 人次。相对于 43 名学生来说，1 个总议题、3 个分议题、6 个子议题、若干个小主题或问题的课堂目标，大部分学生基本能理解、迁移并运用，目标达成度比较高。不熟练的相对集中，分别是：劳动创业梦之如何实现、绿色发展梦之生态保障如何实现、共同富裕梦之乡村振兴如何实现这三个体验少、有距离的目标上，主要是由学生一定的生活缺失造成的，更提醒教师要打通课堂小社会与社会大课堂的对接堵点，让课堂社会化、生活化成为思政课程目标达成的重要着力点。

从思维建模关键能力提升观察，全班 8 个组，3 个组在环节一议题描述、环节三议学策划、环节四议学延伸中描述演绎表达等总体表现突出，思维活跃度高，建模能力比较强；7 个组都分别在不同的一个分议题中有优势；只有 1 个组相对思考能力较弱，此节课堂表现不如人意，需在以后的思政课堂中更多关注，更快提升。

从学科价值及素养生成等相关指标进行观察，环节一议题描述 2 个子议题课堂活动，学科价值、素养生成共提升，效果相对较好；环节二议题辨析 2 个子议题课堂活动，学科价值、素养提升还不错；环节三议学策划、环节四议学延伸 2 个子议题学科价值、素养提升难度较大，效果一般。仔细斟酌，对厦门特区的学生来说，脱贫攻坚、乡村振兴、共同富裕等似乎心理距离更远，感知欠缺，为人民谋幸福，为民族谋复兴，实现中国梦等，更需要思政课堂延伸至社会，加大时政教育、党史等"四史"教育力度，做好思想"补课"，助力学生学科价值和核心素养的成长。

总体看，通过对本节课"学生学习－达成－目标达成度"的观察，感觉到学生准确把握教材内容的能力、信息收集整合的能力比较好，能够实现与教材的对接，语言相对精练，学科术语到位，但学生演绎、推理还不够到位，运用教材知识、课程资源等解决相关问题的能力仍需不断提高，在学科知识体系的建构和思维素养的提升方面仍有一定的不足。

建议在课堂教学中，一是继续开展议题式教学，特别是探究问题，要留给学生充足的时空，提前收集材料，广泛涉猎，独立思考，并联系社会经验做好整合提炼，提高信息处理能力和议题分析能力；二是在平时教学中加强议题式教学训练，对照任务线处理议题或问题，不能简单地描述课本内容和社会现象，必须提出具体化的建议，学以致用，生成智慧，从而进一步增强课堂教学目标达成度。

报告四：学生参与度思考（王财权、纪华荣）

（1）观察点说明。

学生深度参与课堂教学活动、实现师生联动和智慧灵动是思政学科课堂教学成功的重要指标。能让学生主动、积极参与课堂，深度学习，提升素养，这是观察学生参与的目标所在。本节综合探究课"践行社会责任　促进社会进步"能否通过观察议题式教学过程中学生的参与度表现，达到预期效果，将成为改进高中思政课堂教学的一种有益尝试。

（2）观察量表设计。

本节课我们根据教学设计和议题式教学的要求，以倾听的方式来观察学生主要的学习行为，判断学生在课堂上的参与度，重点关注辅助倾听、参与回答、参与讨论、积极展示等4个方面。由此，我们设计的观察量表如表2-6所示：

表2-6 学生参与度观察量表

学生参与活动环节	辅助倾听方式	参与回答情况			参与讨论、积极展示情况		
		人次	形式	典型实例	参与数/人	展示数/组	表征
新课引入	观看课件，提取信息		齐答		43		
环节一：议题描述 议题一：中国梦——劳动创业梦	课前收集整理，课堂展示生成	2	个答	担当奋斗，积极投身创新创业	43	2	个体梳理
[子议题1] 劳动精神、劳模精神中等蕴含哪些创业素质？ [子议题2] 如何实现中国梦—劳动创业梦？	查阅书本，整理展示，相互补充	4	个答	热爱劳动，志智双扶，乐于承担社会责任，勇于创新，尊重劳动	40	3	小组交流，合作探究
环节二：议题辨析 议题二：中国梦——绿色发展梦	议题讨论，补充完善，记录要点	6	个答，组答	相辅相成	39	3	合作交流，补充整理
[子议题1] 要经济发展还是要生态环境？ [子议题2] 如何实现中国梦——绿色发展梦？	查阅笔记，补充汇总	6	个答	保护环境，绿色消费，勤俭节约，艰苦奋斗，等等	36	5	分组展示，补充完善
环节三：议学策划 议题三：中国梦——共同富裕梦 [子议题] 从脱贫攻坚到乡村振兴，如何实现共同富裕？	查阅资料，补充时政，重点研讨	6	个答，组答	优势互补；"输血""造血"；发展教育，培养人才……	38	6	分组展示，指导生成
环节四：议学延伸 [子议题] 面对新时代巩固拓展脱贫攻坚成果，走好乡村振兴路，我们中学生该做些什么？	查阅报刊，补充时政，记录要点，互动修评				43		个体梳理，交换修正

(3)观察结果分析与教学建议。

从辅助倾听观察,有查阅书本、课前收集整理、课堂展示生成、相互补充、议题讨论、记录要点、重点研讨、互动修评等多种方式,表明学生能以学习为中心,积极主动地参与课堂学习活动,有比较高的参与深度与广度。

从参与问答、参与讨论、积极展示情况观察,个答 24 人次;参与讨论最少 36 人,最多 43 人;展示少则 2 组,多则 6 组;表征形式主要有个体梳理、小组交流、合作探究、分组展示、补充完善、指导生成、交换修正等。可以看出:学习方式的改变引发了学习热情的提高,在本节课的每一环节,学生的参与热情都很高;议题设计得社会化、生活化、时政化、综合化,贴近学生实际,让学生有话要说、有话可说、有话会说,大部分学生通过课本知识和课前收集整理,能主动思考、参与讨论、互相补充,在发挥个人优势和团队合作协助方面扮演了比较好的角色,8 个小组的代表展示也比较到位,令师生满意,在一定程度上增强了学生的参与度,达到了预期效果。

建议教师强化小组团队的分工协作,加大培育合作团队的力度,进一步规范小组的合作学习,增强团队学习的自觉性、主动性和凝聚力,充分发挥议题式教学在学生参与、师生互动、思维激发、团队提升等方面的优势。

报告五:师生对话度说明(李永记、陈莉)

(1)观察点说明。

课堂中生生互动、教学联动的深入有效,决定着课堂的思维效能和教学效益,也是教师教学机智和教育智慧的展现。由此,我们从师生对话的不同类型进行观察,重在观察师生课堂的活动效益,提升思政学科的核心素养。

(2)观察量表设计。

本节综合探究课采用议题式教学,整合情境线、活动线和任务线,立足问题解决,注重师生对话交流,由此设计了了解型、理解型、探究型、协助型、展示型等五个不同类型,进一步观察课堂的民主、平等、开放、合作情况。(表 2-7)

表2-7 师生对话度观察量表　　　　　　　　　　　　单位：次

教学活动环节	了解型		理解型		探究型		协助型		展示型	
	一般了解	深入了解	一般理解	较深理解	一般探究	深入探究	小组协助	联动协助	个体展示	代表展示
环节一：议题描述 议题一：中国梦——劳动创业梦 [子议题1] 劳动精神、劳模精神中等蕴含哪些创业素质？ [子议题2] 如何实现中国梦——劳动创业梦？		2	1		1			1	1	
环节二：议题辨析 议题二：中国梦——绿色发展梦 [子议题1] 要经济发展还是要生态环境？ [子议题2] 如何实现中国梦——绿色发展梦？	1	3	1	1	1	1	1	1		2
环节三：议学策划 议题三：中国梦——共同富裕梦 [子议题] 从脱贫攻坚到乡村振兴，如何实现共同富裕？		2	1	1	1	1		1		2
环节四：议学延伸 [子议题] 面对新时代巩固拓展脱贫攻坚成果，走好乡村振兴路，我们中学生该做些什么？	1	1		1				1		1

（3）观察结果分析与教学建议。

从观察的"教师教学－联动－师生对话度"记录来看，本节课师生对话了解型10次，其中一般了解2次，深入了解8次；理解型6次，其中一般理解3次，较深理解3次；探究型5次，其中一般探究3次，深入探究2次；协助型5次，其中小组协助1次，联动协助4次；展示型6次，其中个体展示1次，代表展示5次；共计32次。

从本节课五个不同类型的观察记录看，师生对话了解型10次，其中一般了解的有2次，分别是环节二议题辨析和环节四议学延伸；深入了解的有8

次，涵盖三个议题"中国梦——劳动创业梦""中国梦——绿色发展梦""中国梦——共同富裕梦"和四个环节中大部分具体问题，可以发现学生参与对话有基础，问题了解有习惯，大部分学生愿意积极参与课堂教学活动。

理解型 6 次，其中一般理解 3 次，涉及议题描述、议题辨析、议学策划前三个环节；较深理解 3 次，涉及议题辨析、议学策划、议学延伸后三个环节，可以看出学生认可议题式教学方式，能主动参与议学活动，并对议题进行思考。

探究型 5 次，其中一般探究 3 次，分列议题描述、议学策划、议学延伸三个环节，针对问题的层次性比较强；深入探究 2 次，分别是议题辨析和议学策划两个环节，直面重难点，学习小组长带动有力，教师引导有效，能把握住关键性问题进行课堂探究，效果明显。

协助型 5 次，其中小组协助 1 次，源自环节二议题辨析，注重团队协同，解决难点；联动协助 4 次，分属四个环节，总体学习团队协助意识比较强。思政学科凝聚力值得好好保护和进一步增强。

展示型 6 次，其中个体展示 1 次，来自议题描述环节，正常参与；代表展示 5 次，涵盖后三个环节，说明团队交流相对充分且有效，实属不易，应大力激励。

共计 32 次，反映出本节课师生对话度比较高，三个议题四个环节都较好地引发了学生的思考和展示，课堂呈现出比较好的民主、平等、开放、合作氛围，也进一步提升了学科素养，观察结果符合预期。

建议在课堂教学中，能采取更多有效措施，更好地激励学生，让更多学生深入参与课堂对话，进一步提高思政课堂参与问题解决以及新问题生成的水平和能力。

附件

教学设计过程

一、教学思路

本节课以"中国梦、我们的梦——如何践行社会责任、促进社会进步"为总议题,串联了教材的三个探究问题,即三个分议题:"中国梦——劳动创业梦"(议题一)、"中国梦——绿色发展梦"(议题二)、"中国梦——共同富裕梦"(议题三)。

综合考虑到四个方面:

(1)在教学流程上,遵循"议题描述—议题辩论—议题决策—议学拓展"路径,稳步推进,凸显结构化。

(2)在内容任务上,涉及劳动、创业、创新、绿色消费、先富共富、分配制度等,既有学科知识概括,又有生活经验提炼,要点精准。

(3)在情境设计上,坚持生活化和活动性,考虑材料选用的具体化、数据化,整合资源,有用有趣。

(4)在议学拓展上,选择以"志愿者""公益活动"为切入点,引导社会参与,培养如劳动、劳模和工匠等多种精神和锐意创新、自主创业等优秀品质。

二、教学路线

本课以议题式教学为主要方式,议题、情境、活动和任务形成如下四条线索:

议题线:由"议题描述—议题辩论—议题决策—议学拓展"四个环节组成,一个总议题、三个分议题引领课堂,贯穿始终。

情境线:由"发扬劳动精神,投身创新创业—绿色生产消费,保护生态环境—脱贫攻坚赓续乡村振兴,实现共同富裕—参与公益行动,践行责任促进步"组成,落实议中学。

活动线:由"调查、商议和展示—辩论、评析—探究、归纳—商议、展示"组成,推进议中学。

任务线:由"描述、了解多种精神—辩论、理解绿色发展—探究、提供实现举措—参与、践行责任要求"组成，是关键的学科目标。

三、教学结构（鱼骨图）（图2-2）

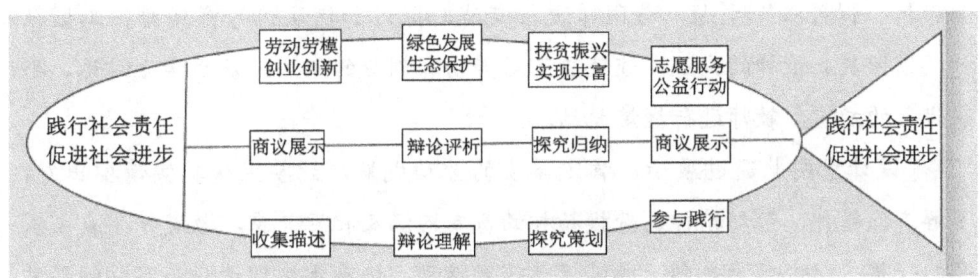

图2-2　教学结构（鱼骨图）

四、课前准备

（1）围绕"中国梦——劳动创业梦"议题，让学生搜集劳动模范、优秀工匠和自主创业者的典型事迹，并制作相关板报、班刊或校园报。

（2）围绕"中国梦——绿色发展梦"议题，让学生调查校园、社区、村庄采取的节约资源、保护环境的现状及措施制作调查总结表。

（3）围绕"中国梦——共同富裕梦"为议题，让学生搜集福建省厦门市翔安区和甘肃省临夏州永靖县"东西部扶贫协作和对口帮扶"牵手协作，决战脱贫攻坚成功案例，探究参与扶贫同志多方并举、志智双扶的做法，总结脱贫工作经验，制作宣传板报。

五、教学环节

1.总议题：中国梦、我们的梦——如何践行社会责任、促进社会进步

2.环节一：议题描述/议题一：中国梦——劳动创业梦

[子议题1]劳动精神、劳模精神中等蕴含哪些创业素质？

[子议题2]如何实现中国梦——劳动创业梦？

[议题情境]党的十八大以来，习近平总书记多次强调要在全社会大力弘扬劳模精神、劳动精神，引导广大人民群众树立辛勤劳动、诚实劳动、创造性劳动的理念。在东西部协作脱贫攻坚阶段，我们要发扬劳模精神，发扬精益求精的工匠精神，把脱贫攻坚工作做深、做细、做实。

[议学活动]教师PPT播放展示：学生搜集的劳动模范、优秀工匠和自主

创业者的典型事迹,及相关板报、班刊或校园报的图片等,学生结合材料分析劳模精神的内涵特征,明确弘扬劳动精神的必要性与重要性;围绕"爱劳动、做劳模、树匠心"主题,与同学进行交流,探讨如何认识劳模精神、工匠精神,领悟创业精神的内涵,谈谈自己对劳动和创业的看法。基于学生讨论、小组代表的发言,教师进行提炼总结。

[设计意图] 通过展示,肯定学生的劳动成果,让学生从真实情境出发,了解工匠精神、劳动精神、劳模精神的基本内涵及相互关系,激发学生自主探究的兴趣;以议题为导向,通过设计探究活动,培养学生理论联系实际的思考与操作能力;引导学生结合材料了解志智双扶的重要性,强调生活逻辑与理论逻辑的统一;引导学生从自己的立场出发,进一步认知劳动精神和企业家精神的重要价值,为将来就业与创业做好规划,增强劳动光荣意识,投身创新创业的时代大潮,积极准备,担当奋斗,接续实现中国梦——劳动创业梦;通过学生自我生成问题答案及教师总结,让学生树立正确的就业创业观,乐于承担社会责任,养成尊重劳动、热爱劳动、勇于创新的品质。

[答案提示] 本议题任务涉及劳动精神、劳模精神、工匠精神、创新与创业、中国梦等多个概念,在实际教学中要以2—3个概念为抓手,展开呈现,比较分析。

3. 环节二:议题辨析/议题二:中国梦——绿色发展梦

[子议题1] 要经济发展还是要生态环境?

[子议题2] 如何实现中国梦——绿色发展梦?

[议题情境] 2020年4月18日,在翔安区委区政府的大力推动下,总投资30亿元的甘肃黄河丹霞旅游股份有限公司在临夏州永靖县落地运营。不久的将来,永靖县23.36平方公里的炳灵丹霞国家地质公园、130平方公里的刘家峡水库等旅游区域,将以崭新的面貌呈现在游客面前。

在脱贫过程中,甘肃永靖念好"山"字经,作好"海"文章,生态先行,绿色发展,重点实施了美丽乡村、教育扶持、产业园区共建、农业产业化等发展项目,践行"绿水青山就是金山银山"理念,走出一条"山海合作、脱贫致富"的新路。

在我国2030年碳高峰、2060年碳中和以及全球能源转型浪潮的大背景下，我们预计2021年全球新增光伏装机有望同比增长45.5%。

[议学活动]教师展示学生调查校园、社区和村庄节约资源保护环境的调查总结表，运用生活经验和相关学科知识，辨析、讨论、明确经济发展与环境保护之间的关系；阅读山海协作扶贫材料，结合自我认知，反思生活中不合理、不绿色的消费现象，明确消费心理的表现及正确消费观的内容；就如何建设绿色学校或绿色社区提出你的建议。学生代表展示讨论成果，教师进行提炼总结。

[设计意图]从生活与理论的角度，进一步加深对"绿水青山就是金山银山"理念的认识，联系我国碳高峰、碳中和的时间目标，引导学生树立正确的消费观，坚持绿色低碳消费，促进人与自然和谐统一；引导学生从消费者角度思考"建设美丽中国，实现中国梦——绿色发展梦，我们应该做什么"，为建设绿色生态家园提出合理化建议。

[答案提示]发展经济与保护生态环境相辅相成，优越的生态环境有利于经济发展，经济发展有利于开展生态环境保护工作。消费心理有4种：从众心理、求异心理、攀比心理、求实心理。我们应坚持正确的消费观，即量入为出，适度消费；避免盲从，理性消费；保护环境，绿色消费；勤俭节约，艰苦奋斗。

本议题任务既涉及宏观层面的发展经济与保护生态环境的关系，也涉及微观领域个人绿色低碳消费问题，跨度较大，但个人绿色消费与保护生态环境之间存在着密切联系。

4. 环节三：议学策划/议题三：中国梦——共同富裕梦

[子议题]从脱贫攻坚到乡村振兴，如何实现共同富裕？

[议题情境]几年来，翔安对永靖实行既"输血"又"造血"的产业帮扶，形成"翔安－永靖模式"，确保真扶贫、扶真贫，增强了永靖发展的内生动力。

一是产业造血，帮当地农户拔穷根。通过项目带动、国企共建等方式，不断激发永靖县自行"造血"功能，助力永靖跑出脱贫攻坚"新速度"。2019

年,翔安区从厦门引进4家企业落地永靖县,完成投资近2000万元,带动贫困人口1992人。在文旅方面,2020年4月18日,总投资30亿元的甘肃黄河丹霞旅游股份有限公司在临夏州永靖县落地运营,重点打造23.36平方公里的炳灵丹霞国家地质公园、130平方公里的刘家峡水库等旅游区。

二是就业活血,为贫困劳动力提供岗位。早在2017年,翔安区发挥政府劳务部门和劳务中介作用,牵头推进两地产业协作以及永靖县劳动力输转;协助甘肃古典建设集团在翔安成立厦门分公司,组织更多劳动力到厦门实现稳定就业。央视《新闻联播》和《人民日报》曾作为典型案例对此进行专题报道。2019年,完成就近就业、第三地就业、新增在厦稳定就业总数近4000人。2020年1月至2020年9月,翔安区组织劳务输转7批共572人(其中建档立卡贫困人员408人)来厦稳岗就业。

三是消费输血,让永靖好产品走出大山。2020年6月3日在翔安区启动运营了"甘肃永靖扶贫产品展销中心",销售金银花、甜荞麦、黄芪等永靖县农特产品30余种,另配冷链冻库储存当地直运的特色牛羊肉,同时建立线上线下完备的销售渠道,2019年实现消费扶贫总额比2018年同期增长200%。

四是结对帮扶,扶贫扶智,作好医疗、教育等志智双扶大文章。翔安区注重以创业带动就业,培训永靖县创业致富带头人200余人、创业成功近200人,带动建档立卡贫困户就业约900人。翔安4镇1街15个村居、27家企业、11个社会组织,与永靖65个贫困村签订了帮扶协议书;两地31所学校、29家医院签订结对协议;翔安选派38名优秀教师到永靖县支教;实现结对帮扶全覆盖。

五是爱心捐赠。截至2020年10月,翔安募集各类社会团体、爱心企业、善心人士捐赠,带动更多社会力量加入帮扶队伍,累计社会帮扶资金1000多万元。

[议学活动]"翔安-永靖模式"为精准脱贫提供了哪些宝贵经验?谈谈你对"先富"与"共富"关系的认识,并运用学科知识,联系脱贫攻坚到乡村振兴,从分配角度谈谈该如何实现共同富裕。

[设计意图]让学生从精准脱贫、共同富裕"翔安-永靖模式"中得出普

适性的经验方法，提高学生分析问题、解决问题的综合能力；调动运用已学知识，理论联系实际，学以致用，增强公共参与素养与家国民族情怀；学生合作探索，展示劳动成果，激发自主探究，培养奋斗精神、自力更生精神和乐于助人的品质；分析讨论精准脱贫的方法和建议，为脱贫攻坚和乡村振兴提供借鉴，进一步增强对实现共同富裕紧迫性与必然性的认知。以"翔安－永靖模式"为例，从特殊性到普遍性的逻辑思路引导学生深入理解"打赢脱贫攻坚战"的战略意义，帮助学生提升对社会主义本质要求和社会主义制度优越性的认识，进而增强学生的家国情怀和责任意识。

[答案提示] 经验：从实际出发，优势互补，既要"输血"，更要增强贫困地区的"造血"功能；发展教育，提高科技水平与文化水平，重视人才培养；结对扶贫，责任明确……

"先富"和"共富"相互联系，相互渗透，相互促进。"先富"是途径、动力，"共富"是目标。两者的关系实质上是效率与公平的关系，要想"先富"就必须提高效率，没有"共富"也就没有公平。共同富裕不等于同步富裕，人们的收入差距只要相对合理，就是共同富裕和社会公平。"先富"以"共富"为目标，"共富"以"先富"为途径……

初次分配和再分配都要注重公平，初次分配要实行按劳分配原则，完善按要素分配的体制和机制……要规范收入秩序，坚持消除贫困，完善社会保障。

5. 环节四：议学延伸

[子议题] 面对新时代巩固拓展脱贫攻坚成果，走好乡村振兴路，我们中学生该做些什么？

[议题情境] 2021年2月25日全国脱贫攻坚总结表彰大会在北京人民大会堂隆重举行。习近平总书记强调，经过全党全国各族人民共同努力，在迎来中国共产党成立一百周年的重要时刻，我国脱贫攻坚战取得了全面胜利，现行标准下9899万农村贫困人口全部脱贫，832个贫困县全部摘帽，12.8万个贫困村全部出列，区域性整体贫困得到解决，完成了消除绝对贫困的艰巨任务，创造了又一个彪炳史册的人间奇迹！

乡村振兴是实现中华民族伟大复兴的一项重大任务。乡村振兴战略是党的十九大提出的一项重大战略，是关系全面建设社会主义现代化国家的全局性、历史性任务，是新时代"三农"工作的总抓手。在新时代巩固拓展脱贫攻坚成果、走好乡村振兴路，奋力实现中国梦的奋斗过程中，我们中学生该如何参与？

［议学活动］明确中学生可以通过成为志愿者、参与各种公益活动、学习结对、文化旅游、爱心捐助等多种方式参与。

［设计意图］培养学生责任担当意识，指向学科素养提升，实现个人发展与社会进步相统一。

6. 其他环节

［本课小结］教师引导学生谈感受，教师总结。

［当堂检测］

（1）全社会都应该尊重劳动模范、弘扬劳动精神，让诚实劳动、勤勉工作蔚然成风。弘扬劳动精神，有利于（　　）。

① 杜绝好逸恶劳的思想意识

② 形成崇尚幸福都是干出来的氛围

③ 引领重在实干的社会风尚

④ 鼓励人们都走在体力劳动的一线

A.①②　　　B.③④　　　C.①④　　　D.②③

答案：D

（2）党的十八大以来全国农村贫困人口已累计减少8239万人。深度贫困地区是脱贫攻坚中最难啃的硬骨头。2019年是脱贫攻坚的关键之年，要打好脱贫攻坚战，关键就是打好深度贫困地区脱贫攻坚战。完善个人收入分配，必须坚持消除贫困，这是基于（　　）。

① 深度贫困地区的脱真贫、真脱贫已经成为我们全党工作的中心

② 消除贫困是保障发展成果更多更公平惠及全体人民的必然要求

③ 我国力争让贫困人口和贫困地区同全国一道进入全面小康社会

④ 消除贫困要把扶贫同扶志、扶智相结合，实现精准扶贫、精准脱贫

A.①③　　B.①④　　C.②③　　D.②④

答案：C

[作业布置]

（1）针对如何提升创新创业能力，拟订一份学习计划。

（2）根据自己的消费情况，拟订下周消费计划。

（3）针对翔安区和永靖县实际，拟订一份巩固拓展脱贫攻坚成果、走好乡村振兴路的工作方案。

[板书设计]（图2-3）

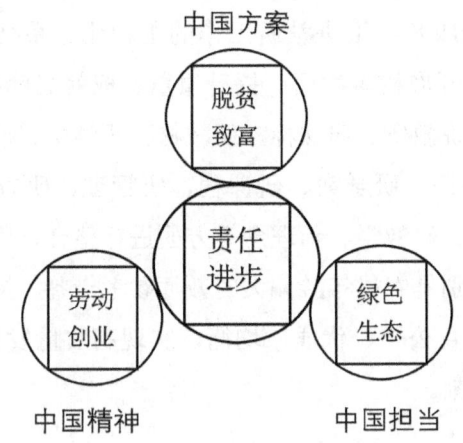

图2-3　板书设计

责任　进步：践行社会责任　促进社会进步

劳动　创业：劳动精神、创新创业
绿色　生态：绿色生产、绿色消费
脱贫　共富：精准脱贫、共同富裕

中国精神—中国担当—中国方案

（作者：福建省厦门市翔安区教师进修学校　李圣德；来源：陕西师范大学出版总社《维度与深度：议题式教学课堂观察》）

第三章 校本教研之教研篇

课堂之事，教研先行；强师计划，赋能最重；教师成长，研训之功。由此，立足课堂，着眼成长，推进教研工作的主题化、系列化、持续化、时代化，就成为中小学校开展校本教研、提升质量、成就名师的重中之重。"校本教研提示长短句"从说教研、研课标、研教材、研学生、研活动、研学习、研作业、研考试、研讲评、研学案、研课程、研管理、研方式、研好课、研评价、研发展、研组织、研教学、新理念等方面进行整合，用长短句的形式精准表达，以便让教师特别是农村年龄偏大的教师参考借鉴，提升教研水平，提高课堂品质，为推进教育公平、优质、均衡，实现高质量发展，落实强师计划，助力乡村振兴作出贡献。

一、校本教研提示长短句

（1）教研事，幸福事，成全师生课堂事；开心研，智慧生，快乐密码在其中。教研功，在支撑，保障质量定盘星；四服务，是要务，深入联动有基础。

【说明】此内容明确教研的任务和功效，如生智慧、保质量、做服务等。"四服务"是指2019年11月发布的《教育部关于加强和改进新时代基础教育教研工作的意见》（教基〔2019〕14号）中教研工作的"主要任务"板块部分内容：服务学校教育教学，引领课程教学改革，提高教育教学质量；服务教师专业成长，指导教师改进教学方式，提高教书育人能力；服务学生全面发展，深入研究学生学习和成长规律，提高学生综合素质；服务教育管理决策，加强基础教育理论、政策和实践研究，提高教育决策的科学化水平。

（2）改方法，优设计，研究学生促学习；推课改，提能力，解决教学大问题。德为首，全育人，五育并举强整体。

【说明】此内容强调教研对学习、对教学、对育人的作用。其中，"五育并举"是指党的教育方针中的"德智体美劳"，也是指2019年11月发布的《教育部关于加强和改进新时代基础教育教研工作的意见》（教基〔2019〕14号）中教研工作的"指导思想"板块部分内容：坚持以习近平新时代中国特色社会主义思想为指导，全面贯彻党的教育方针，落实立德树人根本任务，遵循教育规律，树立科学的教育质量观，为构建德智体美劳全面培养的教育体系，发展素质教育，培养担当民族复兴大任的时代新人提供强有力的专业支撑。

（3）抓关键，展素养，课程研究必加强；研作业，研教学，考试评价研改革。

【说明】此内容是指2019年11月发布的《教育部关于加强和改进新时代基础教育教研工作的意见》（教基〔2019〕14号）中"加强关键环节研究"板块部分内容：加强对课程、教学、作业和考试评价等育人关键环节研究。强化国家课程研究，指导学校和教师准确把握国家课程方案和课程标准，做好课程实施工作；加强地方课程和校本课程开发研究，丰富学校课程体系，满足学生多样化发展需求。加强综合性和实践性教学研究，指导学校和教师不断创新教学组织形式和教育教学方式。加强作业设计研究，指导学校和教师完善作业调控机制，创新作业方式，提升作业设计水平。加强考试评价改革研究，提高考试命题质量，推动建立以发展素质教育为导向的科学评价体系。

（4）素质硬，有情怀，责任担当好师德；观念正，有能力，探索创新出成绩。

【说明】此内容进一步明确教师对待教研的职业担当。

（5）教和研，校为本，同为一体促发展。乡村校，多借力，纵横组合不单一。好运行，有机制，规范提升必落实。实践性，重行动，校本教研"三阶段"。研究型，好教师，主动成长校基石。

【说明】此内容强调教研要以校为本，建好机制，纵横联系，方可规范提升，促进主动成长。其中，实践性，重行动，校本教研"三阶段"在于说明：校本教研是重点解决学校问题的实践性行动研究，一般分为三个由低到高、持续提升的三个阶段，即反思记录阶段、案例写作阶段、课题研究阶段。教师只有循序渐进，长期坚持，养成习惯，才能改变思维，提升水平，享受参与校本教研的幸福。

（6）培中研，教中研，深度变革研中研；入职研，职后研，师徒结对时时研。导师制，自组织，协同文化课改式；精细化，团队化，课程开发效能化。

【说明】此内容通过师徒结对、导师引领、自主成长、团队修炼等整合新教师培训、校本教研等多方式、多途径，推进研训一体化，增强研究实效。

（7）情境性，多样性，真实自我导向性；建设性，批判性，见微知著价值性。校本研，悄改变，"浅、虚、伪、盲"必防范。"浅教研"，浮表面，蜻蜓点水惹人嫌；"虚教研"，离实践，好高骛远长久难；"伪教研"，无目标，一眼看透装门面；"盲教研"，不规划，随波逐流瞎乱转。

【说明】此内容是指开展教研活动的六个基本特性和弊端表现的四种主要形式。六个基本特性是指情境性、多样性、建设性、批判性、真实导向性、价值引领性，四种主要形式分别是"浅教研、虚教研、伪教研、盲教研"。

（8）研课标，第一难，记后再研需攻坚。新旧版，比对显，与时俱进价值先。高中版，2017年，2020再修编。新高考，导向变，评价体系记心间。新中考，福建版，评价体系不一般。义教版，大观念，四大变化跟紧看。大任务，大概念，单元设计细研练。真实性，实践性，课堂教学有灵性。细条目，不怕烦，立德树人必过关。课程化，生活化，质量标准明确化；集体学，深研读，核心素养课中现；自领悟，结合练，命题导向不怕难。核心素养是主线，统领课程各方面；核心素养课标"魂"，持之以恒研读深；各年段，整合看，课程标准随时见。

【说明】此内容对新时代背景下的教育部制定的《普通高中课程方案（2017年版2020年修订）》《义务教育课程方案（2022年版）》和2020年1月教育部考试中心发布的《中国高考评价体系》《中国高考评价体系说明》以及福建省近年来探索的中考评价体系进行介绍，把握立德树人、核心素养、质量标准、学段衔接、生活逻辑和大思政课程等相关要求，指出了义务教育新课标的四大变化，即大概念、大任务、真实性、实践性。特别是高考评价体系从高考的核心功能、考查内容、考查要求三个方面回答"为什么考、考什么、怎么考"的考试本源性问题,从而给出"培养什么人,怎样培养人,为谁培养人"这一教育根本问题在高考领域的答案,将立德树人融入考试评价全过程,联通"招－考－教－学"全流程。该体系由"一核""四层""四翼"组成,其中,"一核"是高考的核心功能,即立德树人、服务选才、引导教学,回答"为什么考"的问题;"四层"为高考的考查内容,即核心价值、学科素养、关键能力、必备知识,回答"考什么"的问题;"四翼"为高考的考查要求,即基础性、综合性、应用性、创新性,回答"怎么考"的问题。(图3-1)与此相对应的是福建省近年来探讨的中考评价体系——"一核三层三翼",引导学校落实德智体美劳全面培养的教育体系。"一核"主要解决"为什么考"的问题,中考的核心功能就体现在"一核"的内涵上,即立德树人、遵循课标、有利发展;"三层"指中考评价的考查内容,主要解决的是"考什么"的问题,其核心内容是核心价值、学科双基(后来修改为:学科基础)、行为习惯;"三翼"指中考评价的考查要求,主要解决的是"怎么考"的问题,其核心内容是基础性、应用性、发展性。(图3-2)

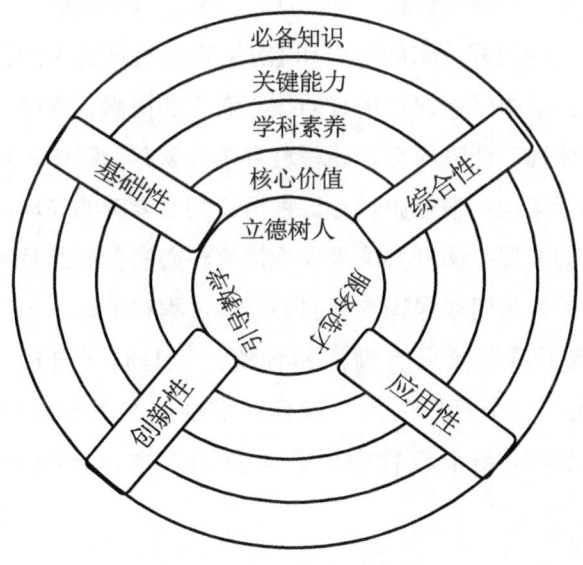

图3-1 中国高考评价体系

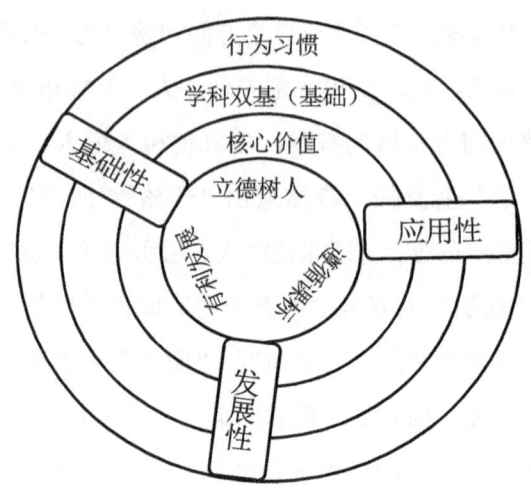

图3-2　福建省中考评价体系

此内容中关于核心素养与课程标准各部分的关系，可以这样说，核心素养是课程的DNA，整套课程的全部密码都在其中。核心素养是课程体系的"基质"和纲领，课程的所有内容与目标均须由此推演而来。具体分析如下：

课程性质是人的核心素养具体到课程层面的依据，包含这门课程及其所依托的学科的基本属性、特点、价值和意义；课程理念体现核心素养导向的课程改革的基本诉求，主要从课程目标、课程内容、课程实施、课程评价等方面阐述基于核心素养的课程改革的方向和追求；课程目标是人的核心素养具体到课程的转换枢纽，集中阐述课程培育的核心素养的内涵、维度、学段特征以及在课程目标上的体现；课程内容是课程培育核心素养的载体，从有利于核心素养形成的角度进行建构；学业质量是课程培育核心素养的表现，是核心素养在具体课程内容上的体现；课程实施是课程培育核心素养的路径和保障，从有助于核心素养形成的视角阐述课程实施的要素、过程和条件。

课程标准就不再仅仅只有肉体和骨骼，而是有了自己的精神和灵魂，课程标准站立成了一个真正的人！课程标准由此实现了由学科本位向人本位的转型，这是实现整个教育由学科本位向人本位转型的一个"支点"。（表3-1－表3-3）

表 3-1　高中阶段培育的各学科核心素养（2017 年版 2020 年修订）

学科	核心素养
语文	语言建构与运用、思维发展与提升、审美鉴赏与创造、文化传承与理解
数学	数学抽象、逻辑推理、数学建模、数学运算、直观想象、数据分析
英语	语言能力、文化意识、思维品质、学习能力
政治	政治认同、科学精神、法治意识、公共参与
历史	历史时空观、史料佐证、历史理解、历史解释、历史价值观
地理	人地观念、综合思维、区域认知、地理实践力
物理	物理观念、科学思维、实验探究、科学态度与责任
化学	宏微结合、分类表征、变化守恒、模型认可、实验探究、绿色运用
生物	生命观念、理性思维、科学探究、珍爱生命
信息技术	信息意识、计算思维、数字化学习、信息社会责任
通用技术	技术意识、工程思维、创新设计、图样表达、物化能力
体育与健康	运动能力、健康行为、体育品德

表3-2　义务教育课程标准的文本框架与逻辑思路（2022年版）

文本框架		逻辑思路 （要回答的基本问题）
一、 课程性质	课程性质及教育价值	本课程的来源及其特征是什么？ 为什么要学习本课程？ 对学生发展有什么重要价值？
二、 课程理念	目标理念、内容理念、实施理念、评价理念	本课程的价值追求是什么？ 如何通过课标的各部分来落实？
三、 课程目标	（一）核心素养内涵 1. 要素及内涵 2. 学段特征（素养进阶） （二）目标要求 1. 课程总目标 2. 学段目标	本课程对学生核心素养培育的贡献是什么？ 其进阶水平是怎样的？ （课程目标是核心素养的具体化）

续表

文本框架			逻辑思路（要回答的基本问题）
四、课程内容	内容结构图	（一）内容单位1 1. 内容要求 2. 学业要求 3. 教学提示 （二）内容单位2 …… （三）内容单位3 …… （N）跨学科主题学习 ——跨学科内容 → 观念 主题 任务	给学生提供哪些经验（内容及其基本活动）来达成课程目标？
五、学业质量	学业质量内涵、学业质量描述		如何判定学生课程学习的结果？
六、课程实施	教学建议、评价建议、教材编写建议、课程资源开发与利用、教师培训与教学研究		如何有效实施本课程？

表3-3　义务教育阶段各门课程培育的核心素养（2022年版）

课程	培育的核心素养
道德与法治	政治认同、道德修养、法治观念、健全人格、责任意识
语文	文化自信、语言运用、思维能力、审美创造
历史	唯物史观、时空观念、史料实证、历史解释、家国情怀
英语（日语、俄语）	语言能力、文化意识、思维品质、学习能力
数学	会用数学的眼光观察现实世界，会用数学的思维思考现实世界，会用数学的语言表达现实世界
地理	人地协调观、综合思维、区域认知、地理实践力
科学	科学观念、科学思维、探究实践、态度责任
化学	化学观念、科学思维、科学探究与实践、科学态度与责任
物理	物理观念、科学思维、科学探究、科学态度与责任
生物	生命观念、科学思维、探究实践、态度责任
体育与健康	运动能力、健康行为、体育品德

续表

课程	培育的核心素养
信息科技	信息意识、计算思维、数字化学习与创新、信息社会责任
艺术	审美感知、艺术表现、创意实践、文化理解
劳动	劳动观念、劳动能力、劳动习惯和品质、劳动精神

（9）研教材，必熟练，"上下左右"都连贯。

【说明】此内容是指研究教材要做到：横向的同级段跨学科和纵向的同学科跨级段的课标、教材、方法要初步了解、总体把握、相互连贯，实现文理通融、整合借鉴，助力跨学段、跨学科教学。

（10）看文本，会把玩，玩个通透还回看；看学情，重框架，思维导图逻辑线；看内容，知页码，找准主题和重点；用教材，做改变，应景整合是关键；看核心，在育人，教书育人重提炼。

【说明】要把文本"玩"个通透。研读教材，把握学科逻辑和生活逻辑，明了文本、学情和教材内容框架，明确认知逻辑线和育人主题线，突出重点知识、关键能力和核心价值等。

（11）研学生，思路清，"听说读写"有个性。看分层，找同伴，小组合作重情感；看团队，多元功，互补互通促提升；看个性，明家庭，点面结对立奇功；看比拼，求进步，作业讨论是基础；看活动，给机会，学生登台有灵性；看成长，需调整，一年一次保稳定。特殊生，多关照，尊重意愿多引领。学生队，大社会，凝聚成长要追踪。

【说明】此中"'听说读写'有个性"内容是指要研究学生在课堂内外"听、说、读、写"的具体状态和个性表现，并根据掌控的学情调整个性化学习的目标、要求和方法，做到因学施法、因人而变、因状而应，成为读懂学生的分析师。

"六看"内容是关注学生成长、明确学情教情的六个方面，体现以生为本、平等服务的教育理念。

（12）研活动，重实用，老师别干无用功；有主题，有成果，防止散点系列行。趣味性，多样性，活动设计生本性；自主性，合作性，活动开展探究性；过程性，现实性，活动需要充分性；契合性，时效性，符合校本再活动。可规范，只引领，指导到位精细行；可提升，递进性，校本活动多沙龙；看设计，为师生，理念先进还实用；可切片，能诊断，精准真实要主动；查资料，求个性，反复修改才提升。看课功，真发生，真实课堂真活动；说课堂，多议题，点点滴滴不容易；敬课堂，敬师生，敬畏教学一世名；若片段，不敢懒，乐此不疲永践行；如单元，多纵横，整合提炼必功成。

【说明】此内容是对开展课堂活动研究提出的相关要求，如有主题、有成果、放散点、真活动等。同时，研究课堂教学活动也要把握好"12"个特性，不论是片段教学活动，还是大单元教学活动，都要多敬畏、多融通，坚持到底，必将成功。

（13）研学习，自提升，共同成长勤用功；学专业，与时进，深度把控忙不停；学引领，看阅读，学科整合有思路；学为本，有带动，坚持到底需活动。

【说明】此内容就学习为本、阅读引领、与时俱进、深度提升、坚持成长等研究学习方面做了提醒。

（14）研作业，重典型，筛选编整下苦功。对学生，要分层，校本作业智慧风；基础型，自己练，参照课本都提升；综合型，团队展，研讨思路定规范。梳理细，作业明，因材施教个个行；必反馈，有修正，举一反三考前用。"双减"下，任务重，线上线下整合用。作业事，无小事，师生努力更提质。

【说明】此内容就"双减"背景下的高质量校本作业研究提出较为明确的办法和要求。如典型筛选、每层训练，把握基础型作业和综合型作业的不同特点，参照课本，举一反三，线上线下，因材施教，方能减负提质，落实作业育人。

（15）研考试，看导向，"高考评价"是方向；研试题，参命题，坚持挑战强能力。

【说明】"高考评价"方向是指教育部考试中心制定的、人民教育出版社出版发行的两册《中国高考评价体系》和《中国高考评价体系说明》，作为具有高考育人命题评价的导向，是对中国高考评价体系核心内容的精彩呈现。同时，校本教研重点研究命题方向，研究具体试题，挑战自我，提升命题能力，这也是学科教师的关键素养之一。

（16）三弘扬，六加强，价值践行在平常；树五观，促五育，立德树人大任务。设情境，找问题，深度思维提素质；看自主，求合作，高度参与会探索。

【说明】"三弘扬，六加强，价值践行在平常"是指《教育部关于加强初中学业水平考试命题工作的意见》（教基〔2019〕15号）中"落实立德树人根本任务"板块部分内容，具体为：考试命题工作要……注重加强对学生理想信念、爱国主义、品德修养、知识见识、奋斗精神、综合素质等方面的考查，积极培育和践行社会主义核心价值观，弘扬中华优秀传统文化、革命文化和社会主义先进文化。

"树五观，促五育，立德树人大任务"是指《教育部关于加强初中学业水平考试命题工作的意见》（教基〔2019〕15号）中"落实立德树人根本任务"板块部分内容，即：考试命题工作要……引导学生树立正确的国家观、民族观、历史观、文化观和宗教观，促进学生德智体美劳全面发展。

（17）考题命，看水平，专家挖坑咱填坑；试题命，五注重，规范考查科学性。

【说明】前句戏言"专家挖坑咱填坑"在于提醒教师换位思考，逆向应对，正确认识考题的命制思路。

后句"五注重，规范考查科学性"是指《教育部关于加强初中学业水平考试命题工作的意见》（教基〔2019〕15号）中"提升试题科学化水平"板块部分内容，即：初中学业水平考试主要衡量学生达到国家规定学习要求的程度，兼顾学生毕业和升学需要……试题命制既要注重考查基础知识、基本技能，还要注重考查思维过程、创新意识和分析问题、解决问题的能力。结合不同学科特点，合理设置试题结构，减少机械记忆试题和客观性试题比例，提高探究性、开放性、综合性试题比例，积极探索跨学科命题。

（18）六审查，严流程，命题质量有保证。学生命，最提升，思维高度步步增；教师命，常规型，指导教学总推行。年年考，变不变，信息提炼最关键。

【说明】前句"六审查，严流程，命题质量有保证"是指《教育部关于加强初中学业水平考试命题工作的意见》（教基〔2019〕15号）中"严格规范命题程序"板块部分内容，即：学科命题组要充分研讨、统一思想、明确命题基本目标，严格按照制作多维细目表、研制试卷清样（包括备用试卷、参考答案或答案示例、评分标准）、试卷校对、审核确定、签字付印等流程，认真开展命题工作。强化审题工作，严格执行试题命制人员和审核人员分离制度，认真开展试卷政治性、公平性、科学性、技术性、程序性审查和学科交叉审查，确保命题质量。

后几句则提醒学科教师，既要用好常规的教师命题检查指导教学，也要用好提升思维能力的学生自命题训练，放手让学生命题，从而加强对命题信息的提炼，积极应对考试的变化，提升学生的核心素养。

（19）研讲评，针对性，信口开河最无用。要及时，找共性，切中要害分析清；要分类，细目化，避轻就重迷惑性；要分层，菜单式，水平不一各不同；看差异，会答题，触类旁通更精通；看别类，知反馈，对症下药来补充；看思维，多鼓励，双向沟通挖潜力；看修改，错题集，有效重温巩固易。

【说明】此内容强调试卷讲评需做到"三要""四看"，增强针对性，达成巩固目标，便于改进教与学。"三要"即要及时、分类、分层，"四看"即看差异、看别类、看思维、看修改。

（20）研学案，有经验，二次备课个性显；重集备，有个备，特色优势富智慧。科学性，可行性，关注学生适切性；目标性，活动性，任务情境亲和性。习为要，可分层，学生积极去完成；真经验，实践看，内外整合供借鉴。

【说明】此内容指出，学案研究需三轮备课，即个备、集备加二备，把个体研究和集体研讨结合起来，在头脑风暴中优化学案，落实科学、可行、适切、亲和等六个特性，形成适合不同班级、不同学情的学习方案。

（21）研课程，资源明，教师自身下苦功；时时看，随收集，放开视界恒久成。夯基础，全发展，国家地方校本课；张个性，挖潜能，研究实践拓展课；本课程，最高层，校本教研特色行。不刻意，接地气，真的校本不容易。有名师，有底蕴，文化价值方向明；有亮点，能出彩，校本课程重引领。

【说明】"夯基础，全发展，国家地方校本课；张个性，挖潜能，研究实践拓展课"是指 2019 年 11 月发布的《教育部关于加强和改进新时代基础教育教研工作的意见》（教基〔2019〕14 号）中"加强关键环节研究"板块部分内容，即：强化国家课程研究，指导学校和教师准确把握国家课程方案和课程标准，做好课程实施工作；加强地方课程和校本课程开发研究，丰富学校课程体系，满足学生多样化发展需求。

既要注重国家课程的校本化实施，也要关注地方课程和校本课程的开发研究，特别是挖掘本土文化底蕴，借助名师引领，突出亮点特色，加强校本课程中的实践拓展课建设。

（22）研管理，有水平，整体大局重民生；有目标，力凝聚，同频共振机制行；有规划，多路径，专业成长底气盈；理中管，必尊重，协商团队主人翁；有制度，别滥用，太过精细伤真情；有文化，善传承，精神激励更管用。重教学，在提升，课堂常规不敢松；重班级，严管理，班组团队聚合力；重教师，多人性，协同发展多接龙；重学生，多规范，扣好扣子集体胆；看学科，适度轻，人本静心研生成；别抱怨，可无言，管理育人更自然。

【说明】此内容提醒中小学校在研究基层管理方面，要做到坚持人本、关注民生、协商尊重、成长激励等，特别是在有关制度上，需达成教研管理目标，建成动力运行机制，把控好"四重一看一注意"，即重教学、重班级、重教师、重学生、看学科、别抱怨，从而创设良好的人文环境，发挥师生团队优势，实现管理育人和专业成长双重目标，促进学校高质量持续发展。

（23）新时代，谈教研，各项指标共同研；研方式，新发展，对标范式追梦干。区域研，校际研，提供平台学科研；项目研，综合研，主题指导总贯穿；研理念，研情感，围绕课堂全面研。线上研，线下研，合作共赢随时研；观摩研，远程研，现场诊断增值研；自诊断，专家参，审视反思不间断；合作研，结对帮，片区联盟助成长。融创式，临床式，项目攻关多样式；众筹式，分层式，典型引路盟会式。

【说明】此内容对教研的多种方式进行梳理和提醒。既要开展区域教研、校际教研、学科教研等常规教研，又要注重综合教研、项目教研等主题教研。

既有线下教研，又有线上教研，更有线上线下混合式远程联动教研，拓展了合作教研的时空，极大地丰富了新时代教研的内容和方式。

同时，重点强调了"片区成长联盟"这种创新引领成长的四种运行方式，值得参考：

一是融创式："融"是广泛学习、临摹诸多名优教师的课堂教学，掌握名优教师的教学技能；"创"指在娴熟掌握教学技能的基础上融会贯通，初步形成自己的教学特点或教学风格。"融"是基础，"创"是结果，目标在于借鉴书法学习理论开展教研活动，持续提升教学技能。

二是临床式：借鉴医学概念，通过学科教研，解决课堂教学实践问题。这种教研的过程如下：通过自诊发现课堂教学中存在的问题，凭借校内学科教师的力量剖析产生问题的原因，在联盟成员的集体参与下探求解决问题的策略，然后在同类型的课堂教学中应用，以检验效果，并循环往复，不断提升运作方式。一般有菜单自诊、小组群诊、联盟会诊、应用验诊四个阶段。

三是众筹式：在联盟活动中，众筹是指向联盟成员发布研究的项目，并将研究项目分解成若干子任务，根据联盟成员的兴趣、爱好，认领相应的任务，在约定的期限内开展并完成各自的研究任务，最终合成能共享的项目总成果。通过项目发布、任务分解、认领研发、合成验收四步骤来开展项目教研，不断增强团队研发能力。

四是分层式：校际联盟的全域合作性，使得联盟活动呈现出多个层级的特征，分层式运行成为确保教研有序开展的关键因素，分层，就成为校际联盟运行的主要方式，重在促进全域合作。联盟活动的分层运行又与联盟组织的分层架构紧密相关，组织机构决定了分层运行样式，而常见的样式与参与活动成员的年龄层、范围层又有着紧密的关系。一般分成青春跃动、学科协作、年度盛典三个层级的联盟活动。

（24）讲座研，对话研，直播回看自己选；有专题，晒课件，同课异构联片研。线上"+"，多资源，广泛参与综合化；主动研，立体化，倒逼成长信息化。教学研，教育研，教师发展与时研；教师研，家长参，研学一体专家联；学科研，级段研，融合借鉴要拓展。

【说明】此内容提醒教研要借助教育信息化，加大资源融通、研学整合力度，促进综合化教研落地，倒逼教师专业成长，进一步拓展教研路径，增强教研实效。

（25）跨学科，重纵横，教研坐标针对性；知中外，链古今，创造转化定自新。学术化，扁平化，顶层设计现代化；组织化，赋能化，研究成效全靠它。重教研，接科研，"三位一体"靠导研；上讲台，是关键，合作践行创新研。

【说明】此内容提倡教研要立足课堂教学，作好"五化"大文章，即学术化、扁平化、组织化、赋能化、现代化，着力创造性转化、创新性发展，支持跨学科教研，努力实现教研的守正创新。特别强调"三位一体"靠导研，就是要注重发挥好名师导研的示范引领作用，使教研、科研和名师导研三位一体，形成合力，协同推进。

（26）研有效，获得感，助推课堂在改变；研好课，在琢磨，高端提升反复磨。跟进式，专业化，团队打磨更优化；生长式，新体验，走班教研可提炼。

【说明】此内容指出教研目标在于改变课堂生态，提高课堂品质。而好课是高端打磨出来的，可以通过跟进式和生长式来实现。

（27）可引领，可互助，自我反思求进步；不实用，不可行，作秀研课不经停。要变革，敢创新，"三磨研修"要认真。

【说明】此内容指出教研不可作秀，要互助反思，要变革创新。而"三磨研修"来自河南郭文革老师的全国教育科学规划"十二五"教育部重点课题研究成果《研课磨课的理论与实践》一书中。"三磨"是指磨课、磨题、磨文章的合称。具体内容有：

磨课是教师作为重组课程的设计师，在落实立德树人、提升核心素养、掌控价值导向等基础上，由教育教学先进理念作指导，把握课标，梳理教材，设计方案，共同研讨，反复推敲，生成好课的过程。其基本程序有：①选定磨课课题；②开展备课分析，编制教学方案；③备课组说课，讨论修改；④观看名师教学录像，比对研讨，二次修改；⑤同伴听课试教，三次修改；⑥二次试教，录像回放，四次修改；⑦如此反复，满意为止，形成终结教案；

⑧撰写磨课体会；⑨磨课教案结集共享。

磨题是指教师适应新时代、新课程、新教材、新高考的新要求，以解决课堂"真问题"为核心，有意识地进行解题锤炼、琢磨，努力形成解题技能和解题教学策略的过程。其基本程序有：第一类，磨课时练。①课时内容、目标和学情分析；②编制课时练；③同伴教师"下水作业"；④备课组针对科学性、有效性和典型性集体研讨；⑤个人再修改，终结定稿；⑥汇总每个课时练，结集共享。第二类，磨题、解题、教题和命题。其基本程序有：①做学期或学段终考试题，互评；②对易错题目进行解题能力分析；③分析题型，研究教题思路和方法；④分析难度、覆盖面和命题趋向；⑤分析课标、教材，编制命题双向细目表；⑥试命题，"下水做题"，研质量；⑦命题修正；⑧多套试题结集共享。

磨文章是指教师对教材、教法、教学技能、教学设想、教学反思、教学感悟等进行深入的研修和探讨，撰写成文，反复推敲，产生精品的过程。其基本程序有：①题目选择；②查阅文献资料；③编制写作提纲；④交流研讨；⑤撰写成文，打印初稿；⑥群体推敲，修改定稿；⑦交流，投稿。

（28）研教法，不迷信，适合学生最有用；用优长，看师情，亲和学生不放松；接思维，情感应，心灵对话同理明。

【说明】此内容指出，教学方法选用要适合学生、亲和学生，方能实现思维提升。而"接思维，情感应，心灵对话同理明"则是指江苏苏州沈雪春老师指出的，要想在学科教学中能够亲和学生，做陶冶情感的咨询师，就必须在日常学习生活中，与学生保持同理心，努力做到与学生思维对接（把握评估水平、对接过程、预测错位三个方面）、情感对应（注意人气值情节、群体性爱好、感染力场景三个维度）、心灵对话（实现相约、相对和相慰三个目标）等。

（29）研学法，可迷踪，融合课堂个体行；做示范，少时间，学生能干少逞能。研架构，重生成，课堂变化调进程；控节奏，聚人气，落实目标更顺利；看差异，新起点，生命成长在挑战；找意外，出彩点，教育机智多呈现。

【说明】此内容指出，教师要对标课堂研究学法，研究架构，调整节奏，注重差异，把握意外，有备教研，提升课堂素养，凸显教育机智，实现课堂出彩。

（30）研评价，质和量，数字终端多观察。结果评，要改进，强化评价重过程；综合评，要健全，增值评价探索行。

【说明】此内容指出，评价要提质有量，通过数字实证，可视化梳理，多方综合进行研究。特别是按照中共中央、国务院《深化新时代教育评价改革总体方案》（2020年10月13日）要求，破"五唯"，推行四种评价方式。具体内容是：教育评价事关教育发展方向，要全面贯彻党的教育方针，坚持社会主义办学方向，落实立德树人根本任务，遵循教育规律，针对不同主体和不同学段、不同类型教育特点，改进结果评价，强化过程评价，探索增值评价，健全综合评价，着力破除唯分数、唯升学、唯文凭、唯论文、唯帽子的顽瘴痼疾，建立科学的、符合时代要求的教育评价制度和机制。

（31）协作化，本土化，多元主体规范化；务虚化，程式化，评价正面群体化。

【说明】此内容指出评价应关注"六化"，即做好协作化、本土化、规范化，适应务虚化、程式化、群体化，实现科学、人文评价。

（32）师舒心，生灵动，情志诊断多改进；学自主，研自新，本真课堂自清新。

【说明】此为课堂评价追求的目标，即师生和谐、学研自新、课堂本真。

（33）新教研，研发展，激情坚守持续难；真教研，多变革，重心下移在状态。规则性，层次性，单元计划系统性；整体性，校本性，推进教研看行动。项目性，前置性，做好教研主体性；素养化，特色化，校本教研接续化。

【说明】此内容指出，要从教研的发展性高度来把握单元系统、主体项目、特色提升等实操关键点，适应"双新"（新课标、新教材）背景下校本教研的接续变革。

（34）咖啡式，理念型，议题交流智慧生；单元备，研真题，任务驱动在碰撞；主讲队，研究队，高端研究新支撑。

【说明】此内容是指福建厦门傅兴春老师提出的有效校本教研的三种新模式，即世界咖啡式、单元备课式和高端研究式。具体表述如下：校本教研的关键是基于学校的实际，由学校的教师自主进行的教学改进行动，重点是理念形成、策略研究和实践行动。以世界咖啡式活动提升教师教育教学理念，采用单元备课式形成针对时代要求和学校实际的教学策略，通过高端研究式将理念和策略付之以实践行动，形成范例，是行之有效的新型校本教研模式。

（35）研中写，厚积淀，总揽全局视野宽；善研课，作好课，收获评价成自我。会观课，能议课，共同成长常态课。区域化，均衡化，"研究场"中优秀化；良心事，境界化，核心素养校本化。主题式，田园式，教学、科研、培训真本事。

【说明】此内容是教师开展校本教研的基本素养，即具备观课议课、作课研课、会研能写的基本功，有主题式、田园式研究的水平，有教学、科研、培训真本事。

（36）研队伍，重互补，组长核心看高度；教研组，备课组，整合融合有深度；有引领，有互助，实践反思打基础。做教研，要超前，内涵发展质量关；实研究，有前瞻，解决问题机制显。

【说明】此内容指出，校本教研备课组（教研组）建设要以专业有高度的组长为核心，以互补融合为基础，以解决问题为宗旨，以前瞻研究为抓手，以内涵发展、提高质量为标准，努力打造一流学科研究团队。

（37）知识基，能力重，素养导向价值领。研理论，看思维，文献、调查和经验；研策略，研资源，指导提供早呈现；研服务，重行动，培训、调研和评估。

【说明】此内容明确指出了教研团队高考命题的四个指导思想，即知识为基、能力为重、素养导向、价值引领；开展理论研究的三种方法，即文献研究法、调查研究法、经验研究法；三种教学研究类型，即研理论、研策略、研资源；三种服务研究方式，即培训、调研、评估。

（38）建队伍，德为先，责任担当不一般；作指导，向未来，高端研修促发展。提问题，驱任务，提出策略为教育。说教研，为教学，教研推动新课程。任务重，功利性，教研活动无热情；不精准，无深入，教学方式逼迫性；难更新，随意性，有效教研难保证。教为育，重认知，好课完整体现"程"。

【说明】此内容指明了教研团队以德为先、面向未来，任务驱动、策略提出，推进课改、担当责任的建设标准。同时，也提醒注意防止功利性、逼迫性、随意性等不良倾向，开展有效教研，助力教书育人，重视认知过程，服务课堂教学。

（39）研教学，规律性，教研落脚来支撑；教好学，任务性，显性隐性都厘清；看创新，时代性，超前一步就有功。研规范，是常规，主题、课题真活动；研遗憾，找严谨，思维、素养多精准。

【说明】此内容明确了教研服务教学的工作要点，如寻求教学规律、厘清教学任务、服务教学创新、研制教学规范、开展主题和课题活动、诊断教学遗憾和缺漏，培育高阶思维，提升核心素养。

（40）新教研，连科研，教科研训一体研；做课题，有成果，串起理论和实践。本学科，大概念，融合提升莫等闲；跨学科，深挖掘，文理统整重提炼。

【说明】此内容提出校本教研的新思路在于：大概念，大研究，做课题，重实践，文理统整，融合提升，推进教科研训一体化。

（41）大数据，多关联，实证教研新理念；"互联网+"教研，远程同步更关键；专家领，同伴助，专业发展更提升。重思想，装纱窗，教研安全大开放；改作风，知其然，深度教研莫等闲；勇改革，点狼烟，后浪成长推前浪。

【说明】此内容指出，把握校本教研新理念，用好人工智能、大数据、"互联网+"等现代教育信息技术，助力专家引领、同伴互助、个人研修、实证导评等成长路径，以开放、包容的姿态深度教研，勇于变革，推进教研后浪和前浪共同成长。

（42）大学科，做教研，内外要素常串联；推课改，校本化，"三层九维"需构建。项目化，单元式，深度学习大把式；大教研，大概念，融合统整大单元。（图3-3）

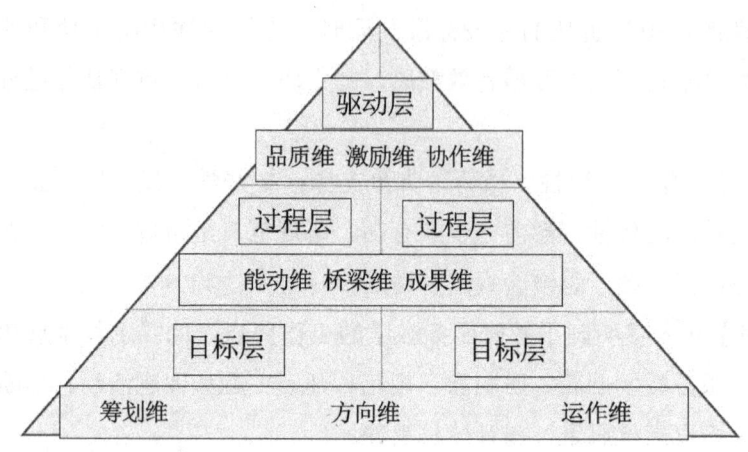

图3-3 学科建设"三层九维"示意图

【说明】此内容指出了校本教研中学科建设的"三层九维"。具体要求如下：

我们要用"学科建设"这根红线将学科定位、课程优化、教学改革、校本教研、教师发展、文化生成等课改内在要素串起来，并融入变革领导、专家引领、校际联动等外在要素，系统构建出一个校本化学科建设的"三层九维"模型。

① 目标层：统筹规划每个学科为什么教、教什么和怎么教。三个维度：学科定位——学科建设目标构成的方向维，课程优化——学科建设目标构成的筹划维，教学改革——学科建设目标构成的运作维。

② 过程层：紧扣目标推进校本教研、教师发展和文化生成。实施过程的三个维度：校本教研——学科建设实施过程的桥梁维，教师发展——学科建设实施过程的能动维，文化生成——学科建设实施过程的成果维。

③ 驱动层：有针对性实施变革领导、专家引领和校际协作。多元驱动三维度：变革领导——学科建设多重驱动的激励维，专家引领——学科建设多重驱动的品质维，校际联动——学科建设多重驱动的协作维。

同时指出深度学习的两个抓手，即项目学习和单元学习；以及大单元统整的办法，即通过大教研，聚焦大概念。

（43）四意识，要树牢，校本教研讲政治；四自信，要坚定，文化创造先传承；两确立，两维护，国家意志是大局。九必须，十坚持，全面把握来教研。

【说明】此内容明确了校本教研在思想政治和意识形态领域的相关要求。

四意识，即"四个意识"：政治意识、大局意识、核心意识、看齐意识。

四自信，即"四个自信"：道路自信、理论自信、制度自信、文化自信。

两确立，即"两个确立"。2021年11月，党的十九届六中全会召开，党确立习近平同志党中央的核心、全党的核心地位，确立习近平新时代中国特色社会主义思想的指导地位。

两维护，即"两个维护"。坚决维护习近平同志党中央的核心、全党的核心地位，坚决维护党中央权威和集中统一领导。

九必须，即"九个必须"。习近平同志在2021年"七一"重要讲话用"九个必须"概括中国共产党百年奋斗的历史经验。即必须坚持中国共产党坚强领导，必须团结带领中国人民不断为美好生活而奋斗，必须继续推进马克思主义中国化，必须坚持和发展中国特色社会主义，必须加快国防和军队现代化，必须不断推动构建人类命运共同体，必须进行具有许多新的历史特点的伟大斗争，必须加强中华儿女大团结，必须不断推进党的建设新的伟大工程。

十坚持，即"十个坚持"。2021年11月，党的十九届六中全会提出要全面把握这一百年奋斗的历史经验，就是：坚持党的领导，坚持人民至上，坚持理论创新，坚持独立自主，坚持中国道路，坚持胸怀天下，坚持开拓创新，坚持敢于斗争，坚持统一战线，坚持自我革命。

（44）敢投入，长效见，教研成本可核算。正比例，氛围现，螺旋上升会熏染；浸润性，当安然，精心教研更干净。

【说明】此内容提示了校本教研成本管理、氛围营造、专心研究、螺旋上升等有关问题。

（45）大教研，在撬动，立德树人靠课程；有内核，价值观，中华文明代代传。新课程，创新性，教研相长作支撑；好教研，望星空，精神成长素养成；善应试，质量升，脚踏实地担使命；真教研，还守正，一以贯之定成功。

【说明】此内容进一步明确了校本教研努力的方向，也是对校本教研工作的未来展望。同时，指出了校本教研工作的内核和价值。内核是指以中华优秀传统文化、革命文化、红色文化等文化基因为核心，重在创造性转化、创新性发展；价值观即社会主义核心价值观，社会主义核心价值观是社会主义核心价值体系的内核，体现社会主义核心价值体系的根本性质和基本特征，反映社会主义核心价值体系的丰富内涵和实践要求，是社会主义核心价值体系的高度凝练和集中表达。

2017年10月18日，习近平同志在党的十九大报告中指出："要培育和践行社会主义核心价值观……要以培养担当民族复兴大任的时代新人为着眼点，强化教育引导、实践养成、制度保障，发挥社会主义核心价值观对国民教育、精神文明创建、精神文化产品创作生产传播的引领作用，把社会主义核心价值观融入社会发展各方面，转化为人们的情感认同和行为习惯。"

党的十八大提出："倡导富强、民主、文明、和谐，倡导自由、平等、公正、法治，倡导爱国、敬业、诚信、友善，积极培育和践行社会主义核心价值观。"富强、民主、文明、和谐是国家层面的价值目标，自由、平等、公正、法治是社会层面的价值取向，爱国、敬业、诚信、友善是公民个人层面的价值准则，这24个字是社会主义核心价值观的基本内容。

"富强、民主、文明、和谐"，是我国社会主义现代化国家的建设目标，也是从价值目标层面对社会主义核心价值观基本理念的凝练，在社会主义核心价值观中居于最高层次，对其他层次的价值理念具有统领作用。

"自由、平等、公正、法治"，是对美好社会的生动表述，也是从社会层面对社会主义核心价值观基本理念的凝练。它反映了中国特色社会主义的基本属性，是我们党矢志不渝、长期实践的核心价值理念。

"爱国、敬业、诚信、友善"，是公民基本道德规范，是从个人行为层面对社会主义核心价值观基本理念的凝练。它覆盖社会道德生活的各个领域，是公民必须恪守的基本道德准则，也是评价公民道德行为选择的基本价值标准。

2022年10月16日，习近平同志在党的二十大报告中指出："教育、科技、人才是全面建设社会主义现代化国家的基础性、战略性支撑。必须坚持科技是第一生产力、人才是第一资源、创新是第一动力，深入实施科教兴国战略、人才强国战略、创新驱动发展战略,开辟发展新领域新赛道,不断塑造发展新动能新优势。"

二、他山之石

案例1　中小学校本教研的特点与策略

作为在中小学第一线的学校领导和教师,他们的主要工作是负责学校管理和教育教学的具体事务,十分繁重,不可能像专业科研人员那样将主要精力放在科学研究中。他们基本上没有受过系统严格的科研方法的训练,不能要求他们按照严格的科学研究的范式从事校本教研。他们只能是边工作边研究,在工作中研究,在研究中工作,很多时候研究对象就是教师自己。基于此并总结多年中小学的工作实践,笔者认为,要想真正使教师成为研究者,使校本教研达到解决问题、提高教育教学质量的目的,不是一朝一夕的事情。要从改变教师的思维方式和工作习惯入手,循序渐进,扎扎实实,经过几年的努力,在研究过程中提高教师的研究能力并进而提升整体素质,才能最终达到改善教学、促进教师专业发展和学校质量提升的目的。在此,笔者提出中小学校本教研的三个阶段:

(一)反思记录阶段

思维方式决定人的行为方式,反思型思维方式是教师专业发展的基础。反思记录阶段就是要使教师养成反思型的思维方式,这是教师校本教研最基础的阶段。教师的反思就是回顾自己所见、所闻、所做的事情,通过分析比较,总结有益经验,探寻现象背后的规律,发现存在的不足,从而进一步完善教学理念、改进教学方法的过程。它一方面可以发现自己的理念与先进的理念之间的差距,使行动符合先进理念的要求;另一方面发现其效果与行动目标之间的差距,以便提高行动的有效性。教师反思内容主要有四个方面:

(1)对教学对象的反思。我们现在的学生比以往任何时候都复杂,他们的个性特征、生活经历、学习基础、思维方式等差异很大,处处体现出复杂性和时代性。

（2）对教学内容的反思。没有任何一本教科书能够适用于所有的学校或所有的学生。要结合自己学校和学生的特点，对教学领域的特点、方法、文化等进行反思，要对教学内容的选择、编排特点、教材变迁、知识的呈现形式、教材的加工处理等进行反思，实现教学内容校本化，这是当前中小学校中比较薄弱或者忽略的环节。

（3）对教学方法（模式、手段、策略）的反思。必须要强调的是，教学方法是为教学内容服务的。教学方法没有好坏之分，只有适宜与否。中小学新课改过程中最大的问题就是过分地关注教学方法的改革，而忽略了是否符合教学内容和师生的实际情况，出现了很多生搬硬套、本末倒置、削足适履的做法，这都需要我们认真反思。

（4）对教师自身的反思。教师更要及时反思自己的专业发展阶段和水平、教育教学理念和能力、身心和工作状态等，以不断调整自己、完善自己，在工作中体验职业幸福，实现自身的发展。教师反思的途径有很多种，主要通过自我经历、学生表现、与同事交流和对照参考资料等视角来完成。在此基础上，要将反思的经历落于笔端，把平时所听到的、看到的、感受到的教与学的情况用教学日记的方式详细地记录下来。有些教师下班后实在不愿意再去回顾繁重的教学工作了，想好好放松一下，也可以不写教学日志，可以通过写生活日记的方式记录生活琐事和趣事。总之，不管写什么内容，只要经常写，长期坚持，养成习惯，就是反思性习惯，就有助于我们形成反思型思维方式，就能够积累大量的原始素材，这对于提高研究能力是最基础、最关键的环节。同时，在学校的教育教学工作中，鼓励教师有新的想法，然后创造条件让教师"把想的事做出来，把做的事说出来，把说的事写出来"，长期坚持，大有裨益。

（二）案例写作阶段

案例研究是中小学校本研究的基本模式，是教师反思结果的延伸。教师有了较好的反思和记录的习惯之后，要及时鼓励教师撰写教学案例，形成完整的研究作品。同时，提高文字表达的能力和水平。这是校本教研最基本、最主要的阶段。一个好的教学案例就是一个教学故事加上一些精彩点评。点评就是在叙述一个教学故事时发表的一些看法，实际上就是反思的结果。案例能够直接、形象地反映教学的具体过程，因而有很强的可读性和指导性，也非常适合第一线教师撰写。适合中小学教师撰写的案例，大致有四种类型：

（1）单一片断型。一个具体生动的教学片断，能够引起教师的反思，使教师从中获得某种启发或灵感，反映某种教学理念与方法。

（2）比较片断型。同样教学内容的不同教学方法，相似教学问题的不同处理方式，同一活动中不同学生的不同表现，等等，按照一定的线索将不同的片段组织起来进行比较，从而发现某些规律。

（3）课时综合型。将一节课中能够反映该节课教学理念、教学特点的几个关键性、有代表性的环节或亮点详细地记录下来，进行概括评析。这是在一般听课记录基础上的进一步提升。

（4）专题解读型。围绕一个主题、专题或一个连续的事件，从不同侧面连续记录多个片段，从而对特定专题、事件或理念进行系统全面的解读。专题解读型案例可长可短，甚至可以作为一个主要的研究方法去研究一些重大问题，具有很强的应用价值。

案例的写作没有统一的格式，但从案例包含的内容来说，一个相对完整的教学案例大致会涉及主题、引言、背景、细节、结果、点评等基本要素，概括起来就是三个核心要素：

（1）主题。任何作品都要有主题，有一个核心思想。案例中所有素材都要紧紧围绕该主题来组织，主题就是案例的灵魂。与主题无关的流水账式的琐碎材料都要删掉，这也是案例区别于日常随笔和日记的最关键的地方。

（2）故事。没有故事就不能称其为案例。这个故事要新颖，而且很典型，能够引起人们的反思与共鸣。故事叙述要完整，要将时间、地点、背景、过程、结果等清楚地表达出来，特别是要注重细节，而不是泛泛地讲。只有细节，才能体现故事的精彩，才能生动有趣。

（3）点评。点评是故事的升华，是点石成金的神来之处，也是对故事本身进行思考的深入程度的体现。通过点评，挖掘故事背后的意义，提出规律性的、可供别人借鉴的思想与策略，使案例成为一篇完整的、可读性很强的作品。

总之，案例写作是教师由简单的反思型习惯的养成、原始经验的积累到真正进行科学研究的中间环节，它解决了教师在写文章时经常遇到的"不知道写什么"和"不知道怎么写"的问题。案例写作在一定程度上比论文更实用，更有效。通过案例写作，教师学会了如何从具体现象中发现问题、探寻原因、总结规律，也学会了如何以更好的文笔来表达自己的所思所想，这本身就是专业发展的一个飞跃，也为进一步进行科学性较强的研究奠定了基础。如果没有这个基础，片面地强调"论文"和"课题"，则难以取得预期效果。

（三）课题研究阶段

课题研究阶段是中小学校本研究的提高阶段，也就是科学研究阶段。广大教师在养成反思习惯，能够撰写教学案例、详细记录研究感受，开展教学研讨相互交流的基础之上，必然会发现某些亟待解决的共性问题。此时，及时组建课题组，对这些问题进行论证，按照课题研究的模式，采用科学的研究方法，进行科学系统的研究，最后得出结论并提出改革建议。这时的教学研究已经由经验研究层次逐步进入科学研究的层次，能够得出科学的结论，大面积地解决现实问题，提高教育教学质量，提高教师专业水平。

篇幅所限，在此，按照课题研究的一般步骤，仅对中小学在课题研究中经常出现的一些问题，做一些简单提示：

（1）选定课题。根据学校实际需要和客观情况，选定课题。课题要明确，范围要具体，要"小题大做"，不能过于宏观。题目表述要严谨，概念要清晰，要能准确地反映研究的范围、对象、内容、方法，使人一看就能大致了解课题研究的内容。

（2）查阅文献。分析前人已经做过的各种研究并作出评价，发现该课题研究的历史上所取得的成果、不足，从而明确新的研究方向。这部分工作非常关键。目前的主要问题一是文献看得少，二是简单罗列一些零散的观点。

（3）制订研究工作计划。明确所要研究的问题及其范围，界定本课题研究中的基本概念与内涵，细化研究内容与路径，确定研究对象样本和时间进度、准备课题研究所需的各种保障条件等。总体上按照发现问题、分析问题、解决问题的思路来进行。目前最大的问题是没有对问题及其原因进行深入研究，就直接去研究解决问题的策略与方法。这是较为常见的一种通病。

（4）运用科学方法，获取资料，进行研究。这里所说的资料是指在实施研究计划的过程中所得到的大量的新资料。在已经搜集并整理的材料的基础上，再做进一步的脑力加工，得出结论，把分析研究的结果归纳成几条原理、原则或者作出判断。在课题研究过程中，关键在于科学的方法。没有科学严密的研究方法，其研究结果的信度和效度必然大打折扣。中小学校常用的研究方法有文献研究法、观察研究法、调查研究法（包括问卷、访谈、测量等方法）、案例研究法、行动研究法、比较研究法、叙事研究法等。研究方法不宜过多，一般课题三种主要方法就足够了。不主张中小学校进行实验研究。实际上我们很多所谓的实验研究是行动研究，是一种试验研究。

（5）总结成果，撰写报告。把科研的全过程以及所取得的成果用文字完整地表述出来。中小学校课题研究成果的表述形式多种多样，不能仅仅局限于发表的论文，还包括观察调查报告、总结报告、教学课件、课堂实录、学生作品等。以发表论文的层次和数量作为课题成果评价的方法，是不现实的，也是不科学的，不符合中小学校本教研的实际。应该主要看课题研究的过程以及促进教育教学效果改善和质量提升的程度。需要指出的是，中小学课题研究旨在通过一种校本教研模式、方法和组织形式，让尽可能多的教师参与研究过程，掌握研究方法，提高研究能力，达到改善思维习惯和教学行为的目的。同时，课题研究应以校级和教研组内部的小型课题为主，省地级以上课题可以搞，但没必要多搞。

综上所述，校本科研的三个阶段不是截然分开的，因为不同的学校、不同的教师，基础是不一样的。它们三者相互联系，互为依托。反思记录作为教师职业生活的方式贯穿于工作和生活的始终，案例写作使教师在研究中实现教育理论和教育实践的融合，而课题研究是帮助教师进行理性提升，走上较高层次的专业化研究的新台阶。苏霍姆林斯基说：如果你想让教师的劳动能够给教师带来乐趣，使天天上课不至于变成一种单调乏味的义务，那你就应当引导每一位教师走上从事研究的这条幸福的道路上来。愿老师们积极地投入到教学科研当中来，提升专业水平，提高人生品位，享受职业幸福，促进学校的繁荣与发展。

（作者：河北大学　田保军、李燕）

案例2　加强校本教研　助推教师成长

（一）校本教研的价值

1. 促进教师和学生的共同发展

校本教研以学校为教育教学实践阵地，以教师为主体，以解决教育教学中存在的问题为目的，是促进教师专业发展和提升学校品质的重要方式。校本教研也是发展学校文化和开展教师教育的重要手段。教师在实际教学过程中遇到的实际问题或者值得研究的课题是校本教研的重点。校本教研关注教学实际问题的解决和教学能力的提升，也注重理论的总结和上升，对教师的培养既有实践指导，又有理论补给，是时代对每一个教师的基本要求。

2. 促进核心素养落地

《中国学生发展核心素养》将核心素养分解为六大素养十八个基本要点，这在教育圈引发热议。对"各年级各学段学生核心素养表现水平"的研究是个庞大的工程，一要确认方向，二要探索前行。在此方面江苏省锡山高级中学进行了早期的校本化探索。该校经过多年校本教研最终把"培养终身阅读者，培养负责任的表达者"作为学校的学科信念和行动指针，根据自身的实际情况用自己的方式来表述语文核心素养。该校启动了课程基地建设以支持核心素养的发展，创建新型学习环境，促进学习方式的转变。该校将新华书店引进校园，要求新书类型与其他店铺同步更新，使书香清流源源不断。自从课程基地建设以来，该校一直努力让培养终身阅读者和负责任表达者的追求落地，在指向核心素养的教学上取得了丰硕的成果，开创了"研习思悟""活动体悟""探讨启悟"的语文学习活动方式，为其他学校的语文教学提供了重要参考。有校本教研作为支撑，才能总结出适合本校的核心素养的表达方式和培育道路，校本教研在核心素养落地这一目标上发挥着重要的作用。

3. 是创办特色学校的支撑

校本教研是基于学校的调研，以学校的实际情况为出发点开展，每个学校的教育教学资源和教师的素质各不相同，因此学校的调研工作也要因地制宜。江苏省锡山高级中学校长唐江澎根据《中国学生发展核心素养》和学校的具体情况，带领全校语文教师独创了语文体悟教学法，并且确定了该校的语文学科宣言是"培养终身阅读者，培养负责任的表达者"，根据学校的实际情况表述了语文核心素养，树立了本校特有的教育理念。又如，清华大学附属小学构建了"1+X 课程"，在这里，1 和 X 之间不是简单地相加，如果 1 仅仅是完成"国家课程"中的 1，那么这个 X 就自然而然成了一种负担。所以，该校依托国家的新教育方针和北京市的教育政策，并结合该校本身的文化将"国家课程"中的 1 进行优化整合，然后将腾出来的空间给 X，这样的 X 就体现了该校的个性发展，凸显了学校自身的特色。

（二）目前校本教研存在的问题

1. 过度的约束与问责，缺乏学习共同体理念

目前，学校采用得比较多的教研形式是集体备课交流、教学观摩、培训讲座。随着核心素养落地的推进，各个学校的校本教研形式逐渐变得丰富，但是校本调研中最常用的形式依然是集体备课和听课评课。校本教研中对课题研究、案例研究的分析与教学沙龙活动依然采用得较少。校本调研有利于引导教师持续深入地开展教育教学研究，学校要注重教研文化建设，要降低教研制度在时间、空间上的刚性要求，多以任务和标准的形式呈现制度内容，但对研修结果的要求可以是刚性的。比如，可利用论坛等开放的交流分享平台，发布团队（学科组）的教学或者课程建设计划及成果、计划达成度的分析报告与面临

的问题和解决问题的策略等,将团队教研的思维路径和经验成果的获得过程可视化展现出来。

2. 忽视校本教研的校本性

校本性是校本教研的重要特征,而这往往也是最容易忽视的一个特征,就像只有让学生成为课堂的中心,这节课才是有效的,只有让学校成为调研的中心,校本调研才是有效的校本教研,才能助推教师成长。不少学校的校本调研过度依赖专家学者的指导,没有对学校的情况进行提前调研,最终是"人云亦云",实行"拿来主义",对当前倡导的、新的教学方式拿来就用,缺乏思考和理解,于是出现了很多貌似改革但是不真实的课堂。教学改革不能解决教学实践中的现实问题,就不能在学校这个层面上有实质性的变化,改革就很难推进。聚焦和解决本校实践中的问题是校本教研教学改革的出发点,校本性要求学校在调研的过程中不能盲目追逐先进的教学理念和照搬其他调研成果,而要结合学校所处的教育环境和学校本身的实际情况,有甄别地借鉴而后提升,进而摸索出自己独有的特色。

（三）校本教研的实施要点

1. 课题研究促观念更新

课题研究是校本调研中的一项重要内容,是一种很好的促进教师专业发展的教研活动形式,也是营造良好校园文化氛围的重要方式。教师的教学活动与课题研究产生联系,其基本的过程通常是"发现问题—资料查阅—研究解决方案—按照方案去行动—总结反思"。课题研究一般把"面对真问题,展开真行动,获得真发展"作为目标,随着新课改的推进,课题研究对教师也提出了新要求,教育教学模式要从"经验型"向"科研型"转变,教学理论的丰富和教学技能的提升逐渐成为课题研究的目的。在课题研究的过程中,教师有计划、有目的地不断反思教学过程,而课题的最终成果也体现在教师的问题完全或在很大程度上被解决了。例如,在"中国特色社会主义"的学习中,大部分学生觉得其晦涩难懂,产生倦怠感,只是被动机械地去学。为了解决这个问题,教师根据高中生的生活体验和思想状况进行了"政治知识生活化的研究"课题研究,通过"课程内容活动化"的教学方式将晦涩难懂的知识融入活动中,引导学生积极参与并且深入思考。这样的教学方式既兼顾了学科核心素养落地,又提高了学生的学习效率。可见,课题研究不是教师的负担,也不是"副业",而是帮助教师更高效、更高层次工作的途径,应该成为教师的主业。在进行课题研究时要考虑以下几点:

（1）研究的课题是否有价值。课题的研究是为了解决问题,丰富教学理论知识,增长教学实践技能,因此确定研究课题时要对课题进行讨论。一方面,研究者的知识基础、专业特长、教育工作经验、实践经验要能对解决课题研究中的问题起到突破性的作用。另一方面,研究的课题不完全等同于问题,课题比问题更具有普适性,课题是具有开放性的问题,是具有知识价值的问题。研究课题要遵循由简到繁的原则,课题的选择要从易到难,从小到大。

（2）研究的课题是否结合教学实际。课题研究的环节是"发现问题－查阅资料－编辑研究方案－根据方案去实施－反思总结",现在不少课题研究者喜欢搞"办公室科研",研究的时候确实是查阅了不少资料,可是忽略了身边的教学实例,而忽略对教学实际的研究就难以有效提升教学效果。通过观察别人的课堂,教师可以多反思自己的教学实践,不断地改进自己的教学方式。教师还要注重提升做学问的能力,从而更好地促进自身的专业发展,可以案例为平台,立足解决实际问题,深入课堂研究,使其成为自身专业发展的切入点和载体。

（3）研究的课题是否具有创造性。课题研究是为了解决教学过程中出现的新问题,而研究的主要目的是充分认识并且更好地利用教育规律,因此教师要把握"面对真问题,展开真行动,获得真发展"的目标,在前人的基础上结合新的教学实际提出新的办法。

2. 案例研究培学科素养

政治学科的案例研究要基于初中道德与法治或者高中思想政治教育课的课堂实际与研究对象,重在对课堂本身的改进、优化、提高,从而给出"问题解决"的事例,其内容一般包括：案例呈现方式、教学设计、教学思路、教学反思。新课程倡导的案例呈现方式为情景导入、情景分析、情景回归,并在导入、分析、回归的过程中贯穿归纳法和演绎法。教学案例的呈现要找准定位、把握时机、自然过渡、情感共鸣，其中找准定位是为将案例用在合适的框体里做准备，把握时机是自然导入的前提，自然过渡与情感共鸣是为情景回归做铺垫，案例呈现的过程就是感情升温、提升学生学科素养的过程。

3. 学术沙龙促交流沟通

教师经常参加与教学相关的沙龙活动，对其教育行为的规范、教学手段的丰富以及教学观念的更新能起到很大的促进作用。学术沙龙活动中的思想交流不仅可以促进教师之间彼此了解和沟通，互相学习借鉴，还可以增强教师队伍的凝聚力。教育沙龙活动是一个较为便利的教师实践探索的平台，教育沙龙坚持在领悟中创新的原则，结合"自我反思""同伴交流""专家点拨"的方式为青年教师的专业化成长提供了一个很便捷的渠道，同时也为教师搭建了学习与交流的平台。教育沙龙活动应该包括以下内容：

（1）沙龙论坛。对确定好的论坛主题进行研讨，集思广益，百家争鸣，在一次次的观点冲突中促进教师观念的更新，有利于夯实教师的理论知识。

（2）专家点拨。邀请教育家定期为青年教师"补给营养"，提升青年教师的理论素养与教学素养，在科研研究、论文撰写等方面进行针对性指导，为青年教师的成长提供切实的经验补给。

（3）征集议题。统一搜集当前的教学热点与教学实际过程中出现的问题，形成相关议题后供教师在教育沙龙活动中集思广益，在议题的解决过程中提升自身的教学水平，积累教学经验，使得教师教学水平更上一层楼。

（作者：安徽师范大学马克思主义学院　陈晨）

案例3　校本教研案例误区辨析

顾名思义，校本教研是以校为本的教学研活动，强调"为了学校的发展""在学校中开展""基于学校实际"三个基本要素。校本教研是推动学校发展的"内燃机",是提高学校教育教学质量的"引擎",是促进教师专业化成长的"吸铁石",也是落实新课改的重要"载体"。现实中的校本教研活动往往流于形式,存在误区。本文试就某校一则校本教研案例略作剖析。

(一)案例呈现

某高中学校于周二上午在学校大门口以小黑板的形式通知:下午第三节课在学校多媒体教室举行××学科校级公开课,主讲人:×××。望全体××学科教师届时参加。下午第三节课上课前,教科室主任拿着签到表在多媒体教室门口等待前来听课的教师一一签字。听完课后,大家在多媒体教室进行了大约30分钟的研讨,研讨采用备课组组长发言的形式进行。高一、高二、高三备课组组长依次发言,发言内容以褒扬为主,对于存在的问题则轻描淡写,一带而过。然后,教研组组长宣布本次教研活动结束,并要求大家回去后认真反思,教科室主任则将听课签到表复印件张贴在学校大门口的宣传栏内。整个教研过程,对参加教师进行考勤,按照学校规定,使考勤结果与教师的评优树先挂钩。

(二)误区辨析

1. 误区辨析一:校本教研缺乏核心问题

校本教研要"为了学校的发展",要立足于解决问题,要以学校发展和教师在教育教学实践中面临的、必须解决的实际问题为研究对象。问题是校本教研活动的起点,解决问题是校本教研的归宿,没有问题,就不需要校本教研。当然,并不是所有的问题都能成为校本教研的问题。校本教研研究的问题,应具有普遍性、代表性、典型性和相对复杂性等特点。本案例从本质上讲不是校本教研,因为它没有核心问题,也没有解决任何实质性问题。也许在研讨时会有备课组组长提出一些问题,但这些问题主要是改进教学的建议,是分散的、零星的、肤浅的,这与校本教研的问题有根本性区别。为此,建议学校开展公开课活动务必确定研究主题,最好每次一个主题,如教学重难点的处理策略、课堂教学行为有效性的研究、教师主导地位的落实、学生主体地位的体现、小组合作学习的有效性、导学案设计的合理性等等。总之,一次教研活动侧重一个研究主题，增强研究的针对性，避免盲目性，研究就容易开展，就能贴地行走，也能靠近大多数教师的最近发展区，研究的成效就比较明显，就能切实解决学科组普遍存在的问题。抓住问题的症结，把问题研究透彻，这样的校本教研才是真正的研究。

2. 误区辨析二：校本教研缺乏主体参与

校本教研要"在学校中开展"，校本教研的主体是学校、是教师。"在学校、基于学校"主要指学校、教师的主体性、主动性，而不是"到场即可"。没有教师的主动参与，就不可能存在真正意义上的校本教研。当然，主体参与并不拒绝学习理论，也提倡向专家请教。本案例"没有主体参与"，老师们是因行政命令（签到表、与考核挂钩）而不得不参加。另外，为了节省研究时间，只指定三个备课组组长参与发言，其他老师则没有机会发言，只是旁听，这并不能把教育教学中存在的问题完整地挖掘出来，不免"挂一漏万"。校本教研能否取得预期效果的关键在教师是否真正参与教研活动。要调动教师的研究热情，只靠制度约束是不够的，必须想办法让每一个教师从思想上认同，自觉、自愿、主动参与教研活动才行。要对教师加强思想引领，增强其责任感和使命感。教研活动是教师自我发展提高的良好平台，是教师实现二次发展的必由之路。信息化时代，各种知识、技术日新月异，层出不穷，教师必须不断学习，主动成长，才能适应现代化教育对教师专业素质的需要。为此，建议学科组在教研之前将要研究的问题加以分工，层层落实，让每一个教师都有活干，带着问题和任务去参与研究，杜绝旁观者。作为课堂教学的观察者，每一个教师都会认真听课，积极准备，适当延长研讨时间，发言轮流来，让每一个教师都能就自己的观察视角发表自己的见解，鼓励观点争鸣、思维碰撞。在这里，学科组组长的职责很大，必须切实发挥好组织、引领、带头作用。

3. 误区辨析三：校本教研缺乏充分研讨

校本教研活动是一个系统性研究活动，既然是一种研究，就应具备一定的科学性、系统性和完整性，不能对存在的问题"轻描淡写""避而不谈"，否则就只能算是一种"随意性问题解决"。本案例没有对公开课课堂中存在的问题进行系统的研究，30分钟的时间也不可能做到系统地研究问题出现的根源,更不会找到解决问题的切实可行的"金钥匙"。教研活动的结果无非是问题"涛声依旧"。建议学校牵头,以年级组为单位,统一合理安排业务研究时间,将研究时间固定为一个上午或一个下午。公开课安排在上午第一节课或下午第一节课,这样就可以保证有三节课的研讨时间。同时,研讨内容要细化,可以将任务划分到年级备课组,再由备课组细化落实到具体个人。研究时间有保证,研究问题突出针对性,研究主题具体化,研究效果自然是水到渠成。

4. 误区辨析四:校本教研缺乏对真问题的研究

校本教研的真正目的在于发现问题、研究问题、解决问题,最终服务于提出解决问题的策略,改进教学流程以提高质量。校本教研在本质上属于"应用研究",而把研究结果束之高阁的做法不是校本教研。本案例描述的是"形式主义"的教研活动,也是我们普遍已经做了若干年的传统校本教研活动。我们要搞校本教研,就是要摒弃一些无效、低效的教研活动,发现真问题,解决真问题,切实提高教学效益。而任何形式主义的校本教研活动都是学校、教师和学生发展的瓶颈。

为此,建议学校立足于务实促效,对业务研究的内容和形式进行"微创新"。具体做法是:研究内容前置,即本周研究下一周的教学内容。主备人于上周五之前,将所备内容(教案、学案或课件)放在学科组共享文档内,是为"草案";本周业务研究时间,备课组成员将"草案"下载到个人电脑进行集体研究,研究的结果是为"共案";教师再根据个人所教班级的实际情况对"共案"进行"删""补",完善为"个案"进行教学使用。经过二次备课,实现了"草案—共案—个案"的增值性跨越。在此基础上再开展公开课研讨活动,由于每一个教师都对研究内容比较熟悉,因此增强了研究的针对性和实效性。这种业务研究模式的"微创新",既秉承了传统做法的优点,集合了大家的智慧,又突出了个性,是一种简单、可操作且行之有效的措施;既挖掘了集体智慧,又突出了教师的个性特长,还符合班级学生的实际特点,突出了因材施教、分层教学;既是对教师的尊重,也是对学生差异性的承认。适合教师自己的方法才是最好的方法;适合学生实际的措施,才是最有效的措施。

另外,问题研讨时要充分体现人文关怀,大家畅所欲言,找问题,想办法，引路子，定措施。只有方向对、路子清、问题明，措施制定才能合理到位，只有教师合作才能实现共赢。领导和教师开诚布公，以诚相待，促膝交谈，没有指责，只有交心；没有挖苦，只有坦诚；没有隐藏，只有无私。大家在和谐的氛围中进行研究，温馨的学术氛围体现出对幸福教育的全面阐释，一致的目标追求旨归于学生的幸福成长。这样的业务研究，问题找得准确而明晰，措施制定得科学而有效，效果自然明显。一切以教师的发展为出发点，一切以学生的成长为归宿。这是对教师生命的尊重，更是对学生生命的真切呵护。

（作者：山东省肥城市第一高级中学　李海军）

第四章 校本教研之推进篇

本章通过《××区(县)中小学规范提升校本教研工作指导意见(试行)(2020－2025)》《对区(县)域内校本教研稳步推进的思考》等区域案例了解校本教研的稳步推进思路和落实办法,重点梳理列举了包括1个总体指标、17个参照指标、3个评估表在内的相关工作表格,以及联系挂钩、责任分包、访谈问卷、工作简报等材料,并用9个他山之石案例作为借鉴补充,为不同学校分层级、分梯队、分时段、分步骤推进实施提供了可复制的实操样板。

一、区域推进案例

(一)《××区(县)中小学规范提升校本教研工作指导意见(试行)(2020－2025)》

根据《教育部关于加强和改进新时代基础教育教研工作的意见》(教基〔2019〕14号)文件精神和××省、××市教研部门相关要求,结合新时代课程改革新特点和本区(县)实际,经调研、座谈,形成此工作指导意见。

1. 指导思想

坚持以常规落实、教研落地、教师成长、团队打造为主线,以持续进步、促进发展为宗旨,以教师教学研究为主体,为了学校研究,在学校中研究,基于学校研究,研究向学校回归、向教师回归、向课堂教学实践回归,突出精细化管理,推动教育教学工作稳步提升。

2. 工作目标

（1）立足本区（县）、本校、本职、本岗，关注专业成长，发展学科团队，提高学科素养和实践能力，创新校本管理，提升中小学校本教研水平。

（2）构建以课堂教学为中心的校本教研机制，立足课堂，教研一体，真正深入，真正指导，真正服务，真正帮助教师解决课堂教学中的各种"真问题"，行稳致远，持续有效提高课堂教学质量。

（3）把2020—2021学年作为规范提升中小学校本教研新起点，推动教研共同体和校本教研一体化建设，力争2个学年指导推动全区（县）绝大部分中小学校实现校本教研活动的规范开展，3—5个学年实现提升，出版一批校本教研系列成果，增强全区（县）常规校本教研实力，达到市区（县）中等以上水平。

3. 工作要求

（1）各中小学校（含直属校或中心片区）要坚持教研强师的理念，落实教学研讨的渠道，坚守课堂教学的阵地，转变教、学方式，调整课堂结构，结合学校或片区实际，参照具体指标，以校（片）为本，创新探索，重点推动，努力实现校本教研的科学化、规范化、系列化和精细化。

（2）各中小学校本教研工作要把握自我反思、同伴互助、专业引领、团队提升等关键要素，通过理论学习、案例分析、校本论坛、教学反思、结对帮扶、经验交流、调查研究、协作研讨、咨询指导、课改沙龙等多种内化形式与开放式活动、促进式活动、针对性活动、学科整合式活动、信息融合式活动等外延形式，落实"问题—计划—行动—反思—提升"等链条和方法，切实提高校本教研的品质。

（3）进修学校（或教研室）将进一步加强教研员挂钩联系基层学校制度，推动校本教研工作以课堂教学为研究对象，为了教学而研究，在教学中研究，通过教学来研究，注重问题驱动，坚持精细落实。

（4）进修学校（或教研室）将主要通过"教学视导""学科诊断""菜单服务"等方式，分阶段、分层次、分步骤地推动中小学校对照评估指标和参照指标，深入、有效地开展校本教研工作，着力实现"未规范的抓规范，已规范的促提升"的阶段性目标。

进修学校（或教研室）等业务部门拟采取的"教学视导""学科诊断"方式主要有三种：

综合视导一般1天或1.5天。第一时段，先随堂听课评课、观课议课，一般不少于6科18节（每科2—3节），然后座谈指导，择优评价统计10节以上（可参照班级数，按比例汇总）；同步告知抽查材料清单，学校收集材料，自查打分。第二时段，听取汇报，对照审核，问卷评估，提出改进意见，形成视导工作反馈建议。第三时段，由学校汇总反馈建议，制订整改方案并实施，最后形成课程与教学工作发展报告。必要时，将开展连续追踪。

专项（课堂、调研）视导一般0.5天，根据学校需要或学科提议，重点针对毕业班，问题驱动，3—5人小组出动，订单式视导，微讲座方式，注重改进，提出建议，连续追踪，解决问题。

随机（学科联系）视导或学科诊断，时长自定，由学科教研员联系挂钩学校（或片区），或自行择校，或由中小学校备课组提前联系教研员，开展分学科视导或诊断。重在听评课和主题研讨，教研员与学科教师一起，任务驱动，凝练问题，深入研讨，专业诊断，共同成长，不断寻求教学突破口和课堂增长点。

（5）各中小学校（或片区）是校本教研的工作主体，课堂教学是校本教研的主阵地，各位校长（或片区负责人）是本项工作的第一责任人，分管领导（含校级和中层）是推进校本教研工作的直接责任人。学校（或片区）要根据校情，把握老、中、青教师团队的不同需求，守正创新，主动作为，聚焦常态化课堂教学，找到突破点，统一规划，分级负责，以上率下，传导压力，明确责任，层层追踪，深入一线，认真落实。

（6）进修学校（或教研室）将和各中小学校一起，把校本教研列为发展性的重点课题，并以各中小学校本教研为基础，注重创新研究，不断总结提炼，努力生成一批校本教研系列成果，进行汇编推广。

（7）进修学校（或教研室）每学期将召开一次校本教研工作推进专题会或现场会，每学年召开一次校本教研工作总结交流会，汇聚智慧，汇集校本教研工作优秀案例，宣传典型，推广经验，不断促进全区（县）校本教研工作和教育教学质量稳步提升。

此方案立足现状，与时俱进，将在实施过程中进一步对接整合、配套引导、补充完善。

××市××区（县）教师进修学校（或教研室）

2020年8月20日

（二）《对区（县）域内校本教研稳步推进的思考》

1. 推进思路

（1）分层级。

高中××所，以市教科院安排教研为主，区（县）教师进修学校（或教研室）配合，学校自主，瞄准高考，立体错位，特色发展。

初中××所（含完全中学的初中部一单列），作为区（县）教师进修学校（或教研室）攻坚重点，在认真落实市教科院（或教研室）教研基础上，增加教研次数和视导活动（每周一校），加强监管跟踪，集中火力，培育若干所名校（需政策支持，留住小学优秀毕业生），抽查考试［建议区（县）教师进修学校（或教研室）参与增加考试：毕业班每月1次，非毕业班每期1次；各校自己安排：毕业班每月1次，非毕业班每期2次，可结合市、区抽检统筹考虑］，参与分析，精准推进，合作突破，实现超越。

小学整合为××个单位（含九年一贯制学校的小学部一单列），在对接市教科院（或教研室）部分教研（比较少）前提下，以区（县）教师进修学校（或教研室）安排教研为主，以×大片区共同体为基础，自主、适度开展校本教研活动，打造亮点，突出特色，扩大宣传，追踪成绩［区（县）教师进修学校（或教研室）每学期抽测1次，各校增加1次］，提高素养，辐射周边，增强吸引力。

职校、特教、幼教：以各校（园）为主体，结合市、区，安排、参与部分活动，提供支持，自主推进，创新发展。

(2) 分梯队。

初中分××个梯队，××学校、××学校等××所学校为第一梯队，1年内校本教研规范出经验，第2年提升出成绩，加大支持力度（政策、宣传、资源等），打造品质教育，促进更好更快成长；××学校、××学校、××学校等××所学校为第二梯队，2年内校本教研规范，第3年开始提升，特别要关注大户；其他××所学校为第三梯队，3年内校本教研规范，第4年开始提升，注重单项激励，保护积极性，发挥主动性，激发创新活力。（表4-1）

表4-1 ××区（县）中学校本教研梯队学校名单

协作梯队	引领学校	协作学校					备注
第一梯队	××学校	××学校	××学校	××学校	××学校	××学校	
第二梯队	××学校	××学校	××学校	××学校	××学校	××学校	
第三梯队	××学校	××学校	××学校	××学校	××学校	××学校	

小学××大片区引领学校，××学校、××学校、××学校等××所学校为第一片区，1年内校本教研规范出经验，第2年提升出成绩，带动片区内其他学校规范落实，引领发展，发挥辐射作用；××学校、××学校、××学校等××所学校为第二片区，2年内校本教研规范，第3年开始提升，鼓励个别大户学校单刀突破，超常跨越；其他所属学校（含完小）为第三片区，3年内校本教研规范，第4年开始提升，注意单项倾斜，保护积极性，发挥好小船掉头快、能疾行的相对优势。（表4-2）

表4-2 ××区（县）小学校本教研共同体名单

协作片区	引领学校	协作学校					备注
第一片区	××学校	××学校	××学校	××学校	××学校	××学校	
第二片区	××学校	××学校	××学校	××学校	××学校	××学校	
第三片区	××学校	××学校	××学校	××学校	××学校	××学校	

(3) 分时段。

除3年全区（县）中小学基本达标规范时段外，2020春期重点、应急关注中、高考和市教研活动，校本教研召开现场会，实操座谈，初步推进，再对接市教科院，学习其他区、校的好经验，进一步完善实施。

2020秋期开始，新学年校本教研规范提升工作全面实施推进（假期培训、期初安排、年后回顾、学年汇总、表彰认定等），每学年由区（县）教师进修学校（或教研室）颁发校本教研先进单位（中学1—2所，小学3—5所）、先进教研组或备课组（中学3—5个，小学6—8个）、先进个人（重点是教研组组长或备课组组长；中学8—10人，小学12—15人）奖证，等3—5学年后由教育局进行总结，综合表彰奖励。

（4）分步骤。

区（县）教师进修学校（或教研室）先单项推进（可以涵盖校本教研、"培青"行动、中高考、教育科研、"三名"工程、校本培训、教育信息化建设等），学期学年进行总结，现阶段重点在校本教研规范提升上下功夫，其他也慢慢增补，待时机（3—5年）成熟后，由教育局进行总体整合（亮点特色、骨干学科等单项标杆），打造推出几所有区域影响力的龙头学校。

2. 落实办法

（1）有档次。

出台文件不宜多，一个文件管几年，保持相对稳定性，重在持续行动。全区方案必须有档次，梯队学校建设必须上档次。区（县）教师进修学校（或教研室）出台的方案一是面向全区不同层次的学校，要有前瞻性、综合性、适切性，要有一定的理论高度支撑，是相对能长远发展的前沿遵循，有一定执行推进的难度，要作为引领的标杆、努力的方向。二是要接地气，能操作，特别是按梯队分别要求，第一梯队学校啥时候要达到所有指标，有品位，上档次，真引领；第二梯队学校相应减少一些指标，自行申报，落实规范；第三梯队学校根据校情，再减少一些指标，弹性申报，努力规范，保底推进。总体达成，前有对手，后有追兵，自有面子，倒逼学校，为求生存，想方设法，立即行动，内挖潜力，创新发展。

（2）靠追踪。

坚持重心下移、学校主体，阵地前移、课堂优先。有目标（各个单项工作）、有榜样（第一梯队学校）、有激励（学期学年总结表彰）、有监管追踪（新视导汇报反馈和全区校本教研工作简报推进）、有分包服务（教研员既包学科，又包学校或片区），才有责任、有思路、有落实、有规范、有创新、有成效。

（3）重实干。

一分布置，九分落实。第一，要加强区（县）教师进修学校（或教研室）自身队伍建设，大体日程上，周一上午例会，安排及汇报，两周出一期进修学校工作推进简报（内部下发）；周二、周三、周四深入学校教研、蹲点（午餐回单位或在学校）；周五回单位工作。第二，区（县）教师进修学校（或教研室）要抽查各中小学校本教研常规工作落实情况，两个月出一份全区（县）校本教研工作简报（每学期编发至少4期）上报教育局，下发各校。第三，各中小学要对新视导提出的改进意见追踪落实，隔周汇总，书面上报，实行回头看，再追踪，再推进。

3. 关注要点

（1）校本教研责任划分。

区（县）教师进修学校（或教研室）提出要求，出台方案，重点视导，反馈推进，跟踪服务，总结表彰，发现典型，推广经验；教研员的重要阵地在课堂和学校，指导课堂教学、服务学科教师、联系分包学校、追踪教研落实。

各中小学是主体，精细落实工作方案，规范提升校本教研，认真完善相关制度，着力提高一线教师的积极性，增强学科教研的主动性，推进校本教研个性化实施、经验化提炼、实效化提升；建议学校分管领导、教研组组长倾向落实教育科研方面的工作，年级段长、备课组组长（或年级学科组组长）重点落实学科教学常规教研方面（备课、上课、作业、考试等）的工作。

（2）校本教研标准分层。

区（县）教师进修学校（或教研室）提出的指标是面向全体中小学的、

面向未来几年发展的、面向校本教研规范和提升的，是相对综合性的、有一定难度的、有前瞻性的、适应教研发展趋势的较高要求，也是经过一段努力之后能达成的标准，要坚持粗线条和细条目相结合，坚持在实施中不断调整和完善。

各中小学要结合本校学情、教情、师情和发展现状等实际，认真研讨，科学规划近3－5年校本教研规范提升的具体实施标准和办法（特别是让一线的学科骨干参与），相应的达成标准和落实办法要有层次、有梯度、有效果，可以以学年、学期为时段确定（上报教研室备案），要按照学科差别、榜样引领，小步快走、阶梯上升的思路开展教研活动，要真正把校本教研精细化到每一位教师每学期每一周每一个工作日的具体时间去推动实施。

（3）校本教研视导侧重。

区（县）教师进修学校（或教研室）平时视导，既评管理看材料，更重课堂看实效。材料以学校管理性材料为主，一般不看教师材料，特色经验性材料例外，坚决防止做好了材料做不好事，借机增加一线教师额外负担。对管理方面的评估，春期边试行边完善，视导小组提供表册，由学校对照标准、收集材料，以自评为主，视导小组成员审核，同时，注重观察、座谈、问卷等，发现亮点，做好记录、补充和汇总。

对课堂教学的评估，按照附件要求（5科10节及以上），对照课堂教学评估表认真记录，观课议课，反馈指导，择优统计10节汇总成绩。阶段性视导后，中、小教研室进行综合，形成校本教研工作简报，作为学校评选年度校本教研先进单位的过程性材料。

对每学年度中小学申请（需分包签字同意）、初定表彰的校本教研先进单位候选者，进修学校将组织专家开展重点视导和评估，材料翔实，对照标准，逐项核实，提出建议，形成考核报告，提交领导审批。对每学年度由学科教研员和学校联合申请的先进教研组（备课组）、先进个人（重点是教研组组长或备课组组长）等候选者，分别由中、小教研室组织3人及以上专家进行实地考核，查看材料，座谈评估，形成表彰建议名单，主任签字，提交领导审批。

（4）校本教研简报追踪。

区（县）教师进修学校（或教研室）根据工作落实情况，每学期编发至少4期全区校本教研工作简报，上报教育局，下发各校，发现典型，推进教研，营造氛围，存档宣传。

简报内容分别为总结部署篇、教研推进篇、质量分析篇、假期追踪篇，同时，可根据工作需要，及时调整编发专题简报，更好更快地推进校本教研工作精细、规范、有效落地。

（5）校本教研合力推动。

整合区（县）教师进修学校（或教研室）各处室资源，围绕阶段性中心工作，集中力量对接推进"三大"工程（中高考、"培青"行动、校本教研），衔接落实教育科研、"三名"工程、校本培训、教育信息化建设等工作。要争取区（县）教育局、市教科院和各中小学领导大力支持，攻坚克难，协同作战，力争用1年时间打好基础、初见成效，用3年左右时间实现校本教研的规范提升，用5年左右时间彻底改变现状，实现区域基础教育的超越发展，用8年左右时间实现打造教育新高地的目标。

基于协作，打造教研团队；基于创新，提升校本教研；基于情怀，引领学科育人；基于责任，只争朝夕，不负韶华，直视问题，迎接挑战，守正实干！

2020年2月24日

二、相关工作表格

（一）总体指标

××区（县）中小学规范－提升校本教研建设工作指标，如表4-3所示：

表4-3　××区（县）中小学规范-提升校本教研建设工作指标

项目（分值）	具体标准要求	评估评分办法	备注	自评	核查
教研管理（15分）	常规管理有序、有法、有效。包括：整体教学管理和学段教学管理，教研组管理和备课组管理，学科教师管理和导优补弱学生管理，组织教学管理和课堂掌控管理，校级领导巡课参研情况和教研活动对接服务，等等。（查资料、座谈、问卷等）	①教学管理、学段管理中的教研组（备课组）的具体管理落实，以学校或片区为单位提供本学年、本学期相关计划性材料1份（计2分），学期月周工作精细表1份（计1分）。 ②级段教研组（备课组）活动过程性资料每学期10次及以上，看质量确定档次，分别计2、3、5分，每少一次计负0.5分。 ③学校教研相关制度1份，计1分。 ④校级领导巡课参研情况2位各15次及以上，计3分。 ⑤研究教研专题工作会议每学期6次及以上（校级3次＋学段3次），计3分，6次以下计1分。 ⑥教研活动对接服务1次不到位，计负1分。			
学本课堂（25分）	常态课堂实际、实用、实效。开展各种类型、不同规模的观课议课活动，如课堂教学大比武、公开课观摩等，重视课堂，监控课堂，研究课堂，提高课堂。（视导课堂、查资料、座谈、问卷等）	①观课议课、研课磨课要求学校或片区每学期有10次及以上校本相关材料（计3分）。 ②视导课堂10节及以上，按优秀（90分以上）、合格（70—89分）、基本合格（60—69分）3个档次进行量化评价（标准见附件），综合平均后最高计20分，其他按比例计分。 ③课堂调控、课堂实效等要求学校提供校本相关材料（含推门听课、课堂检测等）（计2分）。			

续表

项目（分值）	具体标准要求	评估评分办法	备注	自评	核查
校本教（学）案（12分）	日常教（学）案等规范实用、形式多样、校内统一。突出因材施教、依学施教，教（学）案等设计的内容、形式、可行性、使用效果和学生适切性等。（查资料、座谈、问卷等）	①所抽学科教师（至少3科6位教师）集体研制、个性渗透的教（学）案、编写学习手册、小单页设计等材料按照每科每人的数量（课时数×周−2）计6分。②质量（关注设计水平、学生反馈、教师督查等）计2、4、6分。③备课组不统一的，个性化应付的，反馈督查缺失的，减半计分或不计分。			
校本作业（20分）	校本作业要求教师先做、精准筛选、全批追踪。立足学校或片区实际，校本作业（或专项训练）落实，推进作业分层，突出导优补弱，进行展评，注重实效，把握作业的开放性、主体性和发展性，突出个性化，落实高质量，推动精细化。（查资料、座谈、问卷等）	①随机所抽学校或片区教研组或备课组（3个及以上）本学期校本作业研制材料一套，计2−3分，作业分层、质量上乘的加计1−2分。②学科教师（至少3科6位教师）上交作业批改及反馈（错题集—提升集—成长记录）情况，体现导优补弱，按照数量（课节数×周−1）计6分，质量好的加计6分。③校级课外作业展示、优秀作业推广等，查材料（每期2次及以上），按质量分计2−3分。			

续表

项目（分值）	具体标准要求	评估评分办法	备注	自评	核查
平时考试（18分）	平时考试重过程、重分析、重研究、重追踪。阶段性考试和中高考备考（含小六）注重考试频度和命题质量，兼顾毕业班和非毕业班，增加小抽测次数。研究平时的阶段性考试，通过质量分析会，明确过程中的不足和差距，提高教学中的针对性和有效性。研究中高考备考，通过研究信息、研究试题、举办讲座等，把握命题规律，明方向、促有效，增强针对性，渗透在日常教学中。（参与活动、查资料、座谈、问卷等）	①抽查学段上级质测、期中期末2次大型考试、校级抽测（每期2次18科及以上）的成绩分析、改进建议和追踪记录等相关材料（每期4次及以上），材料完整计6分，完善、实用、高质的加计4分。 ②抽查学科试题命制、质量分析、试卷讲评等相关材料（3科及以上），材料完整计3分，分析追踪高效实用加计1—2分。 ③座谈毕业班部分教师、检查平时研究中高考（含小六）备考的其他校级专题材料（每期2次以上）计1分，能高效激励团队的加计2分。 ④对考试常规落实不力、监考评卷组织不到位的除全区（县）通报外，每1人次扣0.5分。			

续表

项目（分值）	具体标准要求	评估评分办法	备注	自评	核查
成果经验（15分）	成果经验价值重在本校化、本土化、本真化。通过召开经验交流会、汇报会以及多种形式的成果展示等，推广本校教师的成功做法，注重区（县）内经验，同时对外地、外校的先进经验加以研究，把本校的实际情况和外校的先进经验结合起来，取长补短，为我所用。（参与活动、查资料、座谈、问卷等）	① 校内开展本校教师校级经验介绍和有效推广的（每学期4次及以上），计4分。 ② 师徒结对有效性成果材料等，按质量计1、2、3分。 ③ 本校成果经验在全区（县）推广的（1次及以上）计2—3分。 ④ 本校成果经验在区（县）外介绍和推广的，按市、省、国级分别计2、3、5分，同项取最高，不累计；本校本期教师的学术论文交流发表获奖的，按区（县）、市、省、国级（即核心期刊发表）取最高级分别计1、2、3、5分；课题研究实用成果校外推广，按区（县）、市、省、国级取最高级分别计2、3、4、5分。此项按学期（学年）汇总后，对原始分按比例折算，最高奖励5分。			
校本课程（5分）	研究校本课程是校本教研的最高层次。校本课程的开设和开发体现学校的办学层次和办学水平，反映师生的能力和素质，促进学校特色发展和全面发展。（参与活动、查资料、座谈、问卷等）	查看相关材料（含证件、活动音像视频等），对校本研修成效、校本教材使用、学科教师成长等相关综合性成果，按每一项市、省、国级取最高级分别计2、3、5分，然后汇总成绩，对原始分按比例折算，最高奖励5分。			

注：1. 此表系总体关注指标，以学校或片区（县）为评估单位，标准较高，体现导向，各校规划，逐步达标，结合相关办法细化落实。

2. 每学期将召开校本教研工作推进会，每学年将召开校本教研工作总结会。

3. 本评估指标系整体把握，既是方向，也是目标，将在实施过程中不断调整、丰富、完善和提升。

（二）参照指标

参照指标共 17 个不同表格（表 4-4－表 4-20），供中小学校根据学校实际参照，特别是把握教师年龄结构、能力素养、专业成长等具体水平对表格进行灵活改造和使用，不可照抄照搬，否则会适得其反。

表4-4　××区（县）中小学教学常规过程管理评价参照表（试行）

观察点		评分	举例（说明）	备注	自评	核查
教学常规校本管理	教研（备课）组组长工作会议（含校级和级段）	紧扣计划，内容充实，研讨深入	1分：每学期的教研（备课）组组长工作会议不超过6次。 2分：每学期组织超过6次工作会议，但会议内容零散，计划中的安排较少得到关注。 3分：每学期组织超过6次工作会议，计划中的安排得到较多关注。 4分：每学期组织超过6次工作会议，计划中的安排得到较多关注，且说明较为充分。 5分：每学期组织超过6次工作会议，计划中的安排得到较多关注，说明较为充分，且研讨较为深入。			

续表

观察点		评分	举例（说明）	备注	自评	核查
教研（备课）组计划的管理	及时查阅和评析，诊断问题，提出完善计划的建议		1分：未见检查教研（备课）组计划的证据。 2分：检查教研（备课）组计划，但没有明确关注点。 3分：检查教研（备课）组计划，从若干维度进行分析，关注规范与质量要求。 4分：检查教研（备课）组计划，指明规范与质量层面存在的问题。 5分：检查教研（备课）组计划，指明在规范与质量层面存在的问题，提出改进建议与措施。			
教研（备课）组活动的管理	参加教研活动，参与研讨		1分：未见学校中层以上管理人员参加教研活动的证据。 2分：学校中层以上管理人员参加教研活动，但平均每人每学期数量不到3次。 3分：学校中层以上管理人员平均每人每学期至少参加3次教研活动，但较少参与研讨。 4分：学校中层以上管理人员平均每人每学期至少参加3次教研活动，基本上能做到每次参与研讨。 5分：学校中层以上管理人员平均每人每学期至少参加3次教研活动，参与研讨并提出优化完善建议。			

续表

观察点		评分	举例（说明）	备注	自评	核查
校本教（学）案的管理	定期查阅和评析，诊断问题，提出改进教学设计的建议		1分：未见全面查阅教（学）案的证据。 2分：每学期至少全面检查一次教（学）案，但没有明确关注点。 3分：每学期至少全面检查一次教（学）案，从若干维度进行分析，关注规范与质量要求。 4分：每学期至少全面检查一次教（学）案，指明并反馈在规范与质量层面存在的问题。 5分：每学期至少全面查阅一次教（学）案，指明在规范与质量层面存在的问题，提出改进建议与措施。			
学本课堂的管理	有目的地参与和组织听课，与执教老师沟通		1分：未见学校中层以上管理人员参与听课的证据。 2分：学校中层以上管理人员平均每人每学期听课少于15次。 3分：学校中层以上管理人员平均每人每学期至少听课15次，但较少与教师沟通。 4分：学校中层以上管理人员平均每人每学期至少听课15次，注重与教师沟通。 5分：学校中层以上管理人员平均每人每学期至少听课15次，注重与教师沟通，提出改进建议。			

续表

观察点		评分	举例（说明）	备注	自评	核查
	诊断问题，提出改进教学的建议，采取优化管理措施		1分：未汇总学校中层以上管理人员听课情况。 2分：汇总学校中层以上管理人员听课情况。 3分：汇总学校中层以上管理人员听课情况，从若干维度进行分析。 4分：汇总学校中层以上管理人员听课情况，总结主要特征与存在的问题。 5分：汇总学校中层以上管理人员听课情况，总结主要特征与存在的问题，提出改进建议与措施。			
校本作业的管理	定期检查作业，诊断问题，提出改进建议		1分：未见全面检查作业情况的证据。 2分：每学期至少全面检查一次作业情况，但没有明确关注点。 3分：每学期至少全面检查一次作业情况，从若干维度进行分析，关注规范与质量要求。 4分：每学期至少全面检查一次作业情况，指明在规范与质量层面存在的问题。 5分：每学期至少全面查阅一次作业情况，指明在规范与质量层面存在的问题，提出改进建议与措施。			

续表

观察点			评分	举例（说明）	备注	自评	核查
平时考试测验的管理		审核试卷质量		1分：未见审核试卷质量的证据。 2分：有审题的人员安排，但缺乏程序性要求。 3分：依照明确程序组织审题工作。 4分：依照明确程序，参照测试目标、质量要求组织审题工作。 5分：依照明确程序，参照测试目标、质量要求组织审题，有审题结果、修订情况、复核情况等记录。			
		分析考试结果，诊断问题，提出改进建议		1分：学校缺乏考试测验结果分析要求。 2分：教师依据学校分析要求，自行开展考试测验结果分析。 3分：依照统一规格进行考试测验结果分析。 4分：依照统一规格进行考试测验结果分析，指明主要问题及产生原因。 5分：依照统一规格进行考试测验结果分析，指明主要问题及产生原因，并提出改进建议。			
座谈记录							

续表

观察点	评分	举例（说明）	备注	自评	核查
问卷调查					
总体反馈					

表4-5 ××区（县）中小学校课堂教学视导评价参照表（试行）

项目	赋分指标（分值）	赋分细则	赋分条目	备注	评分
教师教学清晰（15分）	熟知学科内容（6分）	①准确解释、表达学科基本概念和核心内容。 ②将抽象的教学内容转换为有助于理解概念、解决问题的学习活动。			
	建立教学结构（9分）	①有系统和条理、由简到繁地呈现教学内容。 ②将新、旧知识相联系。 ③围绕核心内容，提供实例和证据。 ④设计有意义的课堂反馈训练或练习。 ⑤适时概括学习要点，并能简明扼要、突出重点。			

续表

项目	赋分指标（分值）	赋分细则	赋分条目	备注	评分
引导学生学习（20分）	维持学习动机（4分）	① 创设贴近生活、激发兴趣的情景。 ② 给予大多数学生成功的体验。			
	采用多元方式（6分）	① 运用除讲授以外的多种教学方法。 ② 提供大多数学生参与学习活动的机会。 ③ 组织和促进学生的互动与合作。 ④ 选用合适的媒体资源。			
	善用发问技巧（10分）	① 问题明显呈示，表达清楚，指向明确。 ② 提出与学生认知水平相吻合的开放式问题。 ③ 留出适当的待答时间。 ④ 对学生的答问不是笼统地给出评语，而是有区别地理答。			
师生有效沟通（15分）	恰当运用表达（6分）	① 音量足够，吐字清晰，抑扬顿挫。 ② 用学生能够理解的语言文字，解释核心内容。 ③ 无论以何种方式呈现教学内容，全班学生都能看清、听到。 ④ 以适当的眼神、表情、手势、走动等促进与学生的沟通。			
	积极促进对话（9分）	① 倾听学生表达，不随便打断。 ② 鼓励和引发学生提问或质疑。 ③ 对学生的反应有建设性的反馈。			
课堂环境管理（10分）	营造和谐气氛（6分）	① 以和善的表情和亲切的口吻与学生互动。 ② 以幽默、机智创造轻松愉快的气氛。 ③ 激发小组或团队的荣誉感。			
	创设良好环境（4分）	① 教学场所的选择和座位的安排符合教学活动的需要。 ② 利用图片、图表、标本、模型或学生作品等布置教室环境。			

续表

项目	赋分指标（分值）	赋分细则	赋分条目	备注	评分
教学目标达成（40分）	完成教学准备（10分）	①课时目标基于课程标准，符合学生水平。②依据教学目标设计课堂教学活动和课后练习。			
	掌控教学时间（6分）	①巧妙连接教学活动，维持流畅的教学节奏。②利用走动察看等方式督促学生集中精力。③导课不拖沓，下课不拖堂。			
	关注反馈指导（6分）	①运用多种方式获取教学目标达成状况的信息。②给予有特殊需要的学生及时的帮助。			
	达成预期效果（18分）	①大多数学生用心学习，专注于学习活动。②大多数学生能理解并运用所学的概念和技能。③学生能感受学习内容和学习活动的价值。			
本课的特色和创意表现（如果有体现）奖励（5分）					

表4-6 ××区（县）中小学教研计划评价参照表（试行）

观察点			评分	评分标准	自评	核查
（一）计划品质	教研任务	具体，有学期特征		1分：仅从观念层面泛泛而谈，没有具体的教研任务。 3分：有教研任务，但较笼统，基本符合学科学期的教学特征。 5分：有人员、时间、地点等事宜的安排。符合市区（县）校的总体安排，能形成学科教研组专题教研系列。 （2分和4分为介于其间的过渡值）		
	活动设计	形式多样，便于执行		1分：教研活动空泛，流于形式，缺乏具体的教研活动设计。 3分：仅设计一种教研活动形式。或设计两种以上的教研活动形式，但实施的保障受限。 5分：设计有两种以上的教研活动形式，且活动落实所需要的各项资源支撑与学校、教研组特征相符。 （2分和4分为介于其间的过渡值）		
	主题研究	切合实际，过程可见		1分：仅有研究的范围或方向，没有形成针对性的研究问题。 3分：有研究主题，但对教育教学实际问题解决的价值不大。或有针对实际问题的研究，但没有相关的研究过程。 5分：主题来自学科教育教学实践中的真实问题，并针对问题有清晰、具体的研究阶段与步骤。 （2分和4分为介于其间的过渡值）		

续表

观察点		评分	评分标准	自评	核查
教研团队	体现分工与合作		1分：仅见组内专门负责教师，未有组内教师具体的分工与合作。 3分：教研团队有梯度，分工较为笼统。没有组员间具体的合作。 5分：教研团队有梯度，有分工。既能围绕共同的任务，有条不紊地开展教研，又能促进组内教师个性化的发展。 （2分和4分为介于其间的过渡值）		
（二）特色举例					

表4-7 ××区（县）中小学教研组材料评价参照表（试行）

观察点		评分	评分标准	特色摘要	备注	自评	核查
活动记录	反映达成的共识和后续待解决的问题		1分：有活动记录，但记录不连续、不齐全，基本信息缺失较多。 3分：仅有活动时间、地点、组员等基本信息的记录。活动主题、组员观点、达成共识等记录笼统，没有后续研究总结提炼的价值。 5分：记录完整，既有具体时间、地点、参加组员等活动的基本信息，也有组员发表观点在内的活动中记录，并对活动结果、达成共识以及后续跟进等进行相关记录。 （2分和4分为介于其间的过渡值）				

续表

观察点		评分	评分标准	特色摘要	备注	自评	核查
教研小结	回应计划，有反思和对策		1分：有教研小结，但流于形式，与先前的教研计划未能形成相关性。 3分：有教研小结。对先前的教研计划在整体上有笼统的回应，缺乏具体的任务落实情况的说明。仅从理念、理论层面开展教研反思。 5分：有教研小结。围绕先前的教研计划有针对性地开展小结，明确计划的落实完成情况，并有一定的反思说明。 （2分和4分为介于其间的过渡值）				
研究课教案	与研究主题一致，符合学科规范		1分：有教案，但与研究主题不一致，且结构不符合学科要求。 3分：教案结构清晰，符合学科要求，但与研究主题不一致。 5分：围绕研究主题有针对性地开展教学设计，教案结构清晰，符合学科要求。 （2分和4分为介于其间的过渡值）				
特色材料（奖励）							
访谈记录							
反馈汇总							

表4-8 ××区（县）中小学教研组活动评价参照表（试行）

观察点		评分	评分标准	备注	自评	核查
主题	贴近教学实际，与计划匹配		1分：主题笼统指向研究范畴或领域或多个关联性弱的主题，没有聚焦明确的活动主题。 3分：主题明确，但不属于既定教研计划，也未直接指向学科教育教学中的实际问题。 5分：主题明确，属于既定教研计划，围绕学科教育教学的实际问题与现象开展教研活动。 （2分和4分为介于其间的过渡值）			
过程	安排有序，重点突出，解决问题		1分：活动环节零乱，缺少必要的组织与协调，不能完整、清晰地表达与聆听不同观点，没有明确的共识或活动的结果。 3分：活动步骤清晰，但没有形成建设性的共识或结论。 5分：活动步骤清晰，有重点环节；氛围平等，表达充分；对问题或解决能达成共识，有助于活动后续推进。 （2分和4分为介于其间的过渡值）			
发言	紧扣主题，引发思考；发言面广，对他人的看法有回应		1分：仅主持人一人发言，没有互动，没有其他观点的表达。 3分：有两位及以上组员发言，但发言面整体有限。且发言的针对性不强、启发性弱或氛围不积极。 5分：每位组员都能围绕主题做有准备、有针对性的发言；部分发言具有启发性，并能回应其他组员的观点。 （2分和4分为介于其间的过渡值）			
特色举例						

续表

观察点	评分	评分标准	备注	自评	核查
访谈记录					
总体建议					

表4-9　××区（县）中小学校本作业设计（单元卷、练习题等）批阅评价参照表（试行）

年级：
份数：
抽样方法：

观察点		评分	评分标准	备注	自评	核查
（一）校本作业设计	内容	与教学目标一致，与学生基础匹配		1分：超过一半的作业题内容与教学目标不一致，与学生基础不匹配。 2分：与教学目标不一致、与学生基础不匹配的作业题数量约占30%。 3分：与教学目标不一致、与学生基础不匹配的作业题数量约占10%。 4分：个别作业题内容与教学目标不一致，与学生基础不匹配。 5分：所有作业题内容与教学目标一致，与学生基础匹配。			

续表

观察点		评分	评分标准	备注	自评	核查
	表述	题干表述准确，完成要求清晰	1分：超过一半的作业题题干表述不准确，完成要求不清晰。 2分：题干表述不准确，完成要求不清晰的作业题数量约占30%。 3分：题干表述不准确，完成要求不清晰的作业题数量约占10%。 4分：个别作业题题干表述不准确，完成要求不清晰。 5分：所有作业题题干表述准确，完成要求清晰。			
	结构	单元内容覆盖面广，题型多样，难度分布合理	1分：三条指标基本都不符合。 2分：有两条指标明显不符合。 3分：有一条指标明显不符合。 4分：三条指标基本上都符合。 5分：三条指标都符合。			
	时间	估计作业用时适当	1分：估计作业用时高于学科的规范要求50%以上。 2分：估计作业用时高于学科的规范要求30%，低于50%。 3分：估计作业用时高于学科的规范要求20%，低于30%。 4分：估计作业用时略高于学科的规范要求。 5分：估计作业用时适当。			
（二）作业批阅	批改	符号规范，批阅准确，批改及时	1分：三条指标基本都不符合。 2分：有两条指标明显不符合。 3分：有一条指标明显不符合。 4分：三条指标基本上都符合。 5分：三条指标都符合。			

续表

观察点		评分	评分标准	备注	自评	核查
批语	有针对不同对象的指导和要求		1分：没有批语。 2分：有批语，批语内容空泛。 3分：有批语，能提出指导或要求，指导或要求的精准性有待提高。 4分：有批语，有激励，能提出指导与要求，针对性有待提高。 5分：有批语，重激励，能提出针对不同对象的指导和要求。			
访谈记录						
问卷调查						
总体反馈						

表4-10　××区（县）中小学试卷质量分析讲评评价参照表（试行）

观察点		评分	评分标准	自评	核查
（一）试卷质量（一份试卷）	内容 与阶段教学内容和要求一致		1分：超过一半的题目超出阶段内容和要求。 2分：超出阶段内容和要求的题目数量约占三分之一。 3分：超出阶段内容和要求的题目数量约占10%。 4分：个别题目超出了阶段内容和要求。 5分：所有题目与阶段内容和要求一致。		
	难度 与学生基础匹配（从质量分析数据判断）		1分：年级平均得分率低于0.40，或没有数据。 2分：年级平均得分率在0.40至0.60之间。 3分：年级平均得分率超过0.85。 4分：年级平均得分率在0.60至0.75之间。 5分：年级平均得分率在0.75至0.85之间，低于0.60的学生数不超过10%。		
	结构 内容分布合理，题型多样，总量合适		1分：三条指标基本都不符合。 2分：有两条指标明显不符合。 3分：有一条指标明显不符合。 4分：三条指标基本上都符合。 5分：三条指标都符合。		
	表述 题干表述准确，评分标准合理		1分：题干或选项表述不准确的试题量超过整卷三分之一，没有评分标准。 2分：题干或选项表述不准确的试题量超过整卷20%，主观题没有提供评分标准。 3分：题干或选项表述不准确的试题量超过整卷10%，或主观题没有提供评分标准。 4分：有个别题目的题干或选项表述不准确，或主观题的评分标准模糊。 5分：题目表述准确，学生看得懂，评分标准合理。		

续表

观察点			评分	评分标准	自评	核查
（二）学业质量（一个教学班）	基于数据统计	能从不同视角反映学习结果		1分：基本没有数据。 2分：缺乏班级得分情况。 3分：缺乏二个方面的数据。 4分：缺乏某一方面的数据。 5分：有不同分数段学生的人数分布，有学生在每道试题、每个维度的平均得分率，有典型试题的选项或不同得分点的比例，以上三方面的分析数据均从年级和班级两个维度进行统计。		
	问题分析	分析产生问题的原因		1分：没有对问题的分析。 2分：没有结合数据，从试题要求、学生学习、教师教学三方面中的一方面分析原因。 3分：结合数据，从试题要求、学生学习、教师教学三方面中的一方面分析原因，分析有一定的合理性。 4分：结合数据，从试题要求、学生学习、教师教学三方面中的两方面分析原因，分析有一定的合理性。 5分：结合数据，从试题要求、学生学习、教师教学三方面分析原因，且分析合理、有深度。		

续表

观察点		评分	评分标准	自评	核查
（三）试卷讲评（一堂讲评课）	内容 基于数据分析，精选典型试题和典型作答，有跟进练习		1分：所有题目都讲解一遍，没有跟进练习。 2分：所讲内容基本不是典型题；有跟进练习，但多与讲评问题无关。 3分：所讲内容呼应质量分析，但超过一半不是典型题；有跟进练习，基本针对问题。 4分：所讲内容呼应质量分析，是典型题，但没有典型作答；有跟进练习，基本针对问题。 5分：所讲内容呼应质量分析，是典型题，并有典型作答；有跟进练习，且针对问题。		
	方法 关注学生参与，兼顾学生差异		1分：一讲到底，不顾学生感受。 2分：一讲到底，偶尔提问。 3分：不是一讲到底，但讲解大多针对部分学生。 4分：不是一讲到底，但有的讲解只针对部分学生。 5分：鼓励学生参与讲评，讲评针对全体学生。		
	效果 学生修正追踪		1分：错题集落实一般。 2分：优秀生融会贯通，错题修正。 3分：临界生修正到位，错题能举一反三。 4分：中等生修正到位，错题集落实好。 5分：后进生6位左右关注到位，错题集落实较好。		
访谈记录					
问卷调查					
总体反馈					

表4-11　××区（县）中小学新教师课堂教学评价参照表（试行）

　　　　　　　　　　　　　　年　　月　　日（星期　）　午第　　节
　　　　　　　　执教教师：　　　　　执教学段：
　　　　　　　　课题：　　　　　　　上课地点：

项目	评价要点		
教学内容（45分）	① 教学目标明确，能体现课程标准要求。（10分）		
	② 教学重难点把握正确，教材处理有创意，有个人教学特色。（20分）		
	③ 概念阐述准确，举例恰当典型，逻辑条理清晰。（15分）		
教学方法（35分）	① 问题设置合适，教学层次分明，能激发学习兴趣，促进学习思考。（20分）		
	② 教学方法得当，善于启发引导，符合认知规律，注重知识形成。（15分）		
教学技能（20分）	① 普通话标准，语言简明流畅，教态亲切自然。（10分）		
	② 板书、课件（10分）	板书文字表达恰当清楚，字迹工整规范，板画简洁清晰。（5分）	
		课件素材选取合理，布局科学，层次分明，重点突出。（5分）	
总分			
等级	优（95分以上）		
	良（90—95分）		
	合格（85—89分）		
	不合格（85分以下）		
评语			
评委			

表4-12 ××区（县）中小学名师课堂教学评价参照表（试行）

　　　　　　　　　　　　年　　月　　日（星期　）午第　节
　　　　　　　　执教教师：　　　　　执教学段：
　　　　　　　　课题：　　　　　　　上课地点：

项目	评价要点
教学内容 （30分）	① 教学目标明确，体现课程标准和时代要求。（5分）
	② 教学重难点把握精准，疑点解读正确，教材处理有个性，有创意。（10分）
	③ 概念阐述准确，举例恰当典型，作业创新高质，逻辑条理清晰。（15分）
教学方法 （20分）	① 问题设置合适，教学层次分明，能激发学习兴趣，促进学习思考、展示和互动。（10分）
	② 教与学方法得当，善于启发诱导，注重认知过程，符合教学规律。（10分）
教学主张 （15分）	① 注重大观念、大单元、大任务教学，体现真实性、实践性、整合性，能展示个人教学主张和课程魅力。（10分）
	② 能根据课堂形态、师生状态调适教学进程，富有课堂机智，体现个人和学科特色。（5分）
教学效果 （25分）	① 教学情境富有时代价值，课堂活动体现素养立意，做到知行合一，教与学达成度高。（15分）
	② 关注学生个体，做到因材施教，即时反馈，各美其美；重视跨学科融合，促进师生生命成长，课堂和谐，美美与共。（10分）
教学技能 （10分）	① 普通话标准，语言简明流畅，教态亲切自然。（5分）
	② 板书工整规范，板画简洁清晰；课件素材选取合理，布局科学，层次分明，重点突出。（5分）
本课的特色和创意表现记录奖励（5分）	
总分	

续表

项目		评价要点
等级	优（95分以上）	
	良（90—95分）	
	合格（85—89分）	
	不合格（85分以下）	
评委		

表4-13 ××区（县）基础教育课堂教学改革创新大赛评价量表（试行）

年　　月　　日（星期　　）　　午第　　节

考核项目	评价细目	评价说明	评分		
			细目分	项目分	总分
个人陈述（50分）	主题突出（15分）	从陈述内容判断"相关内容"结构清晰程度和主题突出程度。			
	概念先进（10分）	从陈述内容判断"相关内容"与当前课程改革理念的适切程度和创新程度。			
	常态实施（10分）	从陈述内容判断"相关内容"的课堂常态实施程度。			
	成效明显（15分）	从陈述内容和专家主观判断"相关内容"实施后，学生学会做人、学会学习和学会创造的教学质量提升程度。			

续表

考核项目	评价细目	评价说明	评分		
			细目分	项目分	总分
课堂教学或说播课（50分）	陈述内容一致性（20分）	从课堂表现判断课堂实施与个人陈述的"相关内容"的一致程度。			
	教学目的达成（10分）	从课堂表现判断教师教学目标选取与课堂标准及教材内容的适切程度、学生学习目标的达成程度。			
	学生兴趣程度（10分）	从课堂表现判断学生课堂参与程度和兴趣程度。			
	教学质量（10分）	从课堂学生表现判断学生深度学习程度和学生学科德育、学科核心素养、创造思维的提升程度。			
课堂教学满意度		现场课堂教学后调查的班级学生满意度（　　％）			

注：1. 表中"相关内容"指"课堂教学思想"，或"课堂教学创新"，或"课堂教学风格"，或"课堂教学主张"。

2. 程度高低与分数的对应关系为高（100%）、较高（80%）、中（50%）、低（30%）。

3. 在校级考核时要求评委给出"细目分"，并以适当的方式反馈给教师，以利改进。

4. 教师可以将个人陈述与说播课融合为一体进行介绍，评委根据项目评分。

表4-14 ××区（县）中小学教师教学设计评价参照表（试行）

年　　月　　日（星期　　）

设计教师：　　　　　　执教学段：
课题：　　　　　　　　技术工具：

项目	评价要点
学情与思路 （20分）	① 熟悉校情，把握学情，明确教情。（5分）
	② 思路方向清晰，路径清楚明了，实用性强。（10分）
	③ 表述清楚，逻辑性强，能根据学科思维导图凝练教学，提升高阶思维能力。（5分）
目标与任务 （20分）	① 教学目标明确，能体现课程标准要求。（8分）
	② 教学重难点把握正确，教材概念阐述准确，体现课程核心素养，渗透育人价值。（7分）
	③ 坚持问题导向，任务具体明确，有实操性。（5分）
策略与方法 （15分）	① 情境问题设置合适，教学层次分明，能激发学习兴趣，引发学习思考。（7分）
	② 教与学方法得当，善于启发诱导，符合认知规律，注重知识生成。（8分）
过程与意图 （35分）	① 课堂教学分段实施安排合理，教学流程有条不紊。（10分）
	② 设计意图体现课改新理念，如大概念、大单元、真实性、实践性等。（10分）
	③ 教学设计注重认知过程，提升思维能力，活动安排适宜，注重展示互动，能预留时空。（10分）
	④ 板书设计规范，板画简洁清晰，课件素材选取合理、重点突出。（5分）
反思与改进 （10分）	① 反思教学要点清晰，对课堂进行系统整合有收获。（5分）
	② 参照课标要求，有针对性地查找问题，提出有效改进意见和建议。（5分）
评语（包含设计特色和创意，可奖励5分）	
总分	

续表

项目		评价要点
等级	优（95分以上）	
	良（90—95分）	
	合格（85—89分）	
	不合格（85分以下）	
评委		

表4-15　××区（县）中小学教师课堂观察评价参照表（试行）

　　　　　　　　　　　　　　　　年　　月　　日（星期　）　午第　节
执教教师：　　　　　　　执教学段：
课题：　　　　　　　　　上课地点：

观察项目	观察评价要点
学生学习情况（20分）	① 维持学习动机：创设贴近生活、激发兴趣的情景，给予大多数学生成功的体验。（4分）
	② 采用多元方式：运用除讲授以外的多种教学方法，提供大多数学生参与学习活动的机会，组织和促进学生的互动与合作，选用合适的媒体资源。（6分）
	③ 善用发问技巧：问题明显呈示，表达清楚，指向明确；提出与学生认知水平相吻合的开放式问题；留出适当的待答时间；对学生的答问不是笼统地给出评语，而是有区别地理性客观回答。（10分）
课堂掌控情况（10分）	① 营造和谐气氛：以和善的表情和亲切的口吻与学生互动，以幽默、机智创造轻松愉快的气氛，激发小组或团队的荣誉感。（6分）
	② 创设良好环境：教学场所的选择和座位的安排符合教学活动的需要，利用图片、图表、标本、模型或学生作品等布置教室环境。（4分）

续表

观察项目	观察评价要点
展示互动情况（15分）	① 恰当运用表达：音量足够，吐字清晰，抑扬顿挫；用学生能够理解的语言文字，解释核心内容；无论以何种方式呈现教学内容，全班学生都能看清、听到；以适当的眼神、表情、手势、走动等促进与学生的沟通。（6分）
	② 积极促进对话：倾听学生表达，不随便打断；鼓励和引发学生提问或质疑；对学生的反应有建设性的反馈。（9分）
目标达成情况（35分）	① 完成教学准备：课时目标基于课程标准，符合学生水平；依据教学目标设计课堂教学活动和课后练习。（10分）
	② 掌控教学时间：巧妙连接教学活动，维持流畅的教学节奏；利用走动察看等方式督促学生集中精力；导课不拖沓，下课不拖堂。（5分）
	③ 关注反馈指导：运用多种方式获取教学目标达成状况的信息，给予有特殊需要的学生及时的帮助。（5分）
	④ 达成预期效果：大多数学生用心学习，专注于学习活动；大多数学生能理解并运用所学的概念和技能；学生能感受学习内容和学习活动的价值。（15分）
教师把握课标教材情况（15分）	① 熟知学科内容：能依据课标，准确解释、表达学科基本概念和核心内容；将抽象的教学内容转换为有助于理解概念、解决问题的学习活动。（6分）
	② 建立教学结构：有系统和条理、由简到繁地呈现教学内容；将新、旧知识相联系；围绕核心内容，提供实例和证据；设计有意义的课堂反馈训练或练习；适时概括学习要点，并能简明扼要、突出重点。（9分）
教师教学基本功情况（5分）	① 教师能熟练使用教育信息技术等手段开展课堂教学活动。（2分）
	② 板书设计富有逻辑性，语言表达清晰顺畅，体态语言丰富，教师情绪饱满，课堂状态好。（3分）

观察项目	观察评价要点	
本课的特色和创意表现（如果有体现）奖励（5分）		
总分		
等级	优（95分以上）	
	良（90—95分）	
	合格（85—89分）	
	不合格（85分以下）	
评委		

表4-16　××区（县）中小学教师课堂教学改革展示活动评价参照表（试行）

授课教师：　　　　　　学科：
年级：　　　　　　　　课题：

项目	评价要点	分值	评分
教学目标（10分）	① 教学目标具体明确，符合学科课程标准、教材和学生实际。	5	
	② 三维目标结合和谐，可操作，能落实。	5	
教学内容（10分）	① 知识正确，容量适当，步骤合理。	10	
	② 把握教材内在联系和重点，突破难点。		

续表

项目		评价要点	分值	评分
教学过程（50分）	一学	① 展示目标合理，学生自学教材积极投入。 ② 学生发现问题、提出问题切合学习目标，具体深入，补充到位。	10	
	二议	① 学生小组合作意识强，讨论积极有序，探究解疑不流于形式。 ② 老师善于引导，对学生展示的成果能进行点睛式补充评价。	10	
	三导	① 释疑解惑重难点突出。 ② 思路清晰流畅，精讲巧导。	10	
	四思	① 本节知识点总结清晰，重难点突出。 ② 思维体系构建全面具体，学生能进一步进行反思总结。	10	
	五测	① 检测目标明确，时间安排合理，试题难度适当。 ② 抽查顾及整体，点评精当，有举一反三之效。	10	
教学手段（5分）		能使用多种教学手段，多媒体使用合理、高效。	5	
教师素质（10分）		① 教态大方自然，语言简练准确，书写工整大方。善于组织教学，因势利导，正确处理偶发事件。 ② 发挥教师的示范作用，能准确、及时地获取来自学生的反馈信息，调整教学策略以帮助学生及时克服学习中出现的各种困难。	10	
学习效果（15分）		① 执行新课改，体现学科核心素养，达成教育教学目标。	10	
		② 预期目标达成度高，各层次学生均有所得。	5	
总分				
评委			年　　月　　日	

表4-17 ××区（县）中小学、幼儿园基于学习中心的教学设计评价标准

学科：　　　　　　　　　教师姓名：
年级：　　　　　　　　　设计课题：

项目	评价指标	评分	备注
理念与概述（10分）	① 突出"学为中心"理念，对应新课标要求。（5分）		
	② 阐明课时在单元视角下的地位，体现个性设计特色。（5分）		
学情与思路（10分）	① 能对学习者特征进行分析，熟悉校情，把握学情，明确教情。（5分）		
	② 思路方向清晰，路径清楚明了，实用性强，表述清楚，逻辑性强。（5分）		
目标与任务（15分）	① 教学（素养）目标明确，能体现课程标准要求。（5分）		
	② 教学重难点把握正确，教材概念阐述准确，体现课程核心素养，渗透育人价值。（5分）		
	③ 坚持问题导向，任务具体明确，有实操性。（5分）		
策略与方法（10分）	① 教学资源丰富，情境问题设置合适，教学层次分明，能激发学习兴趣，引发学习思考。（5分）		
	② 教与学工具灵活多样，策略有效，方法得当，善于启发诱导，符合认知规律，注重知识生成。（5分）		
过程与意图（40分）	① 课堂教学分段实施，安排合理，表格呈现，教学流程有条不紊。（10分）		
	② 教学设计注重认知过程，提升思维能力，活动安排适宜，注重展示互动，能预留时空，关注项目推动，引领深度学习。（10分）		
	③ 设计意图体现课改新理念，如大概念、大单元、真实性、实践性等。（10分）		
	④ 能根据学科思维导图凝练教学，提升高阶思维能力，板书设计规范，板画简洁清晰，课件素材选取合理、重点突出。（10分）		

续表

项目	评价指标	评分	备注
反思与改进（10分）	① 反思教学要点清晰，对课堂进行系统整合有收获。（5分）		
	② 参照课标要求，有针对性地查找问题，提出有效改进意见和建议。（5分）		
格式与规范（5分）	能按照教学设计要求，项目完整，格式规范，美观大方。（5分）		
总分			
评委		年　月　日	

表4-18　××区（县）中小学、幼儿园基于学习中心的教学案例评价标准

学科：　　　　　　教师姓名：
年级：　　　　　　案例题目：

项目	评价指标	评分	备注
理念与概述（10分）	① 突出"学为中心"理念，对应新课标要求。（5分）		
	② 阐明案例在"双减"背景下提质增效的作用，体现主题价值和个性特点。（5分）		
主（问）题与情境（10分）	① 主题鲜明，问题清晰，有明确含义，客观真实，有典型性。（5分）		
	② 实际情境，聚焦主题，解决问题，清楚表达，时空场景等针对性强。（5分）		
背景与困惑（10分）	① 坚持问题导向，案例背景清楚明白，阐述准确。（5分）		
	② 学科困惑条分缕析，具体明确，符合时代要求，有反思价值。（5分）		

续表

项目	评价指标	评分	备注
过程与描述（10分）	① 案例事实典型，用语准确，数据可靠，叙述客观公正，真实可信，资料翔实，过程完整。（6分）		
	② 描述有深度，反映科学规律，分析有效度，事理结合，透过事实看本质。（4分）		
探讨与反思（40分）	① 思维开阔，观点新颖，有创意，理论运用恰当，论证有力，逻辑严密。（10分）		
	② 展现发现问题、分析问题、解决问题全过程，厘清问题性质和原因，提出解决策略与方法，评价解决的优劣及理由。（15分）		
	③ 能落地项目化、大概念、大单元等要求，体现真实性、实践性、创新性，着力提升核心素养。（7分）		
	④ 能根据学科思维深入探讨，注重解决问题的科学性、合理性、可行性，体现课改理念，引领深度学习，提升高阶思维能力。（8分）		
深化与改进（15分）	① 反思要点清晰，思想新，角度新，有独特见解，有时代精神，能引起广泛关注，诱导深入思考，有新颖性、启发性和系统性。（7分）		
	② 能提出解决实际问题的具体措施、改进意见和建议，教学变革有实效，有普遍适用、切实可行、便于操作的推广价值。（8分）		
格式与规范（5分）	格式规范，表达准确，科学严密，详略得当，重点突出，善于取舍。（5分）		
总分			
评委		年 月 日	

表4-19　××区（县）中小学、幼儿园基于学习中心的教学论文评价标准

学科：　　　　　　　　教师姓名：
年级：　　　　　　　　论文题目：

项目	评价指标	评分	备注
选题意义与价值 （10分）	①论题突出"学为中心"理念，对应新课标要求，有正确的价值观。（5分）		
	②研究具有实际意义和可应用性，标题恰当简练，能点明问题关键。（5分）		
问题陈述与思路 （10分）	①问题陈述能联系当前研究现状与进展，指出观点及局限，摘要概括出文章主旨及意义，关键词提炼精准。（5分）		
	②观点正确，思路清晰，表述清楚，逻辑性强。（5分）		
内容信息与解决 （15分）	①论文内容信息科学，数据充分，实证准确，材料丰富，没有不确定、猜测性内容。（5分）		
	②主题突出，结论可靠，结果深刻，正面引领，有启发性。（5分）		
	③文中概念阐述准确，体现核心素养，渗透育人价值。（5分）		
论述策略与方法 （10分）	①分析合理、透彻，论证有力，能引发学习与思考。（5分）		
	②策略有效，方法得当，有科学性、先进性、实践性和借鉴意义。（5分）		
研究创新与思辨 （40分）	①能真正解决教育教学中的实际问题，有新思考，有针对性和实效性。（15分）		
	②视觉独特，有创新性，能提出新见解，取得新进展，或有新突破。（10分）		
	③论文能体现课改新理念，如大概念、大单元、真实性、实践性、项目化等。（7分）		
	④论述重点突出，思辨能力强，重在提高教育教学理论修养。（8分）		

续表

项目	评价指标	评分	备注
思维表达与结构（10分）	① 论述完整，论证严谨，逻辑性强，语言表达流畅，无语法错误，易于理解。（5分）		
	② 层次清晰，结构合理，体现高阶思维和推理能力。（5分）		
论文格式与规范（5分）	按照论文格式要求，项目齐全，表达规范，严禁剽窃、抄袭。（5分）		
总分			
评委		年　月　日	

表4-20　××区（县）中小学、幼儿园优质课评价标准

（各学科可根据学科特点拟定学科具体评价标准）

学科：　　　　　　　教师姓名：
年级：　　　　　　　题　目：

项目	评价指标	评分	备注
教学思想（20分）	① 体现素质教育新要求，彰显学科价值，培育核心素养。（4分）		
	② 正确处理知识传授、能力培养、德育渗透。（4分）		
	③ 发挥教师主导与学生主体作用，成就师生共进。（4分）		
	④ 尊重每一位学生，平等对待每一位学生。（4分）		
	⑤ 发挥评价的诊断、激励与发展功能。（4分）		
教学目标（10分）	① 围绕新课标核心素养，体现课程性质，反映课程理念。（3分）		
	② 体现教与学的层次性和差异性。（3分）		
	③ 表述明确具体，具有操作性。（4分）		

续表

项目	评价指标	评分	备注
教学内容 （10分）	① 符合课程标准的要求。（3分）		
	② 传授知识科学准确；过程详略得当，突出重点，突破难点，抓住关键。（5分）		
	③ 贴近学生生活实际，遵循学科逻辑。（2分）		
教学结构 （10分）	① 课堂容量适当，各环节内容与时间安排恰当。（5分）		
	② 教学环节相对完整，过程流畅，结构清晰。（5分）		
教学方法 （30分）	① 符合学生认知特点，教学形式多样，能引导学生自主、合作、探究。（10分）		
	② 合理运用信息技术等辅助设备，调动学习的主动性、积极性和创造性。（5分）		
	③ 鼓励学生质疑问难，大胆想象，引导学生发散思维，提供学生自我展示的机会；培养学生综合能力。（7分）		
	④ 联系学生生活，能够运用所学知识解决实际问题。（8分）		
教学效果 （15分）	① 课堂气氛活跃，活动充分，"收、放"恰当，并具有有效性和可控性。（5分）		
	② 正确处理预设与生成的关系。（2分）		
	③ 学生受益面广。（3分）		
	④ 教学目标达成度高。（5分）		
教学基本功 （5分）	① 教态亲切、自然，语言流利，表达顺畅、富有逻辑性、有感染力、富有情感，有明显的教学风格和特色。（3分）		
	② 教学设备操作娴熟；板书工整，书写规范，主、副区布局合理。（2分）		
总分			
评委		年　月　日	

（三）评估表

此表以规范性低标准进行评估，既督促学校管理，重视教研团队建设，又切实关注教师负担，落实"双减"精神，兼顾课后延时服务，力求实现通过督查改进提升，为教育教学质量保驾护航。（表4-21－表4-23）

表4-21　××区（县）中小学规范提升校本教研评估表——学校管理层面（必查）

　　　　　　　　　　　　　　　　　　　　　　　年　　　月　　　日（星期　　）

一级指标	二级指标	评分等次 （A：5分；B：3分； C：2分；D：1分）	自评	核查	备注
制度建设	① 制度到位。以教师专业化成长为宗旨，有系统完善、规范可操作、行政干部分包参与的校本教研管理制度。 ② 机构齐全。成立校本教研领导小组、工作小组，建立"学校—教研室（或教导处）—教研组—备课组"层级管理制度，渠道畅通。 ③ 措施有效。制定教研组、教研组组长、备课组、备课组组长和学科骨干等工作考评奖励方案，每学年要评选校本教研先进个人。	A. 三项完整，责任到位，推动落实操作性强，年度奖励力度大，校本教研主动性强。 B. 三项完整，责任落实，有一定操作性，年度奖励有体现，校本教研有积极性。 C. 二项完整，责任能基本落实，措施可操作，校本教研能进行。 D. 缺项或应付，有制度不落实或无推动。			
计划总结	① 每学年、每学期有完整的校本教研计划、总结等。 ② 每学期有完整、详细的教研活动日程安排，规划到周，精细到天。	A. 计划实用，总结认真，反馈有效，推动有力；日程精细，便于实操。 B. 计划有用，总结，有反馈，有日程，有推动。 C. 有计划，有总结，少反馈，少日程。 D. 计划、总结应付，无反馈，无日程。			

续表

一级指标	二级指标	评分等次 （A：5分；B：3分； C：2分；D：1分）	自评	核查	备注
过程管理	① 每学期学校层面的专题校本教研工作部署、总结会议，不少于2次。 ② 每学年对教研组组长、备课组组长进行考核评估，表彰奖励。 ③ 每学期组织对教研组、备课组组织教研和教师个人参加教研情况的校级检查不少于2次。 ④ 学校积极创设条件，支持开展校本教研活动，保障活动时间和场所，保障教研活动经费支出。 ⑤ 教研组（备课组）集体研修要做到"四定"，注重实效，有比较完整的活动交流。 ⑥ 积极有效组织教师参加各级研修。每学年组织校本研修（培训）不少于1次，研修总人数不少于教师人数的四分之一。 ⑦ 学校有青年教师培养计划，有新老教师帮带结对名单，有细化的帮带结对方案和过程管理、考核评价。 ⑧ 学校建立教师成长档案，教师参加区（县）级以上研修记录完整。 ⑨ 每期学校有2次以上校本教研活动成果发布，推介上报。	A. 注重过程，扎实有效，9项要求落实到位，能切实调动全员参与校本教研的主动性、积极性和创造性，成效显著，做法、经验有推广价值，具有示范引领作用。 B. 重视过程，有效落实，7项要求实施到位，基本能调动全员参与校本教研活动，成效比较显著，做法、经验有一定推广价值。 C. 注重过程，加强管理，5项要求落实到位，可以调动全员参与校本教研活动，有规范，有成效。 D. 注重过程，注意管理，5项以下要求能基本落实，知道调动全员参与校本教研的活动，参与程度低，成效不明显。			

续表

一级指标	二级指标	评分等次 （A：5分；B：3分； C：2分；D：1分）	自评	核查	备注
突出成效	① 教师技能、基本功等相关比赛获奖。 ② 中高考成绩突出，获市、区（县）表彰。 ③ 国测、省测、市测、区（县）测成绩突出，获通报。 ④ 成为年度教研观摩学校。 ⑤ 其他突出成效。	A. 教师技能、基本功等相关比赛获奖和中高考获市、区（县）表彰有其二。 B. 教师技能、基本功等相关比赛获奖和中高考获市、区（县）表彰有其一，其余质量检测获通报有其一。或者具备③④⑤三项。 C. 具备两项突出成效。 D. 具备一项突出成效。			
创新亮点（加分项目，5分）	（学校自述） ① 承担区（县）级教学开放周或区（县）级综合研讨活动。 ② …… ③ ……				
建议反馈	（评估汇总）				

表4-22 ××区（县）中小学规范提升校本教研评估表——教研组、备课组层面（抽查）

年　　月　　日（星期　　）

一级指标	二级指标	评分等次 （A：5分；B：3分；C：2分；D：1分）	自评	核查	备注
计划与总结	① 学期计划切合实际，能体现新课改理念，实操性强。 ② 活动安排（月工作或周工作）目标明确、具体实用，内容丰富、形式多样，包含学习提升和专题研讨等。 ③ 总结材料有点有面，有激励有建议，有改变推进意见。 ④ 计划、活动、总结等，符合成员年龄特点和水平现状，能体现成员共同意愿，激发参与热情。	A. 计划实用，总结认真，反馈有效，推动有力；日程精细，便于实操。 B. 计划有用，总结，有反馈，有日程，有推动。 C. 有计划，有总结，少反馈，少日程。 D. 计划、总结应付，无反馈，无日程。			

续表

一级指标	二级指标	评分等次 (A：5分；B：3分； C：2分；D：1分)	自评	核查	备注
过程管理	① 教研组学习研讨活动每月不少于1次，每学期不少于3次。备课组原则上每周不少于1次，每学期不少于12次。 ② 教研组、备课组的学习、备课、研讨活动做到"四定"，记录完整、真实，定期检查计划实施和活动开展情况，每期2次以上，每学期有工作小结，每学年有总结表彰、反思改进。 ③ 成员积极参加校、区（县）、市等各级教研活动，参与率80%以上，每学年开设各级公开课人数达30%以上，每组至少1人能参加区（县）级及以上公开课或专题讲座，有过程安排、成长记录或成果材料等。 ④ 积极开展听评课活动，每学期每人听课不少于20节，且有课堂反思内容。每学年每位教师结合理论学习与教学实践撰写1篇以上教学心得、专题总结等论文或论著。 ⑤ 关心青年教师成长，有专人指导，有各种跟踪培养材料（含帮带计划、实施方案、过程材料等），有参与活动成效（成果或奖证等）。	A. 注重过程，扎实有效，9项要求落实到位，能切实调动全员参与校本教研的主动性、积极性和创造性，成效显著，做法、经验有推广价值，具有示范引领作用。 B. 重视过程，有效落实，7项要求实施到位，基本能调动全员参与校本教研活动，成效比较显著，做法、经验有一定推广价值。			

续表

一级指标	二级指标	评分等次 （A：5分；B：3分； C：2分；D：1分）	自评	核查	备注
	⑥关心、关注老教师专业成长，有细化安排，能充分调动老教师参与教研活动的积极性和主动性，有突出成绩或典型案例。 ⑦积极开展教改实验和教育科研，至少参与1项县级及以上科研课题或教改项目。 ⑧教研组组长、备课组组长能起带头作用，认真策划和组织教研活动，建立教研组、备课组共享资源库。 ⑨有固定教研场地、专用教研资料柜，档案规整完善。	C.注重过程，加强管理，5项要求落实到位，可以调动全员参与校本教研活动，有规范，有成效。 D.注重过程，注意管理，5项以下要求能基本落实，知道调动全员参与校本教研的活动，参与程度低，成效不明显。			
创新亮点（加分项目，5分）	（组长自述） ①承担区（县）级学科综合教研活动情况。 ②…… ③……				
建议反馈	（评估汇总）				

表4-23 ××区（县）中小学规范提升校本教研评估表——教师层面（抽查）

年　　月　　日（星期　）

一级指标	二级指标	评分等次 （A：5分；B：3分； C：2分；D：1分）	自评	核查	备注
计划日程	① 学期计划切合实际。 ② 日程安排实操性强。	A. 计划实用，日程精细，便于实操。 B. 计划有用，有日程，便于推动。 C. 有计划，少日程。 D. 计划应付，无日程。			
教学案等	① 符合班级学情，体现分层。 ② 突出个性化，不拘一格，一节一案更实用。 ③ 针对课堂情况和学生学习情况，对教学案等进行认真修改和反思。	A. 符合学情，分层落实，个性化，一节一案，实效性强。 B. 符合学情，有分层，一节一案，有实效。 C. 立足学情，有分层，有效果。 D. 纯属应付，难有效果。			
校本作业	① 设计落实科学、规范。 ② 批改及时，突出个性化。 ③ 各类作业、课堂小单页、错题集等系列化，方便整理和复习。	A. 作业系列化，重实用，批改有个性。 B. 作业规范化，批改及时。 C. 作业比较规范，能按时批改。 D. 作业量不足，批改多应付。			
导优辅差	① 有个体阶段性目标，能分包服务，追踪培养。 ② 突出一人一案、一周一见，形式多样，多方呈现，过程务实，感情投入，成绩突出。	A. 目标明确，追踪务实，成效显著。 B. 有目标，有追踪，有成效。 C. 有目标，少追踪，难有效。 D. 有材料，少有培养。			

续表

一级指标	二级指标	评分等次 （A：5分；B：3分； C：2分；D：1分）	自评	核查	备注
质检分析	① 师生的试卷分析有科学性、针对性。 ② 重在查找不足，认真改进，持续追踪，变化提升。	A. 分析到位，改进有效，提升快。 B. 分析科学，有改变，效果一般。 C. 有分析，有改变。 D. 有分析，少变化。			
常规课	有意义、有个性、有互动、有收获、有智慧、有成长。（参照评课标准，可在现场）	参照评课标准，按优秀、良好、合格、基本合格评定。			
公开课	有意义、有个性、有互动、有收获、有智慧、有成长，能示范带动和引领。（参照评课标准，可在现场，可看实录）	参照评课标准，按特优、优秀、良好、合格评定。			
总结反思	① 学期总结有思考。 ② 反思改进有办法。 ③ 实践理论能联系，有提升。 ④ 反思经验方便实操，有推广价值。	A. 总结有思考，改进有办法，反思成经验，有推广价值。 B. 总结有思考，改进有办法。 C. 重总结，有改进。 D. 只总结，难改进。			
其他成果	含课题项目、论文、论著等奖励性项目，参照相关项目标准和要求，按照国家级、省市级和区（县）校级进行汇总。				

续表

一级指标	二级指标	评分等次 (A: 5分; B: 3分; C: 2分; D: 1分)	自评	核查	备注
特色亮点（奖励5分）	① …… ② …… ③ ……				
座谈记录					
建议反馈					

（四）责任分包

根据省级教师进修学校（或教研部门）标准化建设评估要求，建立教研员联系挂钩学校制度，为基层学校推进校本教研提供地接服务，重在教研督查和指导支撑。具体要求有：

1. 指导思想

以习近平新时代中国特色社会主义思想为指导，创新教学工作制度，拓宽教研员视野，准确把握基层学校的工作动态，创造性地实施新课程，全面落实课程改革目标，促进教师的专业发展，有效提高教研员的综合素质和工作能力。

2. 主要职责

一是学习宣传。教研员深入学校应虚心向基层学校的领导和教师学习，学习他们各方面的优点和经验，做好党的教育方针、政策、理念等的宣传，加强自身师德修养；坚持理论与实践相结合，促进自身业务能力的提高；坚持学习与指导相结合，促进校本教研制度的建设；坚持自觉融入学校与师生广泛沟通，积极宣传课改新理念，推广教研新成果。

二是调查研究。教研员要积极开展调查研究，关注学校课改动态、教研动态、教育资源开发使用动态，关注教师学历提高和专业成长状况等，与学校建立起"手拉手 结对子"的帮扶关系。注重蹲点调研，提出建议，帮助提高学校教育教学质量。

三是参与教研。教研员要立足校情，把学校作为学习、实践和开展教研活动的基地；要主动联系基层学校，积极参与基层学校教研活动，特别是大型教研活动；要不断学习先进经验，对基层学校的教研活动给予有效的指导；要积极走进课堂、走上讲台，引领教研、培青发现，为基层学习培养教学骨干，打造学科团队。

3. 工作任务

第一，组织校本教研活动。每学期深入联系基层学校 2 次以上；每学期组织或参与 1 次以上有影响的校本教研活动，促进基层学校校本教研制度建设。

第二，指导校本培训活动。加强岗位练兵，促进教师专业发展；每学年组织或参与 1 次以上校本培训，提高培训实效。

第三，举行系列专题讲座。对某领域或某学科进行深入研究，指导基层学校开展有效性课题研究；每学年为基层学校做 1 次以上专题讲座，更新一线教师教学理念。

第四，举行公开教学活动。每学年亲自或指导基层学校 1—2 名骨干教师上教研示范课或研究课 3 节以上。

第五，每学年在联系的基层学校开展 1 次师生座谈会或访谈活动，并根据调研情况向领导反馈。

第六，每学年每校听课议课 5 节以上。重点参与校内开放周活动和专题研讨活动，不断改善教学行为，提高教学质量。（表 4-24、表 4-25）

表4-24 ××县（区）教研员联系挂钩基层学校一览表（中学）（2020—2022学年）

负责人：××× 联系人：×××

姓名（电话）	学科	联系学校	备注

表4-25 ××县（区）教研员联系挂钩基层学校一览表（小—幼）（2020—2022学年）

负责人：×××　　联系人：×××

姓名（电话）	学科	片区（县）	联系小学	联系幼儿园

（五）问卷访谈参考

问卷针对中小学规范提升校本教研工作绩效考评时借鉴使用，可适当调整内容，目标在于全面了解学校工作情况，既有表格式数据分析，又有面对面沟通交流，补充实证材料，为进一步改进校本教研工作提供客观、科学的参考。

××区（县）中小学规范提升校本教研工作访谈问卷（教师用）

（1）请谈一谈您对校本教研的认识（意义、价值等）。

（2）请您谈一谈学校对校本教研管理的看法（重视程度、方案举措、过程追踪、成效作用、表彰激励等）。

（3）请您谈一谈在校本教研中备课组职能作用发挥的情况（课标解读、教材分析等内容的变化，课程资源、教学主张等思路的创新，课堂结构、学习方式等要素的调整，校本作业、命题研究的设计制作，活动频次、教研实效与专业引领作用的发挥等，成长变化、参与热情、改进建议等）。

（4）请您谈一谈自己在校本教研中的角色发挥情况（个人学科、班级团队、自我定位、同伴互助等角色作用）。

（5）请您谈一谈自己在校本教研中自我成长的思考（教学反思笔记、学科素养提升、自主学习规划、课题研究开展、论文论著写作等）。

（6）请谈一谈您对进修学校推进校本教研规范提升工作的意见和建议。

谢谢您的支持和参与！祝您工作顺利！平安幸福！

××区（县）中小学规范提升校本教研工作访谈问卷（学生用）

（1）请说一说您最喜欢的学科教师或者对您帮助作用大的学科教师是谁，能告诉原因或者分享你们的故事吗？

（2）请谈一谈您最喜欢的课堂、最满意的课堂、最期待的课堂、最自信的课堂或者感悟最深的课堂、收获最多的课堂，能分享您的故事吗？

（3）请说一说您喜欢的课堂教学方式有哪些，原因是什么。

（4）请说一说您对作业布置、作业批改、错题整理等作业相关安排的看法或认识。

（5）请说一说您对考试自命题、试题自分析、成绩自通报、原因自己找、错题自整理等考试问题的看法或认识。

（6）请您谈一谈自己在学科学习和班级团队中的自我定位以及合作学习情况。

（7）请谈一谈您对自己学习成长的目标或期待。

（8）请说一说您对集体学习小伙伴们的好建议吧。

谢谢您的参与和分享！祝您天天开心，学习进步！

(六）区（县）教研团队承诺参考

我是教研一员，我承诺：坚守课堂阵地，服务教学一线；立足学校，做实教研；示范引领，率先垂范；传承守正，规范发展；不忘初心，励志创新；不负韶华，担当责任；没有借口，主动作为；提高教研水平，促进专业成长；

打造一流团队,成就品质课堂;推动教研出彩,赢得教育质量。

承诺人:
日　期:

(七)厦门教师誓词

我宣誓:

我是一名光荣的人民教师,我将牢记党的教育方针,不忘立德树人初心,牢记为党育人、为国育才使命,践行社会主义核心价值观,严格遵守教师职业道德规范,积极探索新时代教育教学方法,不断提高教书育人本领,争做"四有"好老师,努力培养德智体美劳全面发展的社会主义建设者和接班人,为人民教育事业和实现中华民族伟大复兴的中国梦而不懈奋斗。

宣誓人:
日　期:

(八)校本教研工作动态

1. 学科教研情况

学科教研情况统计表如表4-26所示。

2. 其他工作情况

表4-26 学科教研情况统计表

学科	主题活动情况（包括教研、培训、论坛、送教、课题、讲座、听课、巡课、作业设计与管理、名师工作室各项具体活动的次数或节数等）	团队参与情况（人数、比率等）	成效及亮点（含推介情况）	改进提升方向	备注
思政					
语文					
数学					
英语					
物理					
化学					

3. 下段工作要点

（九）校本教研工作简报

校本教研工作简报样表如表4-27所示：

表4-27　校本教研工作简报样表

工作简报

单位　　　　　　　　　　　　　年　　月　　日（第　　期）

---

1. 工作动态

（1）……

（2）……

（3）……

2. 其他

报：　　　　　　　　（纸质稿）

发：　　（电子稿）　　（共印　　份）

邮箱：　　　　　　责编：

三、他山之石

案例1　中小学校本教研的坚守与突破

对中小学教师而言，校本教研是其教学生命中不可或缺的事情。在深入中小学课堂的过程中，通过对教师常规、教学现状的观察，我们往往能推测出校本教研的实际状态，感受到学校校本教研之于教师发展的深远影响。值得关注的是，无论校本教研实际开展状况如何，绝大多数教师在校本教研助推教师专业发展、提升学校教学质量方面总能达成共识，且认为不断改进校本教研是立校提质的关键途径。对于教研工作的重要作用，教育部也给予了充分肯定。2019年，《教育部关于加强和改进新时代基础教育教研工作的意见》发布，在肯定教研工作对教育质量重要支撑作用的同时，用一定的篇幅对改进校本教研提出了明确的意见。教育工作者要身体力行，用行动回应国家呼唤，立足新时代，将教研工作特别是校本教研工作推向深处。

如何加强和改进校本教研工作？既需要学校客观评估自身教研现状，还需要在校本教研形式与内容上进行开创性的实践探索。本文将从坚守与突破两个维度来阐述改进中小学校本教研的可行途径。

（一）坚守教研本色，铸实成长根基

每一所学校，因师资、生源、教研文化等情况的不同，校本教研的开展情况也会略有差异。作为教研工作中最基本的教研组织形式，校本教研一旦落虚，将步步难实。因此，在加强和改进校本教研工作的过程中，为夯实校本教研基础，学校需从两个坚守做起：

1. 坚守教研之求真底色

校本教研，应从学校教研存在的问题出发，以真问题为突破口开展教研实践。遗憾的是，校本教研中凝结集体智慧的集体备课，在某些学校的实施情况却不容乐观。随着信息化进程的不断推进，网络教学资源日益丰富，教师们获取有效的教学资源更加便利，这从一定程度上为那些好学善研的教师个体及群体提供了极大的便利。但是，伴随而来的副作用也令教研之真蒙尘：部分教师无视教学过程中的真实问题，无备课上课或使用现成的网络教学资源直接上课，学校的集体备课只是走走形式，没有真正的思想交流与深度研讨。如何充分利用线上丰富的教研资源真实地开展基于校本实情的教研工作呢？通过何种制度保障校本教研的真实开展？部分学校的校长将坚持教师手写教案作为学校做真教研的制度保障，这显然不太符合新时代教研工作的实际。学校不妨每学期开展一次基于学校教学改进的调查研究，找到当前每一学科亟待解决的关键问题，基于真实问题开展教研活动。与此同时，为固化日常教研的靶向性与目标性，学校应鼓励教研组制定学科个体备课、集体备课、上示范课的相关规定，将管理主动权下沉到学科组，通过学科教研组推进整个学科的教学研究工作。

2. 坚守教研之务实本色

高质量的校本教研，务实是关键。在推进校本教研的过程中，有效落实教研活动的每一个环节总会让我们有更多的惊喜。如武汉经济技术开发区洪山小学的小组合作学习专题教研就让每一个参与者都收获满满。为提升学生的小组合作意识，提升课堂教学的实效性，洪山小学决定在学校课堂试行小组合作学习。但要解决学生小组合作学习的问题，首先需要让教师学会在课堂上指导学生开展小组合作学习。于是，洪山小学选派部分优秀教师外出参加小组合作学习专项培训，回校后先行试点开展小组合作学习，经验成熟后，由优秀教师作为培训者开展教师小组合作学习专项培训，让教师在真实的小组合作情境中领会小组合作学习的指导之道。于是，本来属于学校攻关项目的教研问题，在层层落实中迎刃而解。从洪山小学的小组合作学习教研案例中，我们能够窥见有效常规教研的要诀：不求一步到位，但求步步到位。

（二）开阔教研之视野，突破发展局限

求真务实的校本教研是将学校师生的发展深扎于教育土壤的一种良好的教育行动，但如果学校仅仅只做"打地基"的工作是远远不够的。这就需要学校在开阔教研视野上有系列创新举动，以课题研究和特色项目推进学校教研走向深处是有效的尝试。

1. 关照主体之自身局限

教育教学是学校的中心工作，推动学校中心工作有序开展的是全体教师。作为学校教育教学的参与主体，教师们往往将自己的视野局限于完成当前的教育教学任务，而忽视信息化浪潮的到来，以及教育对象的更迭之于教育的作用。教师的可持续发展是学校发展的原动力。提升教师的自我发展力才能真正让教师跳出原有的思维局限，为自身发展作出新的尝试。为了教师的可持续发展，学校可以在顶层设计上多下功夫，将学校发展与教师发展耦合在一起，使教师们能够围绕同一问题共同努力，在实现问题攻关的同时，找到自我，发展自我。如在国家课程的校本化、学校特色课程开发、课堂教学行为改进、学校整体发展等方面，不一定是教师擅长的，却是可以通过教师的深度教研集合群

体智慧抵达的。部分学校将此类发展问题凝练成课题，以研究共同体的形式围绕同一个问题开展研究行动。如武昌实验小学徐莉老师就是以参与校本课程开发类课题的研究发展自我的典型案例。三年探索，武昌实验小学的课程体系更为丰富，徐老师也由一名校本课程开发的参与者成长为区域知名的课程设计师，拓宽了职业发展的领域。自2012年以来，武汉市推行的教师个人课题研究项目起到了教师个人发展引擎的作用。结合学校发展的关键问题申报自己的课题，是教师个人课题选题的主要来源之一。目前，全市有近3000名教师通过市级教师个人课题研究，在学科教学、课程开发、德育、学校管理等方面有了新的突破。

2. 超越当前之发展格局

学校的发展一般会经历规范化、精细化、特色化三个阶段。如新建学校的发展，首先面临的就是规范化的问题。如果学校通过一至三年的努力，已在学校管理、课堂教学、日常教研等方面取得较好进展时，精细化就是其实现发展格局跃升的有效途径。无论学校是从规范化向精细化跃升，还是精细化向特色化过渡，课程与课堂都是绕不开的关键所在，解决这些问题的抓手是校本教研。如作为薄弱学校的武汉经济技术开发区第四中学，曾因生源锐减、学风不良而裹足不前。为打破自身发展困境，学校将学困生的课堂参与度提升作为学校课堂改革的关键突破口，发动全体教师将有趣、有效作为课堂教学的价值追求，开展课堂教学行为改进及教学策略提升探索。在此过程中，为强化每一位教师的使命感，全体教师共同参与课堂观察量表和课堂教学评价标准的研制，共同担任学困生的关怀导师，不知不觉中，学校以稳步提升的教育质量为所有师生的发展给出了好的注解，学校因此也步入新的发展阶段。对于处于后品牌建设时期的学校，校本教研会更显力量。作为一所拥有百年办学历史的全国知名高中，湖北省武昌实验中学的校本教研更显时代使命感。学校将全面育人的理念与本校全课程体系的建构与实践有机结合，探索了具有校本特色的"卓越成长课程群"（包含生涯教育课程、守正德育课程、艺术兴趣课程、卓越创新课程四大类），以丰富的课程涵养学生，真正将学校教研融入学校的发展中，体现了一所强校的育人担当。

教研是教育人自我发展与群体发展的原动力，也是学校发展的强大内驱力。对于中小学而言，在校本教研方面的坚守与突破，守为前提，破为发展。我们只有守住校本教研的那份真与实，才有可能让教育更接近育人的本质；我们只有不断地"守"与"破"，更好的教育才会迎着朝阳到来。

[作者：武汉市教育科学研究院　李碧武；来源：《湖北教育（政务宣传）》2020年第11期]

案例2　开展校本教研的途径与方法

校本教研，就是以学校为本的教学研究活动，它是一个学校内部的以本校教师为主体，以本校的教情和学情为主要研究对象的一种自下而上的教学研究活动。它是在学校教学研究活动的基础上，以教师为主体，基于学科教研组实情与需要来开展教学研究活动的。校本的才是有效的，每个学科教研组的人员组成、教师个性特点以及学校实情、学生情况等都是不同的，这就需要学科教研组根据自身实际情况开展校本教研活动，真正做到促进教师的专业发展，最终促进学生的发展。

（一）制度建设是开展校本教研的保障

没有制度的保障，校本教研活动只会流于形式。教研组制度建设要在学校制度的基础上根据教研组实际情况制定适切的学科教研组教研制度，以保障校本教研的正常运行。我校制定了完善的校本教研制度，能成为亮点且比较有效的有以下制度：

1. 集体备课制度

集体备课制度采取"三定"任务，即定时间、定地点、定主备人，根据学期计划制订单元教学计划，并在此基础上进行集体备课。备课流程如图4-1所示：

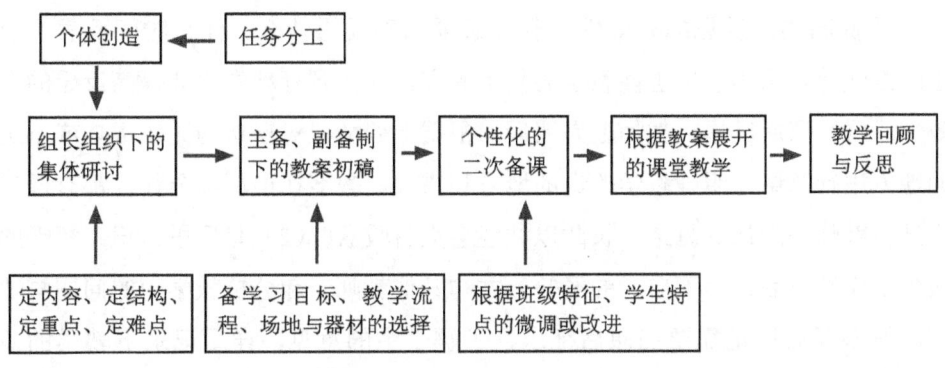

图4-1 集体备课流程

对集体备课情况，教研组会配合学校做好检查与考核，对于存在的问题教研处会责令整改，使其逐步完善，让备课成为加强教师规范与端正态度的必修课，这样就保障了课堂教学的有效性。

2."三个一"制度

学校建立了"三个一"制度，即每位教师每学期进行一次校内公开课教学，阅读一本专著，撰写一篇高质量的论文。教研组上报教师上课时间、内容与班级，由学校安排教师课务，周五上午第二、三节课为固定公开课开设与研讨时间；教师阅读的专著由学校或教研组统一配备，鼓励教师个人根据需要购置，经费由学校报销，教师阅读后每学期提供一份读后感，由学校评比，对有质量的读后感给予一定的奖励，同时计入教师教育培训课时；教师撰写的论文可参与教育主管部门的论文评比，或根据杂志社要求投稿。"三个一"制度保障了教师的教研时间与内容，且成为常规，促进了教师专业素质的提高。

(二) 实践反思是开展校本教研的前提

实践反思要从自身做起，无论教师身处怎样的工作环境，如果仅满足于获得经验，而不对经验进行深入的思考，那么他的发展将大受限制。反思是提升教师专业水平的法宝，是教师专业发展和自我成长的核心因素。因此，实践反思作为教师自主发展的路径，无论其所处环境如何都能开展，其基于校本并利于自身发展。

要提高实践反思的有效性，教师必须明确反思什么、什么时间反思、反思的方法等。明确了反思性教学的基本原理，落实到行动中才能提高反思的有效性。（1）课后反思：教师上完课后，根据上课情况对自认为比较成功或不足的地方进行总结，明确教学改进的地方和措施。教案在最后部分往往都有课后小结，教师必须认真总结，长此以往便会大有收获。（2）写反思日记：每天的教学工作结束后，写下自己的经验，并与其他教师一起分析教学中的问题与缺点。好多反思日记需要在课后征求、了解学生的意见，详尽记录下教学的效果、上课的具体感受、存在的问题以及通过反思后得出的解决办法和设想等。（3）观摩与分析：教师相互观摩彼此的课，并对所观察到的情境进行描述和互相交流。（4）开展行动研究：行动研究与反思活动密不可分，在行动研究的过程中，教师要经常发问，以强化反思活动。教学行动研究有利于增强教师的反思意识，提高教师的反思能力。

（三）同伴互助是开展校本教研的根本

校本教研强调教师在自我反思的同时开放自我，彼此支持，相互间进行专业切磋，共同分享经验，实现共同成长。教研组内教师的个性特点大多比较张扬，性格直爽，在共同的目标之下教师间更容易分享与交流、互助与合作。活动的组织与开展需要教师之间的合作，长此以往也形成了教师的团结合作氛围，在此教研组文化氛围之下开展校本教研将会更加顺利。

1. 组织观课议课

这是研究课堂最为常见的有效方式，是授课教师和观课教师充分收集和感受课堂信息，彼此围绕课堂信息进行对话与反思，以改进课堂教学、促进教师专业发展的一种研修活动。献课教师与观课教师是既平等又对立的主体间关系，这种合作性议课发挥组内教师的集体智慧，帮助献课教师减少教学问题，使教学安排更加合理，同时也提高了观课教师的教学意识。

2. 组建不同形式的研究共同体

教研组教师少则几人，多则几十人。不同的任务与目标决定了教师要形成不同的共同体。教研组开展活动大多是从上至下的方式，长此以往就变成了行政事务组，要转变观念将行政事务组变为研究小组。集体备课共同体：这是由共同教授同一层次的对象组成的教师团体，它是组织教师围绕一个单元或一节课，通过任务分工进行教学设计、交流和研讨教学设计、改进教学设计的活动，在实践和讨论教学设计的活动中学习教学设计，以提高共同体成员的教学设计能力。课题研究共同体：针对教育教学中的问题，可以将有兴趣、有经验的教师组成课题研究团队。它需要把教师在日常教育教学活动中遇到的难解的矛盾或棘手的问题，提炼成具有价值的研究课题，并围绕课题研究任务，开展研修活动。

3. 组织师徒结对

这种团体形式是引领青年教师快速成长的一种方式，能使青年教师尤其是新入职教师快速掌握教学常规，少走弯路。它表现为"专家"教师对"新手"教师的引领与帮助，同时又是一种同伴互助的方式。

（四）专业引领是开展校本教研的关键

专业引领是较高层次的专家、学者对校本教研的引领和提升。它是理论对实践的指导，是理论与实践的沟通。它是校本教研走出本校局限，走出缺乏理论引导而就事论事、低层次循环的迷瘴的关键。

1. 开展读书活动

阅读的过程，不仅是教师开阔视野、学习知识的过程，也是教师精神成长的过程，所有教师都应该把读书作为教育生活的基本方式。我校将其作为促进教师发展的常规途径，已形成常态，在学校提供书籍的基础上教研组专门订阅了学科专业杂志，已成为教师日常工作的案边书。同行的优秀做法可以通过适当改造加以借用，一些理论观点可作为教师研讨的主题，这些都能促进教师的专业发展。

2. 听取专家报告

现在的专家培训形式多种多样，接触专家的机会与以往相比更加丰富，教师在听取专家的报告时要认真记录，有问题在会后可与专家面对面交流，切实解决现实问题。这样既能提高理论水平，又对自身的教学实践有借鉴与提高意义。

（五）网络教研是开展校本教研的新方式

随着信息技术的发展，教师的学习与生活方式也在发生变化，信息技术的运用已经成为教师校本教研的新形式，并发挥着不可忽视的作用，与实践反思、同伴互助、专家引领等常规校本教研形式相比有其自身的优势。网络教研为教师自主学习、合作研讨创造了新条件，提供了更加丰富和优质的学习资源，并为教师提供了自由选择学习内容和学习时间的机会，促进了不同区域间教师的交流，有利于提高校本教研的针对性和实效性。

1. 网上观课议课

网上观课议课是教师运用信息技术条件通过网络直播的形式观摩教学，同时针对课堂教学展开专业对话和交流活动以达到促进自身提高的学习形式。它是利用网络帮助教师诊断课堂、研究课堂、改进课堂，丰富教师课堂教学实践经验的一种有效方式。

网络观课议课活动与原来的常规校本教研形式完全不同，它更注重教师主动参与，打破了时间固定、发言不充分等局限。同时参与具有公开透明性，教师间大多相互不认识，可畅所欲言，但也因为对对方身份的不了解造成部分教师不够自信，唯恐说错话遭到质疑。作为一种新的教研形式，网上观课议课需要教师间互相信任、相互支持与鼓励，来带动更多的教师参与，并逐步成为重要的校本教研形式。如我校将优课或精品课视频上传至优酷，让学科教师选择时间观课，并在听课笔记上记录听课过程，有评析、总评，学校教研处对听课笔记进行检查，了解教师观课议课的情况。

2. 参与网络论坛

网络论坛是围绕特定问题和主题，运用网络对话平台展开的探讨和交流活动。它是利用网络帮助教师交流思想、切磋技艺、增进感情的有效方式，对激活教师思维、促进教师专业发展能够起到很好的帮助作用。

在网络论坛中，要激发教师主动参与的积极性，对不同观点要勇于发表自己的想法，要不断抛出自己的疑惑和问题，通过思辨让问题越辩越明。其意义在于通过向网友求助更好地解决自己的问题，变被动参与为主动争取问题解决，同时可以使论坛不断有新问题，不断更新论坛主题，保持论坛活力。小型的网络论坛可以是教研组内建立的微信群或QQ群，针对组内教师遇到的问题或困惑，大家可以畅所欲言，集思广益，帮助教师解惑或解决问题，能及时地帮助教师成长。

3. 撰写网络日志

博客是网络日志的一种重要形式。博客是教育随笔的表达形式，教师可以随意地写下自己想要表达的内容，同时实现与他人的交流。在写作、记录、交流中，会调动自己的判断能力和运用语言文字的能力，按照自己的方式进行表达，并且在交流中获得支持与帮助，产生成就感，这反过来又可以激励自己的表达创作热情；写的过程就是对教学现象或过程进行回放的过程，也是总结反思与研究的过程，能加深对教学的理解与认知。教师的教育博客实际上就是教师将自己的教育心得"发表"在网上，利用网络平台展示自己、发展自己的一种方式。通过每日的资料整理与书写，教师不但提高了写作能力，也改善了思维和生活方式，形成一个终身受用的学习习惯。

以上途径是学校开展校本教研最为常见的形式，途径的多样性能使不同的教师群体参与到校本教研中来，不同的校本教研形式所起的作用与效果也有区别，关键在于要根据教师的实际情况与校本教研目的对不同的教师群体采取不同的培训形式，以达到高效的校本教研目的，且形成常态，最终促进教师专业素养的提高。

（作者：溧阳市实验初级中学　李源）

案例3　校本研修走向务实有效的五个视角

随着教学改革的深入进行，一线教师的校本研修应该从宏观的教育理念解读聚焦到课堂和教学实践中来。自我反思、同伴互助、专业引领无疑是校本研修的三大要素，这三大要素如何组合才能使研修更加务实和有效？我们可以从专题、问题、主题、话题、课题这五个视角来不断推进：

（一）专题导航：成就教师人生底色的奠基工程

教师应该是有底蕴底色的人，"举手投足显师范"，"腹有诗书气自华"。在校本研修中，学校可以通过系列专题研修夯实教师的知识基础、教学技能、综合素养。在我校的校本研修中有两项专题活动，即基本功训练与读书沙龙，这是成就教师人生底色的行动，重在夯实教师的基本素养，其策略是"夯实基础，提升素养，服务教学"。

基本功是教师的专业技能，是教师教学的看家本领。每一所学校都应该注重教师基本功的训练，立足岗位开展教师基本技能竞赛。我校组织教师参加各种教育教学业务技能比赛，如教师教学设计竞赛、课堂教学大赛、优秀论文或优秀案例评比、教学反思交流、课件大赛等活动，搭建了展示学校凝聚力和教师教育教学魅力的舞台。在基本功训练中，我们尤其注重提高教师在作业、命题方面的技能，以实现学生作业的精致有效、学业测试的内涵有质。

阅读是提升教师专业素养、更新教育理念、转变生活方式的最佳途径。我校结合教育教学实际，采用读书沙龙、读书报告会、快乐读书吧等丰富多彩的读书实践活动，切实调动教师参与读书活动的积极性。在"读书—反思—实践"活动中，教师结合读书学习进行反思，在掌握基本原理、方法的基础上推进个人的学科专业水平向纵深发展，引发可持续的思考，形成自己的观点，并及时应用到教学实践中去，不断创新教学思路。

（二）问题驱动：教研组的常态化研修方式

教研组是教师每天生活、思考、工作、讨论的最具归属感的场所，是教师自在自觉的地方。教师在日常工作中所遇到的问题，如备课中的疑问、教学中的反思、题目中的歧义等，弥漫于教研组生活、工作的每一天。对这些问题的研讨成为教研组生活的常态，因为这样的研修自然而随意，所以大家往往不认为这是校本研修，但这恰恰是校本研修的一个又一个鲜活的瞬间，是驱动教研组常态化研修的一个又一个载体与契机。

以教师日常教学问题为主要内容的教研组研修，其开展的策略应是"自我反思，同伴互助，问题驱动"。例如：在小学四年级数学教学进展到乘法分配律时，教研组里的几位教师对乘法分配律学习的重要性和易错性进行了讨论，但没有就此素材进行知识本身的挖掘，这样较为浅表化的讨论无助于教师深入认识乘法分配律这一独立于乘法交换律、乘法结合律之外的重要素材，不利于充分挖掘其教学价值。鉴于此，我向正在讨论的教师提出这样一个问题：如何理解乘法分配律中"分配"这个词？问题一出，几位教师又开始讨论起来。随着讨论的深入，他们对于乘法分配律这个素材的内涵、教学法应用、学情状况等有了更为深刻的认识，对于如何开展课堂教学自然也就心中有数了。

教研组的日常研修要有意识地围绕问题开展讨论。同时，教师要把阅读、思考、同伴讨论结合起来，这就实现了自我反思与同伴互助的双向结合，提升了教研组日常研修的品质。

（三）主题推动：学科组凝练思想的有力抓手

每一位专任教师都属于一个学科。着眼学科本质，加强学科建设，提升教学品质，是学科组校本研修的核心。而学科组的校本研修应该以主题研修来推动，其策略是"集体备课，主题会商，群思广议"。

备课是教师每天必做的功课。"集体备课"制度通过集体研讨、取长补短，能够进一步优化、完善教师个体的教学设计。然而在不少学校，集体备课成了分工协作设计教学的代名词，变成了"少备课"甚至是"抄备课"的代名词，很多教师不再每节课都进行独立深入的研读与针对本班学生的教学设计了。教师的教学活动从设计教学、实施教学到布置作业，甚至作业的批改讲评，都应当是一项高度独立与富有创造性的劳动，所以，在集体备课中，同伴互助必须建立在教师独立创造之上，而不能是简单的分工协作，更不能是包办代替。因此，集体备课制需要在原有的基础上进行改进，以体现个人思想在备课中的重要作用。

为此，我校开展了案例式集体备课的探索。案例式集体备课以学科教学中的每一个案例为研究载体深入备课，坚持积累教师的反思和教研组的研究过程与点评，使之成为一个完整的、优秀的案例。案例式集体备课以呈现学科内涵、展现师生智慧、促进教学相长为目标，重在加强课堂研究中的智慧引领，促成教师专业成长，从而使教学研究日常化、集体智慧最大化。在备课过程中，我们积累了"四步九点两层次"的经验。"四步"即集体研讨－专业引领－个性化教学－反思完善。"九点"即个人钻研－集体研讨－专业引领－建设"共享资源"－推进个性化修改－课前精心准备－因材施教－课后反思－总结探讨。"两层次"即独立备课和集体备课相得益彰。

在集体备课的基础上，我校组织教师围绕研究主题上好组级教研课、校级教研课，积极把上课与反思结合起来，再把反思与再实践结合起来。对于研究主题的选择，我们坚持集体会商。明确的主题会商不仅使校本研修具有方向性，而且还会产生号召力，集聚教师的研修热情与能量。研修的主题要通过调研从学科专任教师中产生。

（四）话题分享：全体教师的思想盛宴

作为育人之人，教师理应成为有思想的人。校本研修的一个重要功能就是通过话题分享，让教师能感受思想、领悟思想、生发思想。话题分享的策略是"骨干引领，思想叩问，崇尚自由"。

围绕"话题"开展的校本研修，以系列集中培训为主，组织全体教师聆听专家报告，引领教师转变观念、明确理念、掌握方法。学校层面的话题研修活动，可以充分发挥骨干教师、青年教师的作用，请具有一定研究专长的教师来分享话题，甚至是闲思、漫谈。学校利用全体教师例会等时间，以一个话题为引领，或说哲学，或谈美学，或论教育，或言文化，或探心理，或针砭时弊，或修身养性。教师分享的话题越广博，他们的思想触角就越能够伸探到远方。话题分享式校本研修的目的就是要唤醒教师的教育尊严与精神自由，让教师进入充满创造的专业自由境界。

（五）课题统领：校本教研高位发展的阶梯

教师专业发展常态中需要精致，日常中要显高端。要引领教师从优秀走向卓越，这就需要高位的课题统领。这里所说的"课题"一是经典课例，二是科研课题。这是校本研修中与常态化相对应的另一方面，即精致化、高位化，推进策略是"注重品质，追求精致，成就经典"。

教师的成果至少有两项，一是培养优秀学生，二是打磨经典课例。所谓打磨经典课例，就是教师团队围绕一节课进行精细打磨、集体展示。精细化磨课的目的指向问题研讨、智慧生长。

科研课题的引领对学校高位走强的意义不必多言。校本研修以课题研究作为教科研载体，找准课改实验与教育科研的融合点，通过有目的、有计划的实施研究，可以促进教师在探索教育教学规律中不断成长。

（作者：江苏省启东实验小学　张范辉）

案例4　层级设计助校本教研提质增效

校本教研，顾名思义就是为了改进学校的教育教学，提高学校的教育教学质量，从学校的实际与学科建设的需求出发，依托学校自身的资源优势和学科特色进行的教育教学研究活动。

然而，课堂教育教学质量的提升是一项系统工程，学校领导与广大教师要不断加强学习，更新观念，提升能力，并结合校情、学情与教师的业务能力及教育教学水平做层级设计和系统思考，着力培育办学要素，优化资源配置，突破关键环节，提升整体效益，从而实现以改进课堂教学为抓手，以提升课堂教育教学质量为主线，达成校本教研提质增效的目标。

（一）常态课求实，狠抓落实促提升

为了把常态课做实，狠抓教育教学质量提升，应建立"巡课制度"，挑选校内的省特级教师、学科带头人、市专家型教师、各级骨干教师与学校行政领导组成巡课团队，然后由学部统筹安排，分组轮流每周深入课堂巡课听课，根据每周巡课主题，关注学生的课前准备、习惯养成、学习状态、听课专注程度、发言的质和量及常规执行情况等方方面面。每周巡课组成员安排尽量考虑

周全，由不同广大一线教师所做的研究大多围绕日常教学中的常态课，涉及每一位任课教师，覆盖课程计划中的所有学科（含校本课程），这是校本教研的重心所在，每所学校都应狠抓落实，保证教育教学质量的提升。因为上课绝不是简单地把备好的课讲给学生听，教学就是教学生如何学，必须要去研究我们怎样教学生才会有兴趣、有收获，要去研究学生如何学才会有乐趣、有效果。

学科的骨干力量组成，可以实现所有学科与教师的全覆盖。要求巡课组老师采用点（听完整课）面（听课堂片段或巡查全校各年级每个班级的情况）结合的方式开展工作。

这样的过程对于巡课教师本身而言也同样是一次互相学习、共同成长的过程，在巡课的过程中他们会不断地思考，在思考的过程中会获得很多感悟，在感悟的过程中会拥有许多新的思路、新的教学策略和方法。

（二）公开课求活，灵活展示促提升

其实学校教育教学质量的提升应该同时做好两件事，即鼓励冒尖与容忍落后。也就是要通过我们的努力，让学生向着优秀的目标奋进。同时也要高度关注那些目前学习还有困难的学生，以宽容的心态容忍他们的暂时落后并努力去帮助他们转变，用心去寻找他们身上的闪光点，让它发出光亮，他们便会奋起直追改变自己。我们在承认学生的差异性的同时，应该认可教师群体中个体的教学能力、学科素养与专业精神一样是存在着差异的。

事实证明，直面差异的教育才有价值，直面差异的管理才会更有活力。为此，在常态课狠抓落实的基础上，我们可以以各学科教研组和备课组为单位推出"种子课"形式的学科公开教学活动，分两步抓落实。

首先是由备课组内的每个教师共同讨论后选择所任教年级教材中最难把握的教学内容，独立研读教材，确立教学目标，拟定教学设计，全员参与，逐个以公开课的形式展示自己的研究成果，课后进行评议、研讨。这样下一个老师再次执教公开课时，就可以吸纳前一个人的优点，避免不足之处，以此方式轮流执教并课课皆进行总结反思，到最后一个老师执教完毕后进行全面总结反思，博采各家之长，集各种精妙设计于一案，共同整理形成一份比较完美的教学设计。

其次，各年级备课组每次推荐一名教师（人选可由备课组内几名教师轮流承担或抽签决定先后）进行整个教研组的公开教学展示，展示完后进行教研组大组研讨，大家畅所欲言，总结成功做法，针对存在的问题各抒己见，寻求更好的解决方法与实践策略。最后全组教师每人都写一份观课、评课、议课、磨课心得，执教者最终汇集众人智慧，整理出一份趋于完美的教学方案，并结合组内展示情况，推荐一名优秀选手参与学部的展示，为下一阶段的展示课做好准备。

这样点面结合的公开教学形式，先从面上铺开，再以点带面，各个年级选择不同课题，形式灵活，让全组教师人人受益。每个人以不同的思路去解读教学内容，选择不同的教学方案来展示，就会有不同的思想、不同的取舍、不同的效果，每个人都需要用智慧的眼光，从不同的视角去看待一个个定位不同、视野不同、风采不同的课堂教学，站在一个观察者的角度，以更清醒、更全面、更深入的立场去思考课堂教学，从而取长补短，让教学和谐相长。

（三）展示课求新，推陈出新促提升

当下学校追求功利化的现象依然存在，这就迫切需要学校的教育工作者能够静下心来。静下心来，是教师应有的工作状态与职业心态，更是教师专业发展的基础、应有的内涵和重要目标。

为此，各教研组可在公开课教学研讨、总结反思形成趋于完美的教学设计或课堂教学模式的基础上，大胆推出展示课"邀请制"的举措，即把本组教师经过多次探索实践的成功教学做法运用于课堂教学实践。由教研组和备课组教师共同商定课题，在集体备课的基础上，备课组参与展示的教师与班级由学生抽签的方式来确定，最后确定的执教教师和所在班级的学生参与学部或相应学段的汇报展示课。这种层级设计系列中的展示汇报课打破了由原先的自主申请和教研组或备课组指定的方式，推行由学生抽签决定的邀请制的创新模式，充分调动了全体教师参与校本教研的主动积极性。

这样的实践证明，只有静下心来，教师才会用心去读书思考，探索教育教学问题，才有可能在实践中领悟并总结出那些适合自己的专业发展的成功经验，激励自己把教育教学工作做得更好，让日常的教育教学教研工作呈现良性循环。

（四）精品课求深，凸显精深促提升

众所周知，教育是以生命发展和完善为直接目的的活动。教师只有具有生命自觉意识，将教育作为自己生命的组成部分来看待，以积极、自觉的心态促进自己和学生的生命发展，以创造而不是应对的方式去面对教育环境和日常的教育教学工作，才能发展到更高的层次，有利于教师潜力的最大发挥和主体性的发展。为了提升校本教研质量，可以推出校级分享交流的精品课，要求教师以更开阔的视野、更丰厚的学科素养、更深入的思考，积极主动地去开展校本教学研究活动。通过深度学习，建立新旧知识之间的联系，将在上一层级展示课中总结提炼的成功经验和新的思想及实践策略应用于新的教学情境中，发现课堂教学中存在的问题并进行成因分析，探寻能有效促进学生深度学习的形式、方法、途径与教师教学实践方案及实施策略。可以分两个阶段推进：

第一阶段以学科教研组为单位，采取"同课异构"的方式经历公开课、展示课的多次打磨后，各教研组推荐一定数量的优秀课例参与学校的精品课交流分享。此阶段主要以提升学校课堂教学为研究对象，以现代学习理论中的深度学习理论为指导，以着眼于促进学生的深度学习为基点，探索设计、架构并实践课堂教学新的有效方式与操作策略系统，通过促进学生深度学习的实践，改变学生低效学习的现象。

第二阶段是把精品课交流分享的成功经验与优秀做法进行推广的阶段。主要采用"异课同构"的方式展开。各学科教师运用相同的教学思路或教学模式，借助于经过认真研究之后提炼出来的教学思路和操作策略系统完成不同的教学任务，达成教学目标。

因此，我们只要站在一个更高的层面、更宽的视角，更深入地去思考做好校本教研的层级设计，科学、合理、高效地规划好校本教研活动，常态课狠

抓落实，公开课展示灵活，展示课推陈出新，精品课立足促进学生的深度学习真实地发生，那么校本教研活动必定会朝着提质增效的方向健康向上发展，学校的办学水平与教育教学质量的提升也就有了强有力的保障。

（作者：北京师范大学厦门海沧附属学校　蓝辉春）

案例 5　"五标教研"——一种有效的校本教研方式

校本教研，是一种"以校为本""基于问题"的组织形式，是一种教学研究与教学实践、教师专业成长紧密结合的活动形式。但在组织实施过程中发现，由于受传统教研模式的影响，一些学校的教研活动存在"目标不明，活动流于形式；主体不清，教师被动参与；效度不高，专业发展缓慢"等现象。如何通过校本教研的变革，引领和促进教师专业发展，提高教育教学质量，这是一个值得深思的问题。"五标教研"，无疑是一种有效的校本教研活动方式。

（一）"五标教研"及其实施流程简介

教学目标是课堂教学的出发点和归宿，明确的教学目标是实现最优化教学的首要条件。"五标教研"，是针对当前教师制定教学目标过于空泛、过于随意的情况而开展的一种校本教研活动形式。即围绕教学目标，从定标、调标、试标、测标、论标五个环节开展校本教学研究，以期达到学生受益和教师能力提升的双赢效果。

"五标教研"具有很强的可操作性和示范性，由五个环节组成，即定标、调标、试标、测标、论标，如图4-2所示：

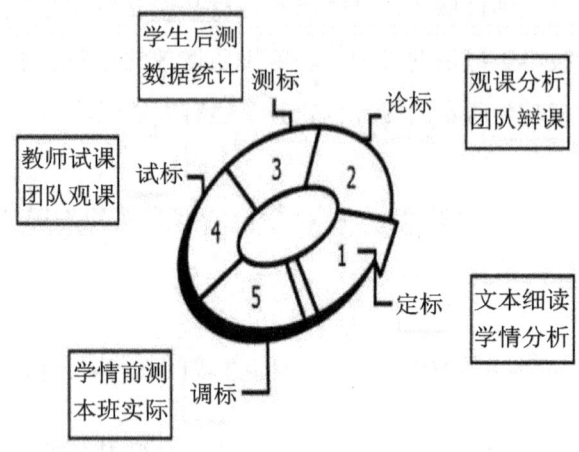

图4-2 "五标教研"流程图

第一环节是定标，即教研组初定教学目标。第二环节是调标，即调整教学目标。第三环节是试标，即执教者试课，落实教学目标。第四环节是测标，即现场检测教学目标达成情况。第五环节是论标，即教研组讨论教学目标的改进。

一般在活动前一周，"五标教研"教研组的全体教师以自愿为原则，根据"五标教研"的五个环节进行分工，着手准备各自的具体任务，并及时向教研组组长汇报任务进展情况，为开展校本教研活动做好准备。

（二）"五标教研"的教学功能阐释

1."五标教研"能提升参与者的专业知识

"五标教研"把对教学目标的研究作为教师有效备课和有效教学的起始和归宿，要求教研团队深入解读、分析、钻研有关课程标准，结合教材特点，运用科学的方法关注学生的学习起点，制定、调整一个比较科学、精准的教学目标，并以此确定有效落实教学目标的方法和路径。这样的校本教研能促使教师自觉主动地去学习、运用相关的教学理论和专业知识，是提升教师整体教学理论水平和学科专业知识的途径。

2. "五标教研"能提高课堂教学效率

"五标教研"能够发挥教学目标的导向和调控功能，帮助教师提高课堂教学效率，更好地达成减负增质的效果。通过"五标教研"，教师逐渐明晰教学目标，根据目标选择合适的教学方法，设计科学的教学流程，能对课堂进行有效的调控。"测标""论标"环节，能使每个教师辩证地审视教学的优势与不足，通过不断校正、改进、优化教学环节，将教学效益发挥到最大化。

3. "五标教研"能提升教研团队的协作能力

"五标教研"是一个需要团队参与的教研活动，每个成员都是直接参与者，都需要承担不同环节的具体任务。每个环节是紧密联系、环环相扣的，需要教师之间及时沟通、相互配合、团结协作。只有大家通力合作，才能完成一次这样的教研活动，团队的协作能力就会在不知不觉中得到提升。

（三）"五标教研"实施过程例谈

为更好地说明"五标教研"实施过程，笔者以人教版数学第五册"重叠问题"一课的校本教研活动为例进行阐述，以期为其他学校开展校本教研活动提供借鉴。

1. 第一环节：定标

定标，主要是指教研组组长组织教师研读《义务教育小学数学课程标准（2011年版）》《数学（第五册）》《教师教学参考用书》等，对"重叠问题"一课进行解读、对比、分析，并结合三年级学生已有知识经验和认识水平，制定出本节课的教学目标。初定的教学目标由一名教师负责记录并整理，提供给调标环节的教师。初定的教学目标如下：

教学目标1：学生经历集合思想方法的形成过程，初步感知集合的意义。

教学目标2：通过观察、操作、交流等活动，体会集合图的优点，能结合集合图解决简单的重叠问题。

教学目标3：通过探究，养成勤动脑、乐思考、巧运用的学习习惯，感受数学与生活的密切联系，体会数学的价值。

2. 第二环节：调标

定标环节使教研组全体教师尤其是执教者从纵向和横向两个维度了解了"重叠问题"一课的编写意图和原有目标，但初定的教学目标是否精准，是否适用于教学班，须经过前测验证。负责调标环节的两个教师提前设计了前测试题（图4-3），对教学班的50名学生进行了前测。

"重叠问题"课堂前测试题

项目	三（1）班学生参赛名单					
跳绳	杨明	丁旭	陈东	刘红	陶伟	朱刚
踢毽	徐强	李芳	丁旭	杨明	陶伟	

1. 仔细观察表格，进行统计。
（1）参加跳绳比赛的有（　　）人。
（2）参加踢毽比赛的有（　　）人。
（3）两项比赛都参加的有（　　）人。
2. 你能用连线、列表、画图等方式清楚地表示出各项目的参赛情况吗？
3. 一共有多少名运动员？列式计算。

图4-3　"重叠问题"课堂前测试题

前测结果及分析如下：第1题（1）（2）的正确率为100%，（3）的正确率为78%。第2题，有32人以表格形式将重叠部分表示出来，占64%；7人以连线的形式表示，占14%；5人用韦恩图表示，占10%；6人不知道怎么表示，占12%。第3题的正确率仅为46%。第1题（3）的错误是由于表格中姓名的排列顺序给学生造成了一定的干扰，只要学生认真观察，就可以解决，这个问题难度不大。后两题的数据说明学生在以往的学习中具有一定的集合意识，但不能用集合图正确表示，对集合图的感知较少。

负责调标的教师依据前测的结果分析学情，发现初定目标中的教学目标1存在问题，将它微调为"让学生经历集合思想方法的形成过程，能借助于直观图来理解集合图中每一部分的含义"。调整后的目标更符合学生实际，执教者就能更好地做到以学定教、精准教学。

3. 第三环节：试标

试标，是指调标后，教研组组长组织教师进行集体备课，设计教案，由一名教师执教教研课，其他教师观摩并参照已制定的教学目标，借助课堂观察量表定点记录执教者落实教学目标的情况。

为了更好地进行观察，执教者事先根据学生的学习水平，将学生分为A、B、C三个层次，并提供给观察记录的6位教师。这6位教师也分成3个观察小组，分别对A、B、C类学生的课堂表现进行观察记录。观察内容既包含学生参与课堂活动的情感、态度等非智力因素，也包含他们理解、掌握、应用知识的程度，为测标环节判断教学目标的达成情况提供依据。

4. 第四环节：测标

测标，是指教研团队对教学班进行后测（图4-4），根据后测数据、现场情况及观察量表记录，对教学目标达成的有效性进行分析。

"重叠问题"课堂后测试题

1. 下图是三（2）班参加艺术节活动的情况，请你填一填。

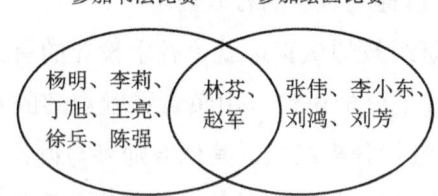

(1) 参加书法比赛的有（　　）人。
(2) 只参加绘画比赛的有（　　）人。
(3) 两项都参加的有（　　）人。
(4) 一共有（　　）人参加比赛。

2. 算一算：三年级一班订《开心学堂》和《探索历史》两种杂志，每人至少订一种。其中订《开心学堂》的有25人，订《探索历史》的27人，两种都订的有10人。全班有多少人？

图4-4　"重叠问题"课堂后测试题

课后，负责测标环节的两位教师立即对教学班进行后测，并分析汇报后测的结果。从图 4-4 可以看出，第 1、2 题是分别针对教学目标 1 "能借助直观图来理解集合图中每一部分的含义"和教学目标 2 "能结合集合图解决简单的重叠问题"而设计的。教学目标 3 则通过课堂观察记录量表完成。

根据后测数据及观察量表分析如下：第 1 题，有 39 人已真正理解集合图中每一部分的含义，正确率达 78%，出现错误的学生自认为是未能注意"参加"和"只参加"的区别，如果稍稍关注一下，是能够避免这类错误的。第 2 题，列式正确的有 40 人，正确率为 80%。出现错误的 10 人中，有 3 人不是减去重叠部分，而是加上重叠部分，这说明学生对"两种都订"不理解；有 4 人是将只订《开心学堂》和《探索历史》的总和作为全班人数，忽略了重叠部分。对此，负责测标的教师对学生进行了访谈，学生基本上能说出算式中每一步的含义，但在实际应用中对重叠部分的认识又模糊了，不能算真正理解了算理。

5. 第五环节：论标

论标，是指教研组各成员对教学目标的科学性及达成度进行辩论、探讨，提出改进教学的策略，以提高教学的有效性。

在论标环节，教研组教师认真地就"教学设计的有效性"与"教学目标的达成度"的关系进行了分析讨论。由负责课堂观察的 6 位教师对本节课的 3 个教学目标达成情况进行分析汇报，其他教师参与讨论，最后针对教师的教以及教学目标的制定提出建议。大家认为：本节课能围绕教学目标设计教学环节，教学目标基本落实到位，教学是有效的。A、B、C 三个层次的学生在教学中总体保持了较高的学习热情，但 C 类学生课堂参与度不高，遇到问题不敢质疑、提问，需要教师在今后的教学中加强关注，尤其是要多给予他们表达、演示的机会。从前后测试的对比来看，调标后的教学目标 1 定位精准，目标达成度高，但教师还要重视学生审题能力的训练，培养学生严谨、细致的学习习惯。而教学目标 2 在"结合集合图解决简单的重叠问题"的应用方面还存在一定的差异性，要通过操练和错题辨析，进一步提升学生灵活运用的能力。

教学目标是课堂教学的出发点和归宿，它可以为设计教学活动提供依据，可以帮助教师评价和修正教学过程，也可以激发学习者的学习动机。"五标教研"既促进了教师的专业发展，又提高了课堂的教学效率，这无疑是一个"双赢"的过程，是一种有效的校本教研活动方式。

（作者：乐清市虹桥镇第一小学　王增强）

案例6　加强教研建设　助推校本教研

教研组是一个学习共同体，所有教师在这里学习研究课程标准、教材、教学理论和专业知识，总结交流教学经验，反思改进教学，促进教师学科素养及职业素养的发展提升。近几年我校加强了教研组建设，使校本教研工作焕发了勃勃生机，促进了教师的专业发展，校本教研工作也取得了较好成绩，学校办学特色日益凸显。

（一）管理精细化

在教研组建设中，我们一直把精细化管理作为工作标准，倡导"成功源于过程，精彩来自细节"的理念，要求工作的每一个步骤都精心，每一个环节都精细。

1. 制度是保障

学校制定了《西宁市杨家庄小学教研（备课）组组长职责》《西宁市杨家庄小学教研组考评方案》等管理制度，将教研组建设工作纳入学校发展规划，每学期工作计划中都有详细的教研组建设内容及措施。

2. 组长是关键

我们精心选派业务水平高、组织协调能力强、教学经验丰富的教师担任教研组组长，注重教研组教师的相对稳定性，确保人心凝聚、工作顺畅、"品牌"不倒。

3. 教师是根本

我们引导教师认识到自己不仅是教研活动的接受者，而且是积极主动的参与者、研究者和探索者。重视对教师内驱力的激活、问题意识的唤醒和研究潜能的开发，促使教师在教学中教研，在研究状态下教学，在反思中求发展。

（二）研训一体化

教师专业化的核心是提高教师实施素质教育的能力与水平。我们围绕这个核心，抓好了教研组的学习、培训、研究，做到了研训一体化。

1. 抓好教师的学习

（1）构建学习型教研组。在关注教师自修、反思的基础上，注重合作学习、群体反思和团队协作，注重发挥教研组学习型组织的作用与功能。

（2）按照学习型组织的要求，引导教研组教师根据自身发展状况确定个人发展计划，促进教师自身教学风格与特色的形成。

（3）组织教师深入开展读书活动，开阔眼界，提高审美情趣，丰厚人文底蕴。既学习教育理论，始终站在教育改革的前沿；也读学科理论，提升自身学科水平；还读教研文章，学习别人的优秀模式，并内化为自己的创新教学形式，涵养品性，提升品位。

2. 深入开展校本培训

坚持以人为本的原则，从教师需求出发，围绕教学热点、难点、重点问题设置培训内容。探索培训最佳途径，采取研究性学习、课例教学、课题研究实践等多元化培训模式，增强了校本培训的针对性和实效性。

（三）交流多向化

1. 加强学校教研组之间的交流

（1）定期开展教研组组长的汇报交流。

（2）经常开展评比活动。一是以教研组为单位进行专项活动评比，促进良性竞争，以检查、评比促进交流与实践。二是每学期末评选出校级优秀教研组、教研（备课）组组长，在全校做经验交流，促进教研组学习、交流、借鉴，增强团队意识。

2. 加强校际教研交流

积极参加上级主管部门组织的各项校际评比和研讨活动，学习借鉴兄弟学校的好经验。同时,支持教师外出学习,提升教研水平。

3. 加强网上互动交流

提倡个人建立实名博客,作为信息存储、反思、课题研究的工具,自我对照、审视回顾教学和教研工作,在积极反思的同时,进行多形式、多渠道的交流,促使教研组工作不断创新。

(四)考评多元化

每学期由教务处牵头,对各教研组学期工作的绩效进行考核,并将考核结果作为评选优秀教研组和优秀教研组组长的依据。依据具体要求和评分标准,从活动记录、教研出勤、教研教学、集体备课、学科活动和课题研究等方面进行考核。考评的多元化,充分调动了教师参与教研的积极性和主动性,提升了教研组教研活动的质量,彰显了教研团队特色。

教研组是学校的业务基层组织,在教师专业成长与发展中,教研组起着不可替代的关键作用。只有学校的每一个教研组都充满活力,教研工作得以真正落实,学校教育教学工作才能顺利、有序开展。

(作者:西宁市杨家庄小学　王艳辉)

案例7　基于校本教研建构教师学习共同体

学校把有进步愿望和研究热情的教师组织起来,形成教师学习共同体,探索以课题为引领、基于问题解决的校本教研模式。下面以"基于学生自主学习能力培养的观课议课活动"为例,简要阐述我们是如何开展活动的。

(一)确定问题

活动的第一部分是确定要研究的问题,我们一般从以下三个方面综合考虑:一是国际研究热点和国内政策导向;二是借助于学校每年一度的教师作课大赛,进行课堂观察,发现存在的问题;三是对教师进行访谈。通过这三个方面的调研和分析,我们明确了"提高学生自主学习能力"为本阶段教师学习共同体需要解决的问题。

（二）制订方案

我们将改变教师常规教学模式、构建基于学生自主学习的课堂教学作为研究的切入点。共同体成员参与教学课前、课中、课后各个环节。通过围绕"提高学生自主学习能力"这个主题进行合作备课、观课、议课，过程中不断发现并改进教师指导学生自主学习的过程。

（三）实施方案

课前备课环节：围绕主题进行交流。这个环节主要完成三部分工作。一是跨学科内容的学习。不同学科教师之间存在学科障碍，因此集体备课的首要任务是授课教师对授课知识的讲解，打破学科壁垒。二是问题式集体备课。根据自主学习的要素，本着教学设计使学生"能学、会学、想学"的初衷，授课教师和共同体成员都要不断地回答以下三个问题：我们还能为学生创设什么样的自主学习空间？学生自主学习中会遇到什么困难，如何解决？如何激发学生自主学习的热情？教师与教师进行思想的交流碰撞，完成教学设计。三是观课工具的研讨与改进。讨论制作观课记录表，规范观课行为，突出观课要点。

课中观课环节：精准收集信息，深入发现问题。上课中，教师学习共同体成员每人观察3—4名学生，详细记录学生的自主学习状况、学习效果。有时还需要课下对被观察学生进行访谈、问卷调查等。

课后议课环节：以学定教，同在并行。议课时按照"观察到的现象—出现现象的原因—解决问题的方案"这样的思路进行，通过议课，建立起自主学习行为、自主学习效果、教学行为之间的联系，思考之间的关系，从而调整教育观念，完善教学行为。

（四）总结提升

授课教师从教学观念、教学设计等方面反思自己的教学，组织者则主要从问题解决成效、共同体的运行状况等方面进行总结，进而确定接下来要解决的问题，同时根据共同体运行过程中出现的问题调整组织管理方案。

（作者：北京市陈经纶中学团结湖分校　李云会）

案例8　校本教研的方式改革："教学清单"的编制与应用
——《"教学清单"的编制和其在校本教研中的应用研究》成果举要

（一）成果概述与成果来源

成果来自成都市龙泉驿区2017年教育科研微型课题。成果立足"投入'教学清单'指导区域校本教研"这一实践，是区域学科教研员历经一年的探索形成的。成果从理论角度揭示了"教学清单"的内涵、属性、要素、价值以及编制"教学清单"的理念和原则；从实践角度总结了"教学清单"的应用模式、编制"教学清单"的流程并形成了26份"教学清单"。成果在全区域的校本教研中深度实施，促进了教研员和一线教师的专业发展，对区域校本教研和教育改革发展产生了积极的影响。

成果立足"投入'教学清单'运用于校本教研供教师使用"这一实践。（图4-5）

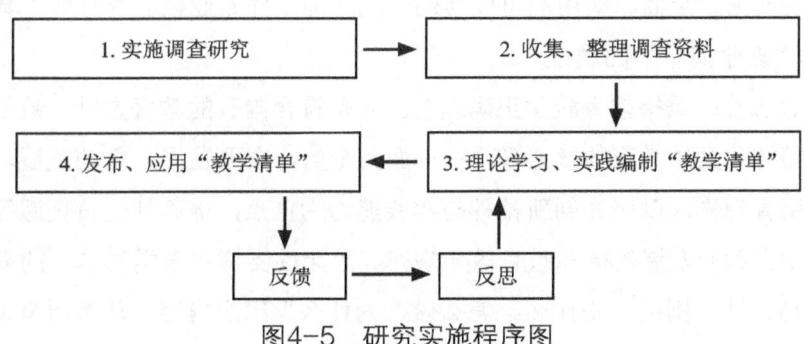

图4-5　研究实施程序图

（二）成果主要解决的问题

1. 核心问题：区域校本教研质量不高

成都市龙泉驿区小学段目前共有 36 所学校，其中城镇优质学校 8 所，坝区、山区场镇学校 25 所，民办私立学校 3 所。整体来看，该区域校本教研质量不高，表现为三个问题：一是发展不均衡，二是教改困难多，三是缺专业引领。

2. 现实问题：教研员专业引领不力

区域学科教研员面临诸多困境，导致发挥专业引领作用不充分，表现为以下两种情况：时间不足，精力不够，无法关注所有学校；发展不均，差异太大，不能满足多种需求。

（三）成果主要内容

1. 认识性成果

（1）获取了对"教学清单"的理性认识。

①"教学清单"的内涵。

"教学清单"，是一种记载教学工作项目的明细单。它是由课程专家、教研员或学科专家立足已有经验，以研究和解决学校教育教学中的实际问题为目的，在认知理解、权利责任、规则程序、行为方式、合作和纪律文化等方面制定的一种简洁、全面、实用的可以帮助一线教师发挥专业技能的有效工具。

②"教学清单"的属性。

a. 思想性：秉持教育教学正确理念。一是符合国家的教育方针、政策，体现时代精神和素质教育的核心理念——面向全体，全面发展，主动发展，个性发展，德育为先，以培养创新精神与实践能力为重点，培养社会责任感等；二是遵循学生身心发展规律和教育教学规律。思想性支撑"教学清单"的高度。

b. 结构性：围绕"是什么、怎么做、为什么"组织内容。从本质来说，"教学清单"的内容组织是一种书面的"讲解"。"讲解"就是"把理解交给他人"。一般来说，对一个事物或主题的理解通常包含三个隐含的问题——是什么、怎么做和为什么。是什么，是对概念、事实、方法等的解释；怎么做，涉及结构、过程或步骤，描述的是如何行动的机制；为什么，是关于事物如何运行、为什么可行或有效等的原因、起因、动机或思想和行为的合理性。结构性保障"教学清单"的功能。

c. 情境性：呈现丰富而生动的课例或案例。案例教学法是我国教师教育中极力倡导和卓有成效的做法。课例或案例是发生在真实的教育教学现场的，蕴含着一定教育教学基本原理和知识的具体样例，是连接理论与实践的中介和阶梯。在教师在职教育中，一线教师对案例的研读既意味着对以往教学方法、教学实践的回溯与批判，也意味着以此为例进行更好的思考的过程。因此，丰富而生动的课例或案例呈现，有助于一线教师理解教育教学的基本原理和知识，如果他们在反复实践中还能促成行为自省、调整和跟进，那么他们的教学实践也会随之得到改善。情境性增强"教学清单"的效果。

d. 可读性：基于广泛的可接受性。可接受性，即有读者意识和尊重读者，这是所有言语交流的准则。采用"您"作为称呼，努力站在一线教师的角度来考虑，为他们着想，都是有读者意识和尊重读者的表现。语言学技巧，是理解之路上的路标。运用数字序号分条目编写，指出讲解中的关键点、句子或概念中的一个或几个要点，以及将要发生的方向上的改变等，都是语言学技巧的具体运用。读者意识和语言学技巧，有助于拉近与一线教师的距离，吸引他们的注意力，增强记忆和帮助解说。可读性利于"教学清单"的传播。

③"教学清单"的要素。

a. 题目："主题+清单"，如"区域小学高段基于文体的阅读教学重构清单"。

b. 称呼：使用敬语，如"亲爱的老师们""各位×年级的老师"。

c. 引言：交代主题的背景、现状，说明这份"教学清单"的主要内容。

"名优教师'进阶修炼'清单""引言"节选：

各位五、六年级语文名优教师：

首先恭贺大家成为我区的名优教师！教师专业发展有五个阶段：从新手教师到合格教师的适应期，从合格教师到成熟教师的成熟期，从成熟教师到骨干教师的发展期，从骨干教师到专家教师的创造前期，从专家教师到教育家的创造后期。就目前来看我们的专业发展大致处于从骨干教师到专家教师的创造前期。处于该阶段的我们对学科思想方法、学生差异有一定把握，教学技艺成熟，但还没有形成自己的教学特色和风格。该阶段的发展任务主要是：开展教育教学研究、改革、实验，总结反思教学经验、思想和风格并努力使之系统化。一句话，要努力使自己成为有"魅力"的教师。如何做？为大家奉上"名优教师'进阶修炼'清单"，希望对您成为"魅力教师"有所助益。

d. 正文：基于主题阐述"是什么、怎么做、为什么"。

"小学阅读教学中确定'教学内容'的清单"基于主题阐述"是什么"节选：

什么是教材解读？教材解读是把文本放入课程标准的相关年段，结合教材编者预设的单元设想，来最终确定它的教学价值。如果说一篇课文是一个语文知识的"全息点"，而整个语文课程是一个线性系统的话，那么教学就是要在这个线性的系统中，为文本找到它合适的坐标，并通过对全息的文本有所侧重、有所忽略的处理，来实现课程的意图。与文本解读不同，作为教材的解读，是一个收缩与定位的解读，它要求把文本视为教材，放到特定的单元中，放到整体的课程中来审视。文本解读可力求全面、深刻，而教材解读则需要合宜、贴切。

"提高学生小组合作学习效率的清单"基于主题阐述"怎么做"节选：

如何提高学生小组合作学习的效率？建议您在组织和开展合作学习时尝试去落实六条原则：一是建立小组成员积极的相互依存关系，二是增加学生面对面的互动，三是明确个人与小组的责任，四是培养人际与小组沟通技巧，五是引导学生总结合作学习经验，六是小组任务要有意义。

"家校微信、QQ 群管理清单"基于主题阐述"为什么"节选：

家长微信群怎么管理？这是一门教育学！因为围绕着教育的一切事情，都无形中具有教育学含义。微信群里的诸多随意，实际上为老师和家长都增添了许多麻烦。其根源，在于我们缺乏职业训练。在缺乏职业训练的情况下，一个人的智力、行为、语言及反应是松弛的、碎片化的。这不但会影响家校沟通的效果，给人以不专业甚至不靠谱的印象，也严重地影响到了家长对您的信任感。小事不小。职业发展，专业发展，都必须从敬畏小事开始。无论是一节课,还是一个群。

(2) 获取了对"教学清单"的价值认识。

① 对促进一线教师专业发展的积极意义。

综合调查对象对"您认为'教学清单'的好处是什么"(开放题)的回答,"教学清单"有如下好处:一是对夯实专业基础有促进,二是对改善教学实践有帮助,三是对丰富教育教学经验有助益,四是对提升教学反思与行动研究的能力有积极影响。这四个好处都直接指向了教师专业发展的核心和根本。可见,将"教学清单"应用于校本教研对一线教师的专业发展有积极的意义。

② 对一线教师教学的裨益。

综合调查对象对"您觉得这些'教学清单'对于自己开展教学实践,助益大小的情况"(单选题)的回答,202位教师全部认为有用,占总人数的100%。其中,有137人认为"教学清单"对于自己开展教学实践助益很大,占总人数的67.82%。整体来看,"教学清单"对于一线教师开展教学实践助益比较大。

③ 对一线教师的指导性和便捷性。

综合调查对象对"您认为'教学清单'使用的指导性和便捷性"(单选题)的回答,202位教师中,有183人认为"教学清单"好用、有效,占总人数的90.59%。可以看出,"教学清单"使用的指导性和便捷性比较好。

(3) 提炼了编制"教学清单"的理念和原则。

① 编制"教学清单"的理念。

"教学清单"的编写要遵循以下理念:一是服务区域教学,要致力于研究和解决实际问题,服务于区域教师的"教"和学生的"学";二是积累区域经验,要充分挖掘和吸收区域内外利于实际问题解决的有益经验,固化区域研究成果;三是繁荣区域学术,要合力共建区域学术交流平台,学与思、研与行、写与讲,人人参与,百花齐放,力促区域学术的繁荣。

② 编制"教学清单"的原则。

"教学清单"的编写要遵循以下原则:一是实,要实在,直抵本质和关键，融通理论和实践，具有可操作性；二是准，概念、事实、数据等务必准确，不发生明显的知识性错误；三是美，语言要简洁，结构要严谨，逻辑要严密，体现语言、结构、逻辑之美；四是全，内容要全面，认知理解、规则程序、行为方式等，全景呈现，系统解构。

2. 操作性成果

（1）形成了26份"教学清单"（略）。

（2）总结了编制"教学清单"的流程。

"教学清单"的编制包括以下流程：主题研读－读者定位－头脑风暴－组织－初写－修改。（图4-6）

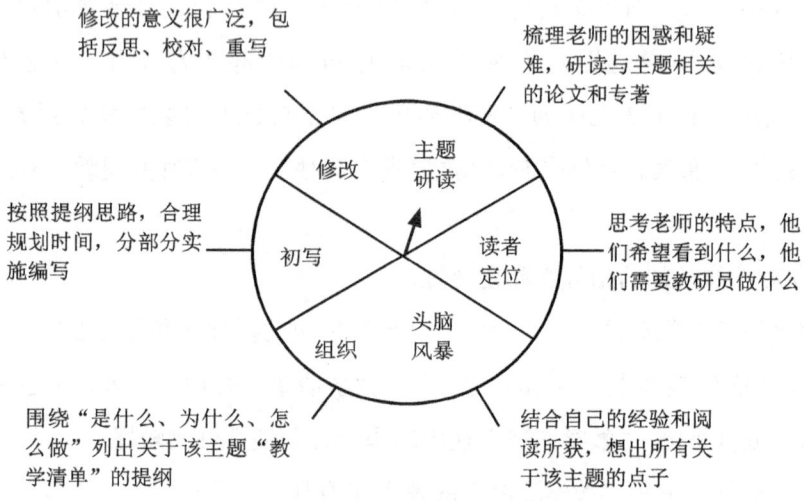

图4-6　"教学清单"编制流程图

（3）梳理了"教学清单"的应用模式。

应用，指适用区域校本教研和教育改革的需要，以供教师使用。在本研究中，具体指课程专家、教研员或学科专家将编制的以研究和解决学校教育教学中的实际问题为内容的"教学清单"发布给区内的一线教师，以供其阅读领会、实践运用和自我反思。

"教学清单"的应用模式如图4-7所示：

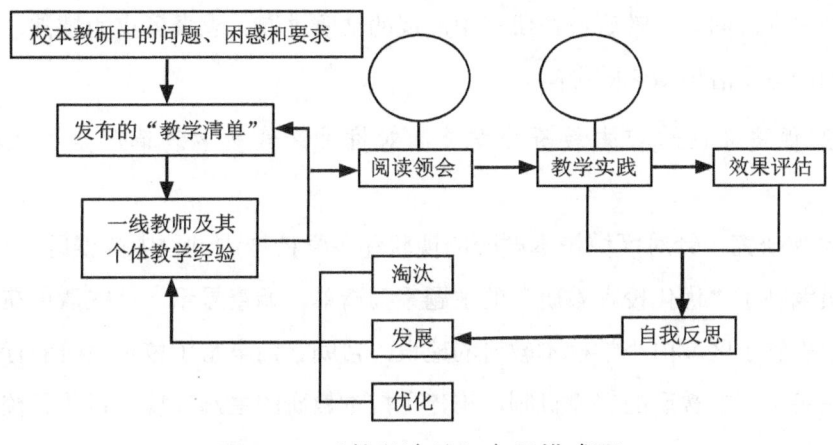

图4-7 "教学清单"应用模式图

(四) 成果的改革效益

本次研究,教研员编写的"教学清单"下载总量达5717次。主题涉及识字写字、阅读教学、习作教学、语文综合性学习、口语交际、教材教法、教学技能、课题研究、教师专业发展、教学管理、校本教研。整体来看,本研究效益如下:

1. 促进了教研员自身的专业发展

本次研究,教研员通过"教学清单"来统领、指引、带动、引发区内校本教研的行为和过程,从工作职能角度来说,它涉及落实教研工作基本职能;从课程领导角度来说,教研员角色正在从"学科指导"走向"课程领导";从专业智慧角度来说,教研员不仅积累了如何做好教研工作的经验,也更好地把握了教研工作的任务特质。因此,本研究提高了教研员自身的专业素养、专业能力、专业智慧和专业水平。

2. 促进了一线教师的专业发展

本次研究,教研员编写的"教学清单"呈现了丰富的学科与教育教学专业知识,它们在不同层面助力了一线教师的专业成长。调查显示:大部分一线教师在阅读、领会和实践运用这些"教学清单"的过程中,专业知识获得了极大的丰富,专业实践也在不同的程度上得到了改善和提高,理性认知和理论素养得到提升。同时，教研员在研究中展现的钻研进取、求真务实的精神，对一线教师产生了潜移默化的影响。

3. 促进了区域校本教研的发展，对推进区域教学改革产生了积极的影响

本次研究，针对区域校本教研的现状和各学校推进过程中的误区、盲区，教研员编制了"优化校本教研"的主题系列清单。调查显示，这些清单在一定程度上引领了区域内小学校本教研的建设，帮助它们丰富了校本教研的行动载体，完善了校本教研的保障机制，构建了校本教研的生态环境，优化了校本教研的具体实践。

（作者：成都市龙泉驿区教育科学研究院　付燕）

案例 9　校本课程开发 20 年

我国校本课程理论与实践的发展，与教育权力下放和办学多样化改革进程相伴随。特别是 20 世纪 90 年代后期，我国学校课程多样化建设的步伐开始明显加快，上海市先行探索必修课、选修课、活动课三个板块课程改革，到 1999 年国家决定试行三级课程，2001 年开始正式确定国家、地方和学校三级课程管理作为基本课程政策，由此开启了我国中小学校本课程 20 年的发展道路，形成了丰富多彩的创新理论成果与实践智慧。

（一）校本课程开发的理论准备

在促进我国课程多样化的进程中，课程理论工作者进行了艰难的探索，对于推动校本课程开发理论与实践研究作出了独特的贡献。

1. 校本课程开发的早期学术关注

20 世纪 90 年代以前，对学校一级的课程开发进行理论阐述的课程论学者是不多见的。王伟廉在《课程研究领域的探索》一书中曾对"以学校为基础的课程改革"做过简单的介绍[1]，可惜未能展开。钟启泉则较为明确地觉

察到学校一级课程开发的意义,他在《现代课程论》一书中说:"'课程开发'有不同的层级:国家一级的,地方一级的,学校一级的。这三者的关系各国是大不相同的。不过,今日的一般趋势是,学校在课程开发中起着创造性的作用,开发的主体是第一线的教师。这是对以往的中央集权型课程编订的批判。"[2]325 "课程不仅要有国家一级的开发,还要有扎根于学校的以学校(教师)为主体的课程开发。"[2] 349

1990年以后,一些课程论学者纷纷认识到学校的课程开发和课程管理权限问题的重要性。吕达等在《独木桥?阳关道?——未来中小学课程面面观》一书中提出中小学课程三级管理的构想,主张中央、地方和学校各司其职。[3] 廖哲勋在《课程学》一书中提出了类似的见解,主张按照等级结构组成全国中小学课程管理系统,全面发挥中央、地方和学校三级管理的积极性。[4]崔相录在《今日发达国家教育改革导论》一书中对以学校为基础的就业教育课程的模式进行了介绍,并对学校一级的课程开发提出了自己的思考,认为"课程的开发是在中央、地方、学校三级水平上进行的。其中,学校是基础"[5]。还有不少学者加入到探讨课程管理体制改革的行列中来。

2. 华东师范大学教育学者群的校本创新思维

值得注意的是,华东师范大学教育学者群在课程开发与管理机制变革的理论研究和实践探索中,引入"校本"观念,大大地深化了人们对于课程机制变革的认识,为突破中央集中课程机制一统天下的认识局限、推动课程多样化的进程,找到了一个重要的支点——校本课程开发。这个学者群不但显示出在课程机制变革上的理论新思维,而且与上海及周边地区乃至国家层面的课程教材改革实践保持着广泛而密切的联系,不少学者亲自参与了其中的课程教材的理论设计与行动研究,对课程教材改革的实际有着深切的体认。

钟启泉在对上海课程与教材改革"二期工程"提出建议时指出了三项艰巨的任务,其中第一项便是精心组织"以学校为基地的课程开发",使新生的课程教材在这种开发过程中不断完善、充实。他在《从"筛选型课程"到"普及型课程"》一文中引入和介绍了"学校本位的课程开发"概念,而其在《课程设计基础》一书中则从课程研究方法论的角度对"学校本位的课程开发"进行了阐述。[6]

施良方认识到,"我国多年来一直采用全国统一的课程计划和统编教材,教育工作者往往习惯于思考如何尽可能忠实地反映课程设计者的意图,并根据教材要求组织课堂教学。可能这也是多年来我国重教学理论,轻课程理论的原因之一"[7]133。而在谈到课程编制过程中需要注意的问题时,他主张让"教师与学生更多地参与课程决策、审议"[7]330,并认为"教师参与课程设计的课程改革将会成为一种趋势"[7]133。

崔允漷等学者团队身体力行,同江苏省锡山高级中学进行合作,开展"校本课程开发"的专题实验研究,并取得阶段性成果。①崔允漷有感于我国课程革新现状,主张学科专家、课程专家、社区教育代表、教师与学生等多方参与课程决策,并对教育变革中的课程意识与创新精神发出了呼唤。在《略论我国基础教育课程政策的改革方向》一文中,他对"以学校为本"的理念进行了澄清,并对校本课程开发中的课程政策问题提出了建议。[8]同时,他还将校本课程置于决策分享意义上进行历史透视[9],并坚持问题导向,探索校本课程的发展,首创本土化的"从课到课程"的专业规范。[10]

叶澜领导的"面向21世纪新基础教育"探索性研究,通过行动研究将"新基础教育观"融入学校的教育哲学思想。参加试验的中小学按照新教育哲学思想对其主要课程进行校本化实施,对教学内容和教学大纲进行结构性调整和补充,把知识结构和方法结构同时纳入课程设计之中,并将两类结构的学习和运用作为课程教学的重要任务,从而实现了课程教学的重大变革,进入了校本开发的轨道[11],掀起了"生命·实践"教育学派持续进行的学校教育教学改革热潮。

陈桂生、胡惠闵、黄向阳、王建军等在上海打虎山路第一小学与教师进

---

① 参见:江苏省锡山高级中学校本课程开发研究课题组.校本课程的研究与实验[J].课程·教材·教法,1999(2):18-23;崔允漷.从"选修课和活动课"走向"校本课程":"江苏省锡山高级中学校本课程"个案研究[J].教育发展研究,2000(2):22-26;朱士雄.校本课程开发的探索与思考[J].教育发展研究,2000(2):27-30;范舟.个性:在"校本课程"中生长[J].教育发展研究,2000(2):31-34.

行的课程发展研究[12]和德育情境教材开发合作研究，也是校本课程开发的典型个案。陈桂生在《关于"三级课程"问题》一文中指出了实施校本课程必须注意的前提性问题，认为"在中国既要改变基础教育课程'统得过死'的格局，又不宜贸然实行'校本课程'，把'试行国家课程、地方课程和学校课程'提上日程，是果断而又稳妥的决策"。他的这一思想在其论文《何谓"校本课程"？》中得到了进一步阐明。[13]

此外，洪光磊、张华、李雁冰等对"学校本位的课程开发"进行了不同程度的理论探讨。① 吴刚平、沈兰、鲁艳、周军、杜萍、傅建明等则对校本课程开发的特点与条件等方面进行了理论探讨和政策解读。②

（二）校本课程开发的创新成果

"三级管理"的课程管理机制理论和"三大板块结构"的课程设计理论为我国校本课程开发的理论与实践研究准备了重要条件，而校本课程开发的深化研究又为"三级管理"和"三大板块结构"的进一步明晰化、具体化和优化升级开辟了道路。这两个方面的结合使得"校本"观念这个"舶来品"被赋予了浓厚的中国本土色彩，为校本课程开发的政策化准备了应有的认识基础，成为我国课程变革领域取得的重要进展。

校本课程开发理论研究的深入，进一步激发了基层学校进行校本课程开发的实践需求，校本课程开发活动的积极性逐渐高涨，并且引起了决策部门的

---

① 参见：洪光磊."学校本位的课程开发"述评[J].外国中小学教育，1996（2）：12-15，44；李雁冰.追寻主体性：西方典型课程理论模式的旨趣[J].外国教育资料，1998（6）：73-77。

② 参见：吴刚平.校本课程开发的机遇与挑战[J].教育评论，1999（1）：54-56；吴刚平.校本课程开发的特点与条件[J].教育研究与实验，1999（3）：28-31；吴刚平.校本课程开发活动的类型分析[J].教育发展研究，1999（11）：37-41；吴刚平.校本课程开发的定性思考[J].课程·教材·教法，2000（7）：1-5；沈兰.课程权力再分配：校本课程政策解读[J].教育发展研究，1999（9）：35-38；崔允漷，杜萍.校本课程开发：辩护与批判[J].教育发展研究，1999（11）：32-36；鲁艳.校本课程：概念必须正确理解[J].教育发展研究，1999（12）：19-23；周军.试论影响校本课程开发的因素[J].教育发展研究，1999（12）：24-27；傅建明.校本课程支持策略的探讨：英国伦敦教育当局的经验[J].教育发展研究，2000（4）：47-50。

高度重视[14]，校本课程开发开始成为教育理论与实践界的热门话题。

1. 校本课程系列专著与咨询报告

在校本课程理论与实践研究的成果支持方面，华东师范大学课程与教学研究所学者群率先取得突破，在世纪交替之际接连出版校本课程理论与实践研究领域的三本专著，形成校本课程理论与实践的新兴学术成果，发挥了重要的专业支持作用和研究集群效应。

崔允漷结合国际比较研究和与锡山高中等中小学开展校本合作研究的经验总结，出版了《校本课程开发：理论与实践》一书。他站在国家三级课程政策如何转化为一线实践的高度，其内容组织以问题解决为导向，从政策研究、理论研究、实验研究和案例研究四个方面，深入阐释了校本课程的理论与实践问题。[15] 王斌华根据我国中小学教师课程能力建设需要，在借鉴国际校本课程研究成果基础上撰写了专著《校本课程论》。他有感于一线教师有开发校本课程的积极性却缺乏相应章法和规则的现实，以及理论工作者的理论准备责任，希望通过学术著述帮助一线教师把满腔的热情化为理智的行动，首先阐述校本课程的本质和基础，随后探讨校本课程的开发过程，最后介绍加拿大、美国、英国、澳大利亚校本课程的个案研究。[16] 吴刚平在博士论文研究基础上撰写的专著《校本课程开发》，高度关注了课程开发中的矛盾运动，特别是单一的国家课程开发策略同具体学校的多样性和差异性之间的矛盾运动，从国际背景、理论基础、操作技术、国外的经验、中国化的探索和前景展望六个部分，深入系统地探讨校本课程开发问题。[17] 前言1–2

在基础教育课程改革启动之际，钟启泉、崔允漷、张华、吴刚平等领衔撰写基础教育课程改革纲要研究报告，获教育部采用①，其中关于三级课程管理和学校课程的政策阐述，奠定了校本课程开发的政策理论基础。崔允漷、吴刚平在团队合作研究的基础上，领衔起草并向教育部提交校本课程政策咨询报告《学校课程管理指南》以及校本课程开发、三级课程管理和校本教研等系列

---

① 钟启泉、崔允漷、张华、吴刚平等领衔的《基础教育课程改革纲要》研究于2000年8月被教育部基础教育司采用，并于2003年7月3日获教育部颁发的第三届中国高校人文社会科学研究优秀成果奖一等奖。

研究报告，获教育部采用。尤其是《学校课程管理指南》，作为指导性政策文件，对基础教育课程改革国家级实验区的校本课程开设活动发挥了指导、引领和规范作用。

2. 校本课程开发实用案例与丛书

案例是理论的故乡。校本课程从理论倡导、政策要求到大范围推广实践，都离不开实用案例的示范、启示和引领。崔允漷主编并在华东师范大学出版社出版"中国校本课程开发案例丛书""课程实施与学校革新丛书""普通高中研究性学习案例研究丛书"等校本课程理论与实践探索的实用案例与系列丛书，吴刚平主编并分别在四川教育出版社、高等教育出版社出版"校本研究丛书""课程资源与课程管理丛书"，为广大中小学和教育研究者提供了重要的理论与实践参考。

一个特别具有标志性意义的事件是，华东师范大学崔允漷和美国斯坦福大学李·舒尔曼（Lee Shulman）共同主编英文版"中国课改与学校革新"（Curriculum Reform and School Innovation in China）书系。该书系用英语分专题向国际读者推介学校一级课程实施的"中国故事"，与世界同行分享破解新课程实施落差问题的"中国方案"，为世界课程共同体贡献"中国智慧"。[10] 82

其中《校本课程在中国：释放学校活力的理论与实践》（*School-Based Curriculum in China: Conceptions and Practices to Unleash School Vitality*）一书编制了面向英语世界的我国课程管理体制解释框架，描绘了我国校本课程本土化的意义、定位和进程，呈现了我国中小学开发和实施三类校本课程的实用案例，从整体课程规划、门类课程设计和具体校本课程开设三个方面勾勒出我国校本课程开发的实践图景，进而总结出具有应用价值的校本课程开发策略与技术，揭示了具有中国特色的校本课程理论与实践研究进展，分享了校本课程开发的中国经验和中国贡献。诚如书中所说，"中国校本课程经过20年的发展，已经从早期的新奇走向了广泛的认同，从一个概念，一项政策，一种试验性探索，走向了每一所学校的实践"[18]。

3. 校本课程研究的教学成果奖项

在某种意义上讲，我国校本课程研究成果重塑了课程决策的理论与实践基础。一批致力于学术创新的课程学者群和中小学一线教育工作者一道，以校本课程开发为突破口，不断开辟课程研究新领域，引领学校课程发展新方向，拓展学校课程能力建设新的生长点。

其中，崔允漷领衔主持的《国家课程改革背景下学校课程发展模式的建构与实践》研究，于2017年获上海市教育委员会、上海市人力资源和社会保障局颁发的上海市级教学成果特等奖，并于2018年获国家级教学成果一等奖。吴刚平领衔主持的《校本课程开发与实施》研究与《校本课程开发研究与推广》研究，分别于2010年12月获教育部颁发的基础教育课程改革教学研究成果一等奖，2013年获上海市教育委员会、上海市人力资源和社会保障局颁发的上海市级教学成果一等奖。胡惠闵领衔主持的《教研员"课程领导力提升"研修课程的开发与实践》研究，于2013年获上海市教育委员会、上海市人力资源和社会保障局颁发的上海市级教学成果一等奖。

这些围绕校本课程开发而取得的教学成果奖，既意味着对于课程改革理论与实践研究的肯定和鼓励，也反映了课程理论与实践研究的学术价值和社会影响。

（三）校本课程开发研究的整体样貌

在三级课程管理政策和校本课程开发实践需求的带动下，众多教育工作者纷纷加入校本课程开发的学术研究行列，推动校本课程开发理论与实践研究的持续发展。

如果以"校本课程"为关键词，或者以篇名中出现"校本课程"为条件，在中国知网进行搜索，共搜索到6559条结果。接下来，以CSSCI为筛选条件进行再次搜索，获得637条结果。这些发表于1999－2021年的关于校本课程的期刊论文可以在很大程度上代表我国校本课程开发20年的理论与实践研究的整体样貌。

1. 校本课程研究总体趋势

第一，从发文统计数量来看，1999－2021年有关校本课程的期刊论文发文数量呈现曲折发展趋势。其中，1999－2002年，有关校本课程的期刊论文发文数量不断增长；2003－2007年，发文数量保持相对平稳；而2008－2018

年，发文数量又增长至约上一时期的两倍，但在这期间，2014年和2017年发文数量较少，出现了小低谷；自2019年起，近三年有关校本课程的期刊论文数量明显减少（图4-8）。

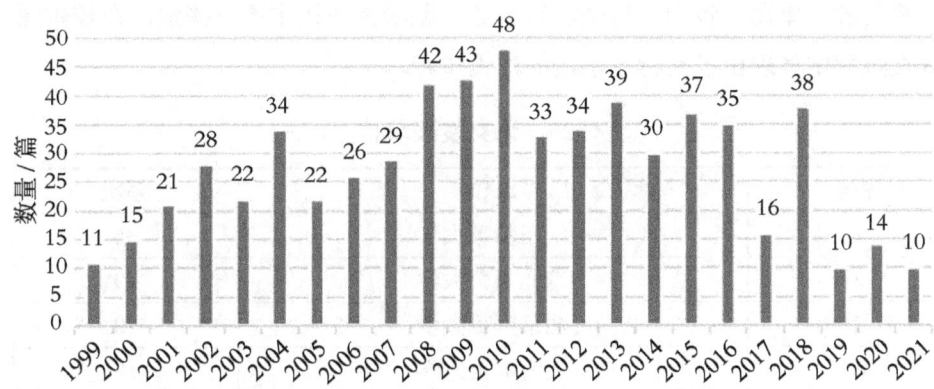

图4-8　1999—2021年有关校本课程的期刊论文发文数量总体趋势

第二，从发文期刊分布来看，相关论文共发布于89家期刊中。其中，前三位分别为《中国教育学刊》（收录91篇）、《课程·教材·教法》（收录82篇）、《上海教育科研》（收录58篇）。校本课程论文收录超过10篇的期刊如图4-9所示。在同行中，这些期刊知名度较高，体现了校本课程的影响力与发展态势。

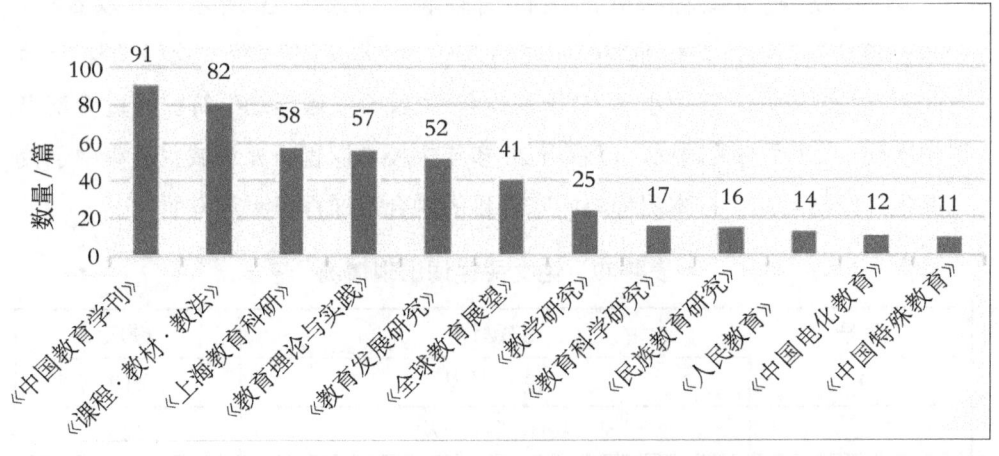

图4-9　校本课程发文来源期刊分布

第三，从研究学者群的单位构成来看，论文发表单位主要是师范大学或高校教育学院及研究所（表4-28），体现了高校科研团队的优势。值得注意的是，经统计，中小学教师参与了其中158篇论文的发表，这表明中小学也积极投入到校本课程的建设与开发中。其中，一些教育集团，如北京史家教育集团、培智教育集团（致力于特殊教育）等，积极参与校本课程探索，在校本课程开发过程中体现出了其特色学校的建设过程。

表4-28 论文发表单位

序号	单位	频次
1	华东师范大学	36
2	东北师范大学	29
3	北京师范大学	20
4	上海师范大学	18
5	浙江师范大学	15
6	香港中文大学	13
7	中央民族大学	12
8	西北师范大学	11
9	华中师范大学	7
10	西南师范大学	7

第四，从校本课程研究的关键词来看，如表4-29所示，可以看出，1999—2021年，校本课程领域的研究热点有"校本课程""校本课程开发""地方课程""课程改革""中小学""国家课程""综合实践活动"等。通过观察出现频次高于10次的关键词，可看出20多年来校本课程研究领域主要集中于校本课程开发与实施、校本课程与国家课程的融合及课程资源等方面。

表4-29 论文关键词出现情况

序号	关键词	频次
1	校本课程	419
2	校本课程开发	226
3	地方课程	76
4	中小学	33

续表

序号	关键词	频次
5	校本课程的开发	31
6	课程改革	27
7	校本课程建设	21
8	国家课程	16
9	课程开发	15
10	综合实践活动	14
11	课程资源	13
12	学校课程	13
13	课程实施	12
14	校本课程发展	12
15	开发与实施	11

第五，从校本课程的内容研究来看，如表4-30所示，在课程内容设置上，体育类、传统民族文化、生态环境教育、科技教育以及语文、英语等语言类内容，成为校本课程内容开发热点，体现了校本课程开发内容的多样性。

表4-30 校本课程内容情况

序号	内容领域	论文数
1	体育类	11
2	传统民族文化	10
3	生态环境教育	8
4	科技教育	8
5	语文类	8
6	英语类	7
7	综合实践活动	6
8	德育类	5
9	国学类	4
10	音乐类	3

2. 校本课程开发的研究话题与观点

在我国校本课程开发20年的发展进程中，不同时期有关校本课程的研究话题和侧重点会有所不同。同时，一些研究者会对阶段性进展作出梳理。在本文筛选的有关校本课程的文献中，有6篇综述性论文，分别关注课程改革十年中校本课程开发的进展与问题[19]、2001—2017年校本课程热点文献研究[20]、我国民族文化类校本课程研究的回溯[21]、小学校本课程内容设置调查及分析[22]、专业化校本课程设计方案的关键特征（以140份全国大赛获奖作品为分析对象）[23]、校本课程设计方案质量研究（基于全国2200份校本课程设计方案的实证分析）[24]。如果把这些筛选文献合并处理可以发现，在所发表的学术论文和研究报告中，校本课程研究的关注重点主要集中于理论建构和实践反思两个方面。

（1）关于校本课程的理论建构。

研究者在进行校本课程的理论建构时，一方面关注校本课程本身，致力于校本课程的开发与实践路径框架的探讨。其中，校本课程体系的搭建[25]及校本课程资源的设计[26]成为重要话题，校本课程内容领域研究也不断丰富，从关注基础学科领域，到关注多学科与跨学科发展，注重核心素养的培育，体现了校本课程实践对国家课程改革要求的积极响应。同时，校本课程实践也致力于新兴领域的探索和对数字技术的应用，如生命科学教育[27]与校本课程中信息技术的使用[28]等，这表明校本课程研究在不断开启新的理论研究话题。特别是，在校本课程相关文献中，针对文化类校本课程的理论构建及实践的文献有81篇，文化类校本课程成为热点之一。其中多数为基于文化传承的校本课程实践，同时也有部分文献基于文化自觉[29]、生计教育[30]及民族文化认同[31]等理论视角对文化类校本课程开发进行的理论探讨。

另一方面，关注校本课程与其他环境因素的关系。例如，有学者探讨了区域文化与合作教师文化的生成[32]，也有学者探讨了民族意识与校本课程的融合[33]。还有学者讨论了在校本课程中校长课程领导的功能和策略[34]，认为"通过课程改革促进学校变革固然具有一定的合理性，但由课程改革激起的新课程与学校原有制度的冲突长期得不到解决，即教育体制、学校制度不进行符合新课程要求的改革，校本课程将难以为继，'新课程'还将退回原有的课程状态，以维持系统的平衡"[35]。

这些研究体现了校本课程理论建构过程中对于各层级主体的深入探讨，包括特色学校建设、教师文化及基层权力等。石鸥在谈到特色高中建设时指出，"高中特色课程具备独特性、优质性、选择性、多样性和稳定性等特征，具有三方面的核心指标：一是课程门类和种类一定要多样；二是课程一定要有不同层次和不同倾向；三是课程一定要有不同的开设顺序和进度，不能完全齐步走。高中特色课程包括三大类：第一类是学校自己创造性开发的课程，是有特色的课程；第二类是学校对各种课程的创造性或特色化实施，是课程的特色；第三类是一所学校的整个课程结构及其实施方案，是课程的特色组合方案"[36]。也有学者认为，"境域性知识强调知识的语境性、地方性和动态性，对于优化三级课程管理、彰显校本课程开发特色、确证师生作为知识选择主体具有积极意义"[37]。

在校本课程的诸多理论建构中，崔允漷提出了教师、方案和学生三要素互动过程理论。[10]这是更为基础的课程理论模型，即超越经典的教师、教材、学生三要素理论。从教材到方案，体现从内容关注到学习设计的变化，从三要素到三要素互动，揭示课程育人的专业机制，消解师与生、教与学的二元对立，共同构筑成长与发展的旅程。校本课程开发可以放置在更为整体的学校课程创新格局中寻求生长点和突破口，据此建立相应的专业规范，包括分析需求、形成方案、编制纲要、组织审议和实施评估等流程和要求。吴刚平提出了需求主导、条件主导和目标主导三种校本课程实施模式，并可以根据实际进行组合创新和综合运用。[17] 125-127

（2）关于校本课程的实践反思。

自校本课程从理论走向实践以来，对于校本课程的实践探索和反思就一直相伴而行。其中，有学者主张从技术取向到文化取向，认为在校本课程发展过程中，校本课程实践探索受技术取向的影响，校本课程实施存在着重设计轻实施、重结果轻过程、重局部轻整体、重能力轻意愿的局限。而课程实施文化取向着眼于学校文化的整体更新，其在内在假定上与校本课程具有一致性，并对校本课程实践具有积极意义。文化取向下的校本课程实施，要以学校文化更新为根本追求，以实施主体关心为内在动力，以体制机制创新为重要保障。[38]校本课程实践领域一方面从课程角度进行校本课程开发与实践，另一方面也致力于学校文化与校本课程的融合，发挥学校、教师、学生等多主体的能动性，这与校本课程理论构建形成了相互促进的局面。

也有学者注意到了不同地区校本课程关注点的差异，发现同样是校本课程开发与实施，由于地区差异，校本课程关注点有明显不同。中西部少数民族地区多关注校本课程中民族文化的体现。以西藏地区为例，该地区校本课程研究多关注藏族文化教育[39]，表现了研究者对各民族文化边缘化的担忧。而生态环境教育、科技教育等领域的校本课程探索则多发生在中东部等较为发达的地区[40]，体现出研究者对素养发展的关注及对国际课程发展要求的思考。另外，有学者重点关注了农村地区的校本课程建设[41]，主要聚焦于农村校本课程开发与实施以及校本课程资源等方面的问题。

还有一些学者就校本课程提出了更多的实践反思视角，为校本课程发展注入新的改进动力和思考空间。比如，关于校本课程开发需要注意的问题，有学者主张"校本课程开发须坚持规范性，注意灵活性，强调创新性"[42]。也有学者强调"校本课程开发需要追求学生获得，从'校本'走向'学本'；需要提升学校课程领导力，走向合作的课程领导；需要明晰'三级''三类'课程之间的关系，走向转化生成，同时主动接纳'地方'，促进学校课程发展"[43]。还有学者认为，"随着课程实施的深入，多数教师能够对开发校本课程的必要性、校本课程特色和质量等问题有所思考，体现出其开发校本课程的自觉性和责任感；大部分学校能够按照规范的程序开发校本课程并付诸实施，但也遇到了时间、精力、经费、资料不足，开发校本课程的知识和技术欠缺，专家指导不够等困难"[44]。对于校本课程的设计实践，"校本课程规划方案中的课程目标对学生需求的回应不足，'合一致'维度是校本课程规划方案中的明显短板，校本课程规划中未明确学校的育人目标和教育哲学"[45]，"'技术性'是校本课程设计方案最薄弱的环节；校本课程设计质量在学段、课程类型、地区上存在差异；合作开发、健全的校本支持系统对校本课程设计方案质量有促进作用"[24] 78。更有学者强调,"学校课程规划的研制和实践水平之间是双向推动、互促深化的,大体经历四个发展阶段:外力推动下的执行性实践和格式化表达;实践审议中的调适性实践和存疑性表达;行动自觉中的发展性实践和叙事性表达;文化自觉中的科学化实践和主体性表达"[46]。

(四)校本课程开发的公益平台建设

在推进校本课程理论与实践研究方面,华东师范大学课程与教学研究所于2009年组建教研员研修中心"E教研员之家",成为包括校本课程开发在内的课程领导力提升的重要专业支持平台。截至2019年,研修中心"培训了145期来自29个省市自治区的教研员专家、名校长与名师,总计达7300多人,编制了6000多份各学科学期课程纲要,研修网站点击累计1400余万人次"[10]83。教育部基础教育课程研究华东师大中心、华东师范大学课程与教学研究所和上海真爱梦想公益基金会联合创建了全国性的校本课程设计大赛机制,推动了校本课程开发的专业公益平台建设。这一公益平台不仅开发和提供了校本课程纲要和教案研制的技术模板,还贯彻前置评价导向的理念,研制和提供了涉及先进性、一致性、技术性和原创性等4个维度共16项指标的评价工具,为中小学教师开发校本课程提供技术规范和专业支持。

自2012年5月启动第一届校本课程设计大赛以来,每两年举办一届校本课程设计大赛和学术研讨会,至今已连续进行5届,累计网络征集和共享14000多份校本课程纲要和42000多份教案,持续推动全国中小学校本课程设计学术理论交流和实践经验分享。

1. 校本课程设计大赛特等奖作品内容主题概况

从参赛人员地域分布看,参与校本课程设计大赛的中小学教师几乎涵盖全国所有省级行政区域。5届获得特等奖的作品按照主题内容领域,大致可分为创意设计与工艺制作、乡土文化与地方特色、艺术体验与户外拓展、科创信息与绿色环保、传统文化与红色经典等五大类,这在很大程度上反映了我国中小学教师校本课程设计的关注重点和技术能力的最新进展(表4-31)。

表4-31 校本课程设计大赛特等奖作品内容领域分布表

内容领域	课程名称	数量/个	占比/%
创意设计与工艺制作	"心灵手巧——'衍'纸创意""小手绘大桥""校园泥吧""熠尘陶艺""纸绳巧编织""花与叶——植物标本制作""创意废绳""牌楼结构形式研究与制作""陶艺""生活中的创意与设计"	10	20
乡土文化与地方特色	"沛县封侯虎""皮影""以核为艺,走进微雕世界(苏州核雕)""运河桥韵""稻米飘香""创意绘本""走进海南骑楼——由来、特色、艺术再现""护宝奇兵""乡情古塔""徐州泥玩具""走进地标""追忆通渭人家的荞麦情怀"	12	24
艺术体验与户外拓展	"儿童剧""表情的秘密""儿童音乐剧""心晴剧场""揭秘奇妙的手""艺术博览""野营""走呀,让我们采风去""妙笔花开——初中创意写作课程""青少年理财""激活彼此携手成长——校园心理剧""做智慧温暖的行者——'红十字精神'特色课程之文学艺术篇"	12	24
科创信息与绿色环保	"'火柴人'校园环保行动""速度与激情""龙湖沧桑""仰望星空·创意航天""数字博物馆之嘉定古城""低碳生活""环保酵素""信息乐园——我是校园新拍客""校园微电影""创客梦工厂""高中微型化学实验""舌尖上的化学"	12	24
传统文化与红色经典	"行走的思政课:'红色二七'研学课程""篆刻蒙学""小神农走进百草园""马克思主义·少年说"	4	8
合计		50	100

2. 校本课程设计大赛特等奖作品内容领域特点

五大类别中的具体课程特点十分明显:

创意设计与工艺制作类校本课程常以陶瓷、纸张、泥土、绳子等生活中常见的事物或当地特色工艺资源为学习材料,学生可以在此类课程中学习一项具体的工艺制作过程,充分发挥创意,设计物件作品。它们从课程目标到学习主题与活动的安排,再到评价任务设计,大体上都遵循同一种设计思路。首先，学生需要通过各种形式的活动了解一项手工艺制作的基本流程、所需工具、具体技法等内容，同时学习如何欣赏该手工艺制品。其次，在做好前期准备工作的基础上，教师设置课时留给学生设计与制作，学生则将先前所学的手工艺知识与技能应用到实际动手操作过程中，充分体验作品创作的全过程。最后，学生再通过作品展示与评价环节加深对手工艺的认识与理解，同时也获得校本课程学习的成就感与欣赏他人、评价他人的能力。

乡土文化与地方特色类校本课程主要以介绍某一地区的物质文化遗产或非物质文化遗产为主要切入点展开，课程内容充分反映了地方特色，为学生深入了解、欣赏、传承家乡文化提供了学习机会。其设计以两种思路为代表。第一种思路常选取能够反映地方特色的手工艺项目作为课程主要内容，如"皮影""以核为艺，走进微雕世界（苏州核雕）""徐州泥玩具"等。该思路的整体过程和创意设计与工艺制作类校本课程类似，即遵循"了解并欣赏地方手工艺及其历史文化－设计并创造地方手工艺作品－展示并评价自身与同伴的手工艺作品"的学习活动安排流程。与前一类主题的校本课程的区别在于，乡土文化与地方特色类校本课程在前者的基础上，更加凸显手工艺项目的地方性与独特性，侧重于对学生家乡情怀的培养。第二种思路以地标性建筑为主要线索，串联地方文化共同构成校本课程学习内容，进而结合项目化学习的特点组织学习活动，如"运河桥韵""走进海南骑楼——由来、特色、艺术再见""乡情古塔""走进地标"等。遵循此类思路的课程设计共通点在于，教师在指导学生做好前期了解与准备工作的基础上，专门设置课时组织学生实地参观考察，以提供实践机会让学生在亲身体验中感知家乡文化、认识家乡文化。在学生拥有切身体会后，再设计家乡旅游路线规划、家乡绘本绘制、家乡短片制作等成果展示活动，鼓励学生将对家乡的全新认知与情感转化为实物或非实物作品，体现自己的所思、所获、所感。

艺术体验与户外拓展类校本课程着重鼓励学生探索自我、探索世界，学生可以在此类课程的学习过程中体验以剧目创作、舞台表演为代表的艺术形式，也可以走出课堂、投身自然，感知周围的点滴世界。它们的共性在于：首先，在课程内容的切入点选取上贴近学生生活，如身体的构造、生活的地方等。这些课程内容的切入点是学生在日常生活中经常面对的，但他们又没有一个完整的学习机会更加深入、全面地了解它们，而校本课程的设计可以帮助他们重新认识这些熟悉的事物与环境。其次，在课程活动的安排上注重学生自身的表达、创作与探索。教师善于通过丰富多样的活动，如情境游戏、剧本改编或创编、剧目排演、新闻采编等，鼓励学生充分释放自我表达的欲望，在这些活动中勇敢地表达自己的想法，尽可能地在同伴面前展示自己。最后，在课程评价的设计上强调过程性评价。由于此类课程设计的最终目的不在于评价学生成果质量的优劣，而在于学生在学习过程中的表现，故过程性评价是此类课程设计中教师所关注和侧重的基本原则。

科创信息与绿色环保类校本课程主要吸纳21世纪新兴教育理念，如创客教育、STEM教育、环境教育等，在这些理念的指导下展开课程设计，为学生提供了解世界范围内都在关心的科技发展、环境保护等重要议题的学习机会。此类课程均反映出整合性越来越强的趋势，逐步转向以问题解决为导向的综合性学习，学生在校本课程学习的过程中能够自发地调动各个学科的知识与思维方式，从不同学科视角出发共同解决同一个核心问题，如"速度与激情""创客梦工厂"等。教师开始结合学生生活的环境，如学校、家乡等可能出现或常出现的环境问题展开设计，引导学生针对这些问题设计方案，践行力所能及的环保举动，继而经历从发现问题、提出问题到解决问题的完整学习过程。由于科创信息与绿色环保类校本课程中的主题任务或核心问题指向各不相同，因此此类课程并没有固定的设计思路，学习活动的安排与评价任务的设计由项目或问题驱动，呈现出丰富多样的形式，如微电影制作、调查报告撰写、模型搭建等，保证学生学有所获的同时也增加学习过程的趣味性与新鲜感。

传统文化与红色经典类校本课程是近年来在落实立德树人根本任务和实现中华民族伟大复兴中国梦的指引下，学校与教师开始特别关注的一类课程。

此类课程着重弘扬中华传统文化、国家发展进程中值得传颂的革命精神和奉献精神等，学生可以通过课程学习探索这些经典文化与精神在新时代的意义。与其他四类主题的校本课程相比，此类校本课程的开发还在探索阶段，故总体而言获奖案例相对较少。从学段维度来看，传统文化与红色经典类校本课程主要分布在小学。然而，这并不意味着此类课程只适用于小学生，其同样也可以向初中生与高中生开放。由于此类课程所涉及的主要内容与其他类别的课程相比，并不是学生日常生活中常常能够接触到的。因此，具有历史感和抽象性的内容需尽可能与学生所处的现代情境建立起联系，并以多样化、趣味性强的活动串联学习内容。此外，课程评价也应更侧重于学生在课程学习中的过程性体验与对课程学习的心得、感悟等。

总体而言，我国校本课程开发历经 20 年的发展，无论是学术理论研究，还是创新实践探索，都取得了相当瞩目的成就。但我们必须十分清醒地看到，我国校本课程发展在区域之间、学校之间都很不平衡，还需要站在课程改革乃至整个学校教育改革的整体发展战略的高度，继续进行多层次、分类别、分阶段和分步骤的深化研究和改进探索，从而进一步发掘和激活校本课程开发的学校教育创新潜力，更好地服务于中小学立德树人根本任务。

（作者：吴刚平／华东师范大学课程与教学研究所，陈华／江苏第二师范学院学前教育学院，徐晨盈、赵晓雨／华东师范大学课程与教学研究所。原载《全球教育展望》2021 年第 12 期）

参考文献：

[1] 王伟廉.课程研究领域的探索[M].成都：四川教育出版社，1988：215-218.

[2] 钟启泉.现代课程论[M].上海：上海教育出版社，1989.

[3] 吕达，等.独木桥？阳关道？：未来中小学课程面面观[M].北京：中信出版社，1991：247-249.

[4] 廖哲勋.课程学[M].武汉:华中师范大学出版社,1991:338-339.

[5] 崔相录.今日发达国家教育改革导论[M].北京:教育科学出版社,1992:140.

[6] 钟启泉.课程设计基础[M].济南:山东教育出版社,1998:16-21.

[7] 施良方.课程理论:课程的基础、原理与问题[M].北京:教育科学出版社,1996.

[8] 崔允漷.略论我国基础教育课程政策的改革方向[J].教育发展研究,1999(9):32-34.

[9] 崔允漷,沈兰.走向决策分享:国家课程与校本课程的历史透视[J].教育研究,2000(7):65-70.

[10] 崔允漷.学校课程发展"中国模式"的建构与实践[J].全球教育展望,2019(10):73-84.

[11] 叶澜."新基础教育"探索性研究报告集[M].上海:上海三联书店,1999.

[12] 卞松泉,胡惠闵.为学生开设这样的课程:上海市打虎山路第一小学学校课程发展研究[M].上海:华东师范大学出版社,2009.

[13] 陈桂生.何谓"校本课程"?[J].河北师范大学学报(教育科学版),1999(4):57-59,105.

[14] 王丽.中小学教育课程改革开始启动[N].北京青年报,1999-05-21.

[15] 崔允漷.校本课程开发:理论与实践[M].北京:教育科学出版社,2000:前言1-3.

[16] 王斌华.校本课程论[M].上海:上海教育出版社,2000:前言1-3.

[17] 吴刚平.校本课程开发[M].成都:四川教育出版社,2002.

[18] CUI Y H, LEI H, ZHOU W Y. School-based curriculum in China: conceptions and practices to unleash school vitality[M].Singapore:Springer Nature Singapore Pte Ltd.,2020:141.

[19] 叶波,范蔚.课程改革十年:校本课程开发的进展、问题与展望[J].教育科学研究,2012(4):47-52,56.

[20] 王囡.基于共词分析的2001—2017年校本课程热点文献研究[J].课程·教材·教法,2018(9):134-139.

[21] 朱薇,李保强.我国民族文化类校本课程研究的回溯与展望:基于CNKI的Citespace知识图谱分析[J].民族教育研究,2020(1):140-147.

[22] 马强.小学校本课程内容设置调查及分析[J].上海教育科研,2007(3):78-79.

[23] 刘登珲.专业化校本课程设计方案的关键特征及其实现:以140份全国大赛获奖作品为分析对象[J].中国教育学刊,2016(7):56-62.

[24] 刘登珲.校本课程设计方案质量研究:基于全国2200份校本课程设计方案的实证分析[J].教育发展研究,2016(10):78-84.

[25] 魏存智.浅谈"五层级"校本课程体系的构建:以河南省濮阳市实验小学为例[J].教育理论与实践,2018(14):49-51.

[26] 刘世民,苑大勇.中国校本课程资源的多样性及启示[J].四川师范大学学报(社会科学版),2011(4):145-149.

[27] 严洁,申丽娜."生命科学拓展实验"校本课程的开发研究[J].上海教育科研,2009(5):80-81.

[28] 陈凯鸣.培智学校校本课程资源的信息管理[J].中国特殊教育,2006(6):62-65.

[29] 廖辉.基于文化自觉的多元文化校本课程开发[J].中国人民大学教育学刊,2021(1):5-14.

[30] 袁凤琴.生计教育视野下民族地区校本课程开发的问题与对策:以贵州省黎平县为例[J].贵州民族研究,2015(11):238-241.

[31] 德纯.民族文化认同视角下达斡尔族校本课程构建研究[J].黑龙江高教研究,2014(11):116-118.

[32] 熊梅,马玉宾.校本课程整合与合作的教师文化的生成[J].教育研究,2005(10):49-54.

[33] 程东亚,杨金香.中华民族共同体意识融入民族地区校本课程开发路径探索[J].西藏大学学报(社会科学版),2020(2):188-193.

[34] 邹尚智.论中小学校长校本课程领导的功能和策略[J].课程·教材·教法,2007(1):19-22.

[35] 鲍道宏.校本课程开发中的文化冲突及其调适[J].教育发展研究,2012(Z2):96.

[36] 石鸥.普通高中特色课程开发研究[J].中国教育学刊,2012(12):1.

[37] 叶波."地域"还是"境域":校本课程开发中知识选择的思考[J].教育发展研究,2015(6):53.

[38] 叶波.校本课程实施:从技术取向到文化取向[J].中国教育学刊,2012(6):56-59.

[39] 陈婷.基于优秀民族文化传承的校本课程开发实践探索:以拉萨市实验小学藏文化特色校本课程为例[J].民族教育研究,2020(1):148-153.

[40] 张屹,高晗蕊,张岩,等.教学目标导向的小学STEM校本课程研发与实施:以《小红鹰气象站的建设与运用》课程为例[J].中国电化教育,2021(4):67-74.

[41] 欧兴德.西部农村儿童线描画特色校本课程开发与实施:以重庆市北碚区复兴小学为例[J].教育学术月刊,2020(5):104-111.

[42] 廖哲勋.关于校本课程开发的理论思考[J].课程·教材·教法,2004(8):11.

[43] 李臣之.校本课程开发的三个基本问题[J].课程·教材·教法,2012(5):8.

[44] 马云鹏,金轩竹,张振.我国课程实施研究20年回顾与展望[J].教育研究与实验,2019(5):42.

［45］崔允漷，周文叶，岑俐，等.校本课程规划：短板何在：基于Z市初中校本课程规划方案的分析[J].教育研究，2016（10）：87.

［46］吴晓玲.论学校课程规划的过程性：基于江苏省义务教育学校课程规划状况的调查[J].教育科学研究，2017（7）：65.

第五章　校本教研之备忘篇

此内容来源于2011—2022年关于听课记录的个人随笔，每一段文字都是真实、应景、率性的记录，每一段文字的背后都有故事发生，每一段文字都需要结合学科、年段、时空和教师个性特质等因人而变、应时而进、守正创新。

一、南阳部分（2011年9月—2016年6月）

（1）提高课堂效率在复习课中大为重要，讲究方法，定时、定量、促质，是数学课堂规范练习的必然选择。高效课堂是目标，有效课堂是基础。做好准备是前提，课堂实效是关键，师生互动是方法。（2011年9月14日）

（2）教师利用多媒体开展课堂教学活动，把握问题这一主线，注重学生自学思考，讨论小结，点拨指导，逐步推进课堂进程，注意重点突破。（2011年9月23日）

（3）"教是为了不教"，培养学生的自主学习能力任重道远。全心研究教材、把握教材是教师永远的根本。高效课堂的精髓在于体现一个"效"字，如何高效地回归本质还是重在把握好教材，精心设计我们的教学过程。由个体学习转向小组互助学习，增添原动力和活力，教师发挥主导和引导作用，充分尊重学生的个性特征，使学生在小组学习中获得快乐，同时感受到小组这个集体的温度。深钻教材，提炼教材中所包含的思想是重中之重的任务。（2011年12月2日）

（4）课堂是我们实施"高效课堂"的主阵地。教师应该思考，课堂怎样教才是有效的，学生怎样学才是快乐的，如何把握课堂上自己的教法，让更多的学生参与，让课堂更具活力，如何去把握教与学的切入点和结合点，让学生学习好，身心也得到发展，将成为我们今后努力的方向。创境设问－互动探究－精讲点拨－巩固拓展，为高效加油充电。课堂教学，是教与学的双边活动，教师的教只有通过学生的学才能发挥作用，取得实效。教给学生良好的学习方法，对提高课堂教学效率十分重要，打造高效课堂，终身受益。（2011年12月2日）

（5）让理性的知识在大脑中形成感性的图像，更好地巩固所学的知识。（2011年12月2日）

（6）施教之功，贵在诱导；进学之功，贵在领悟。（2011年12月2日）

（7）教师在课堂上讲什么当然重要，但学生想什么更为重要。（2011年12月2日）

（8）生物学习的过程中也需要阅读——朗读、齐读优美的句子。文理兼容，通融，借鉴共进。讲要有启发性、示范性、点拨性，定时定量进行阅读把握，读出韵味，读出理性，读出感悟，读出习惯，读出质量。（2011年12月2日）

（9）字字锤炼，句句经营；脚踏实地，步步为营，我的课堂我做主。（2011年12月6日）

（10）至乐无声是孝悌，大羹有味是诗书。读书是福，开卷有益；学研成长，读为前提。（2011年12月12日）

（11）有效课堂是教师课堂的基础性要求，追求高效是我们不断努力的目标所在。从有效到高效是教师专业成长的必由之路。而二次成长的过程重点靠在实践中学习，靠在实践中反思，靠在课堂中提升，靠在课堂中检验。要加大力度学习、反思、提升，不断进步。教师的二次专业成长更突出了课堂上的实践学习：在课堂上（实践）－学习、感悟、反思、提升－再运用到课堂上，进一步（实践）－学习、感悟、反思、提升，循环往复，不断提高，就能实现二次成长的目标，完成"教书匠"向"教学能手"到"教学专家"的转变。这也是一个不断积累教学经验的过程，更是一个不断展现教育智慧的过程。在这个过程中，师生激发了生命的活力，体现了教师劳动的乐趣和价值。（2011年12

月12日）

（12）课改的核心在转变学生的学习方式。两句话的认同：①讲出来让别人听是最好的学习方法——让学生讲出来，让其他人听明白是最好的教学方法。②课堂上教师的精彩不如学生的精彩——教师讲得好不如学生学得好。教师的精彩不如学生的精彩，这是奋斗的方向所在。（2011年12月12日）

（13）课堂特色是最重要、最长效、最有生命活力的特色。课堂高效，质量超群，是教师最气派的底色和品牌。（2011年12月12日）

（14）理性点评，注重实效——关注解决问题的方法；疑难讲评，教理剖析——关注解决问题的思路；全员参与，上下同练——关注解决问题的效果；规范落实，瞄准中考——关注解决问题的方向；研究课堂，提升质量——关注解决问题的目标。（2011年12月14日）

（15）让学习提纲成为拐杖，让社会生活走进课堂。数学来源于生活实践，服务于生产生活，让生活走进课堂，注重课堂中数学的生活化和实效性，把数学课堂变成学生思维的"天堂"。（2011年12月14日）

（16）课堂中，改变关系，改变思路，改变教法，改变学法，改变进程，改变实效。减少讲解量，减少代办量；增加主动参与活动量，增加练习全员性。（2011年12月14日）

（17）全力抓校本，专心提质量，做到"四要四有"。"四要"指教研要热情，坚持反思，带动才行；备课要充分，案头工作，打磨求精；课改要先行，骨干引领，上下联动；管理要到位，改进方法，落实为重。"四有"指有干劲、有方法、有创意、有特色。（2011年12月14日）

（18）思必求新，行必求动。术业专攻，学必有成。（2011年12月15日）

（19）教师课堂的前瞻性是值得向往的目标所在，也是高效课堂的一个重要方面。从发展的观点来看，这类课堂是有希望的，这类教师是有前途的。继承传统，转变思想，更新换代，实现共赢。（2011年12月15日）

（20）挑战自我，突破极限。认清"五怕五不怕"：条件差不可怕，可怕的是管理差；有困难不可怕，可怕的是没精神；差距大不可怕，可怕的是没进步；行动慢不可怕，可怕的是没行动；落后点不可怕，可怕的是没想法。落地"五比五不比"：不比阔气比志气，不比聪明比勤奋，不比基础比进步，不比条件比智慧，不比一人比团队。（2011年12月19日）

（21）自主是课堂之本，活跃是课堂之魂。（2011年12月20日）

（22）剖析例题体现学生自主，强化学生训练，注重规范答题，采用一观察、二读题、三思考、四练习、五分析、六指导、七板书、八总结的思路。（2011年12月20日）

（23）学生要多动手动心，才能强化动脑。教师说得多没用，学生说得才有用。（2011年9月3日）

（24）富有活力的课堂本身就是高效的课堂，数学的缜密与规矩应成为各学科的榜样，校本教研也应该这样。（2012年9月17日）

（25）三分教，七分管；三分课，七分研。突出重点，突出训练，注重互动，注重实效，发挥课件的助力作用——好东西不可滥用。（2012年9月17日）

（26）物理现象和古诗相结合——文理通融，点评到位。不要想着课堂必须圆满，要以学生实际和解决问题为准，真正突出相关问题，并予以解决，不必面面俱到，课堂上善于取舍很关键。（2012年9月26日）

（27）应试水平在现实来说也是非常重要的素质。①利用多媒体手段扩充课堂容量。②课堂的核心在于学生的参与度和要点的巩固率，要组织好课堂，努力打造活力课堂。实际上，活力课堂本身就是有效课堂，进而是高效课堂。③文科教学更能给后进生多一些机会，多提供平台，多一些激励。④文科互通，知识与方法交织更宽泛；文理通融，交流互鉴，成长实用。⑤加强教研，注重实效，共同打拼和提高，赢得尊严，展示形象。（2012年9月26日）

（28）体育课涉及科目杂多，特别是边缘学科，代表着学校的形象，应提升学生的素质，这种素质不仅是身体素质，也有礼仪素质、形象素质、劳动素质。这与教师扎实的基本功是密不可分的，是与校本教研正相关的。（2012年10月23日）

（29）校本教研的成功在于，能成就一种分工碰撞、竞争合作与激励扶持

相融合的效能课堂。(2012 年 10 月 23 日)

（30）思想上的落后导致行为上的倦怠，行为上的倦怠带来精神上的负担，精神上的负担长久积淀，则影响身心健康——恶性循环对人的打击是巨大的。从改变思想上去努力改变自己、影响他人，使自己和他人更快乐、更幸福，使学科团队更有战斗力。这也是对学校教研组的工作要求。(2012 年 10 月 23 日)

（31）从生命的角度来看待每节语文课，从传承的责任来上好每节语文课。感谢各位语文教师勠力同心、教研求真，让教化之精神永世长存，让人文之底蕴滋养终生。(2012 年 10 月 23 日)

（32）师者，为人系本，为教系职，为学系理，为道系文，为研系生。(2012 年 10 月 23 日)

（33）关注课堂，看秩序、自学、师生互动、检测、拓展、课件等；服务课堂，看教师的教研、示范、反思等，看学生的课堂规范、展示激励、氛围状态等。(2012 年 10 月 23 日)

（34）学科研讨及时化，优生追踪常态化，一追到底，一抓落实，一定有效。(2012 年 5 月 10 日)

（35）课堂上教师的目光时刻关注学生，一则友爱，二则尊重，三则重视，四则监控。同时，时刻保持激情，时刻注意忍耐，时刻学会反思，时刻讲求方法，时刻牢记目标，时刻想到坚持，时刻树立形象，时刻提升素养。(2013 年 4 月 28 日)

（36）放手给学生时空，让学生自主探究，得到知识，学习方法，获取智慧。语文要站得高，才能看得远，厚积薄发，素质熏陶，胸中有丘壑，课堂有灵动，教研有成效。(2012 年 12 月 13 日)

（37）教学有法，教无定法，求语文之本真；轻松课堂，享受语言文字的乐趣，体现课程的实用性和生活化。下课后，学生有余音未了意、恋恋不舍情，这是语文教师追求的更高境界。(2012 年 12 月 13 日)

（38）厚积薄发，博闻强识；落实是关键，细节是魔鬼；天马行空是课

堂，嬉笑怒骂皆文章。(2012年12月13日)

（39）学生活动抓落实，整体感知得享受，在享受中抓落实——练好笔，得感悟，中小学关键在课堂落实。思路的问题、方法的问题、育人的问题都是学生成长中长期的问题。基础性的听说读写是最主要的任务，这是为孩子一生奠定基础，所以语文的问题从一定意义上说是孩子人生的问题。(2012年12月18日)

（40）一个小团队就是一所小分校。团队合作在校本研讨中体现，小组合作在课堂探究中形成，团结协作在班级管理中落实。(2012年12月18日)

（41）课堂中学生参与面、参与程度是最有效的课堂指标，不能给学生留足参与课堂的时空和自主要求的课堂是不成功的课堂。传统与高效并不矛盾，容量大小与课堂实效并不冲突，要切实让学生动起来，发挥主体作用，在师生互动、智慧碰撞中促进课堂高效，真正实现充满活力的目标。而这一目标的达成，更需要校本教研团队的支撑。(2013年3月22日)

（42）知识习题化，内容清单化，检测小页化，展示主体化，训练最大化，这是校本教研的成果所在。(2013年3月24日)

（43）听课是学习，也是享受。立足课堂，加强教研，突出主体，落实训练，玩智力不拼体力，比成绩不看时间。(2013年3月24日)

（44）让更多的学生会做题，让更多会做题的学生多得分。留给学生读记时间，掌握更重要。课堂高效在做不在说，在实效不在作秀，在坚持不在一时。从参与到带动，步步求成；从实效到高效，逐步享受；出工出力出成绩，省工省力好成绩。高效的问题需要激情，需要训练，需要读记，更需要集体教研和个性备课。(2013年5月3日)

（45）为了尊严，为了荣誉，为了形象，坚守课堂，提升课堂，坚持到底，笑到最后，不观望，不犹豫，不迟疑，教研为先，集备为重，立即行动。(2013年5月30日)

（46）勤奋和智慧是双胞胎，懒惰和愚蠢是亲兄弟。勤者读书夜达旦，青藤绕屋花连云。善学者尽其理，诲人之长以补其短；善行者究其难，同伴互助

以扬其长。(2013年2月20日)

（47）拥有梦想只是一种智力，实现梦想才是一种能力。努力就是光，成功就是影。没有光哪来的影？仰不愧天，俯不愧人，内不愧心。勤奋的含义是今天的热血，而不是明天的决心。(2013年2月20日)

（48）监控课堂，追踪服务；作业督查，落实抽考；培优看课堂，评卷要补缺；质量要提升，关键在教研。(2013年2月27日)

（49）改进工作作风，培优提升质量；坚决落实常规，克服习以为常。教研是基础，功夫在课堂，关键需执行，提升学科团队的执行力。(2013年2月27日)

（50）培优是目标，补差是手段。关注优秀生，不掉队；盯住临界生，多提高；看住学困生，少辍学。对标关键教师，聚焦重点学生。(2013年2月28日)

（51）分层推进的关键在于讲"重点内容"，学生讲一遍是掌握最好的方法。板演分层次，临界学生做板演，优秀学生纠正评价。(2013年2月28日)

（52）采用"定目标、压担子、吃小灶、点菜运菜"的方式，来落实培优补弱工作会更有效。根据学情定目标，分解任务压担子，个别辅导吃小灶，点菜运菜搞验收。扬长避短，规范争先。心中有数，坚持训练。瞄准目标不放松，坚持打拼我先赢。(2013年3月1日)

（53）"需要"才有渴望——谁需要就给谁开小灶。人人都实干，事事都干实，环环都实在，件件抓落实。活干细，上水平，抓细节，提品位。方法大于气力，头脑比手脚更重要。教室有学生就有老师，有老师就有管理，有老师就要有领导——关注、协调和验收。(2013年3月1日)

（54）培优家长112111：每天一次验收（培优作业），2分钟；每天一次陪伴，10—60分钟不等；每天二次接送，早5分钟，晚10分钟；每周一次联络，班主任交谈10分钟，了解动态；每考一次返校，见班主任和任课老师，共同找差距，想办法，促进步，强合作；每考一次安抚，谈心鼓励，加压激劲。(2013年3月1日)

（55）毕业班作业问题：多见题，规范题，高效题。校本教研见水平，重点筛选要成绩，举一反三找办法，作业落实见成绩。（2013年3月11日）

（56）教研提升灵性、悟性，典题训练，实干、巧干。想是问题，做是答案，输在犹豫，赢在行动。（2013年5月7日）

（57）课堂，点燃激情；教研，助力成功。争的不单单是努力，而是更努力；比的不单单是进步，而是大进步！（2013年5月10日）

（58）教研培优——分层次布置，作业不可少，重点题反复做；综合题要穿插，"小鞭子"经常抽。课堂也是落实的主阵地，要狠下心来，"挤兑"一次就行；"拳头"行动合力落实，想方设法提高成绩；消灭不及格，打倒不优秀。（2014年2月11日）

（59）团队备考，积极服务，全力打拼，力求进步。进步就是好样的，教研就是成功的，提高就是优秀的。（2014年2月12日）

（60）中考"拳头"行动，要瞄准目标，追踪培优，"砸"到位；学科研讨规划好，班级研讨谈心好，特优攻坚综训好。（2014年2月18日）

（61）校本教研为备考——激情备考、科学备考、和谐备考、跟踪备考、盯人备考。过去的做法只是习惯，不一定是经验，经验也不一定是经典，若没有改进，教师的备考就会一年不如一年。（2014年2月18日）

（62）仁德之心干教育，父母之心为人师；坚定目标不动摇，追踪教研不放松，狠抓落实不懈怠。（2014年2月18日）

（63）基础年级的班主任做好每天的小抽测，抓紧落实，天天后边黑板有公布，这就是黑板报的重要内容。任课教师做到：每堂课的个性落实，守好底线；每周汇总的抽测成绩，用好平台；每次成绩的质量分析，做好改进。（2014年2月20日）

（64）校本教研要从统计的角度来确定知识点，从概率的角度来把握核心知识点。核心知识点范围是有限的，确定之后再来把握，核心知识点是怎样生成的，再分析课堂学研，谁分析到位谁就走捷径，谁把握精准谁就更高效。（2014年3月6日）

（65）规范在于训练，进步需要测试。教学能力是练出来的，不是讲出来的。教师要下功夫，找准点，找对人，找好法，抓落实。发动优秀学生，做教师的小助手，找考点印单页（把握知识点），然后逼着学生定时定量规范做和测，看着学生在眼皮底下完成，先从量上落实，再从质上解决，形成有效的考试能力，这才是真正有效的落实办法。（2014年3月6日）

（66）交流协作生成智慧，智慧碰撞产生火花，不断生成新思维、新方法、新收获、新启发等，学生参与至关重要，感情投入效果更好。（2014年3月11日）

（67）历史命题教研感悟：古今中外，正逆切入，综合拓展，材料剖析，事件串联，整合育人。课堂工作法——面批面改，培优学生互批互改，重点在改，即纠正。原题重做，一道题做两次，比讲评效果好；学生讲过的题更能举一反三、触类旁通。（2014年3月20日）

（68）让更多的学生学会做题，让更多会做题的学生多得分。坚信做一题会一题，一题决定成绩；拼一分多一分，一分决定未来。数学学科更要分类确定失分目标，倒逼学生自我约束。以考代练是最好的方式，让考过的得满分，讲过的得高分，做过的少失分。（2014年5月15日）

（69）训练重要，方向更重要。看病吃药，因材施教；个性训练，把握方向，精选习题，少讲最好。考评练，惜时间，求完美。爱情碰撞，产生火花，发展为婚姻；教研碰撞，生成智慧，转化为成绩。（2014年5月15日）

（70）高度自信，认真细心，挑战自我，勇敢打拼；认真审题，规范答题，平心静气，考出成绩。认真审题抓重点，规范答题靠细心，分分必争打硬仗，平心静气出成绩。做到细规划，勤检测，精筛选，抓落实。（2014年5月15日）

（71）写出你最不会、最讨厌的知识点：方法一，对照课本或考试说明；方法二，近两次或三次的多份试卷。平时训练提速度，严格抓分逼规范，公开宣布促注意。（2014年5月15日）

（72）向查漏补缺要一分，向克服马虎要一分，向规范答题要一分，向速度提高要一分，一科能要四分就不少了。投入才能收入，用心才能开心，付出才能杰出。做 50 套题不如做 5 套，甚至 3 套就够了。（2014 年 5 月 15 日）

（73）讲和做是必要的，咋讲和做啥是老师的智慧。有效课堂，胜者为王，拿成绩来！（2014 年 5 月 15 日）

（74）教育科研的过程就是不断攀登教育科学高峰的过程，研究一个课题足以促使教师攀上一个新高度。通过研究课题学会了科研基本方法，提高了教育教学水平，这就是大收获，也是大智慧。不要总想最前沿的课题，而应想最基础的课题、最实用的课题、最本土的课题。（2014 年 5 月 28 日）

（75）教育科研课题不能重复，要在有效的前提下有所创新。没有创新，不叫教育科研，只能叫无效劳动。教育科研能发现问题就是解决了问题的一半，发现一个崭新的问题，发现一个没有完全解决的问题更数不易。（2014 年 5 月 28 日）

（76）教育人不写书，难以读懂书，也教不好书。要一天读一点（读书），一天学一点（培训），一天写一点（反思）。实际上，这叫自我教研。（2014 年 5 月 28 日）

（77）英语课堂让学生有更多的动手机会，课堂会更充满生命活力和智慧碰撞。这是英语学科教研提升的地方。（2014 年 9 月 10 日）

（78）数学课堂：字字锤炼，句句经营；符号关注，规范落实；长期坚持，习惯养成。师若如此，功可大成。（2014 年 9 月 16 日）

（79）针对课堂教学中学生的回答出现不同声音，教师的引导就有了契机，课堂的智慧碰撞和升华就源于此，教师可借此渲染气氛、启迪思维，使课堂更具活力，充满生机，达成目标的机会就来了，课堂升华成功的目标就更近了。（2014 年 9 月 18 日）

（80）名师的课自有独特之处，会讲会评有魅力，能写能考有成绩。学无止境，教无止境，行无止境，愿更多的人能坚持教学相长，师生共进。（2014 年 9 月 19 日）

（81）品味国学之美，感悟文字之美，体验心灵之美，渗透情感之美，积

累阅读之美，享受课堂之乐，这是语文唯美课堂的标杆，是学科教研的成效。（2014年9月19日）

（82）学科教师的四种教研方式：校本教研，专题教研，组本教研，团队（名师、教研组长等骨干）教研。（2014年9月19日）

（83）数学教研组的五个一活动：一天面谈1—2名学生，一周一次学科"会诊"，两周一次学科公开课，一月一次质量检测，一期一次学科竞赛。（2014年9月19日）

（84）化学学科教学，实验是基础，需创设情境，提高兴趣，让学生积极、主动参与课堂是关键，做好标记、巩固重点是标准，厘清思路、考出成绩是目标。（2014年9月26日）

（85）政治学科的社会性非常强，联系自己，联系国家，联系亲朋，联系生活，联系历史，联系国内外时政等，拓展思路之后，既充实自己，又丰富课堂，师生共进，教学相长。对七年级来说，更多的是情感体验和心灵感悟。（2014年9月26日）

（86）总体把握，整体感知（重学科）；朗读体验，细节刻画（有情感）；联系生活，课程育人（重实用）；大气自然，积累沉淀（显素养）。这是语文学科的课堂价值。（2014年9月26日）

（87）教师的激情能点燃学生的热情，教师的全心投入能换回学生的积极参与，这就是课堂的互动，也是教学相长、师生共进的生命课堂。这样的课堂师生有所乐，有所学，有所得，这才是课改的目标所在，在这样的课堂中得到的东西会更长远地影响学生对这门学科的持久兴趣和热爱。（2014年9月28日）

（88）加强单元内知识体系的构建，纵横之中智慧碰撞，增强能力，提高水平。（2014年9月28日）

（89）逆水行舟，一篙不可放缓，一人不可放慢，一时不可放松；滴水穿石，一滴不可弃滞，一堂不可浪费，一次不可退步。这是校本教研的力量。（2014年10月15日）

（90）真管真严，"真"老师；敢管敢严，"严"老师；长管长严，"好"老

师;有研有趣,"优"老师。(2014年10月15日)

(91)把握课堂的生活化,力促课堂的有效性,要做到读背落实知原理、类比做题重实践、以考代练促整合。(2014年10月17日)

(92)课堂让学生动起来,管理让教师动起来。依靠校本教研的推动,让师生都动起来,快乐分享教与学的过程,彰显课堂教学的魅力,体现校本管理的价值。(2014年10月21日)

(93)任课教师应该用自己喜欢的方式去读书、去批注、去体味。语文教师要激情投入,加大品读,字字经营,句句锤炼。最适合自己的东西最有价值,最适合自己的方法最有效。课堂教学、校本教研都是这样。(2014年11月11日)

(94)智慧的可靠标志就是能够在平凡中发现奇迹,一盎司自己的智慧抵得上一吨别人的智慧;教研的可贵之处则是能够在教学中生成问题,一个个真实的课堂问题将成为师生成长的激励。(2014年11月15日)

(95)课堂上:①真情无价靠激情,精彩无限靠品读;②深挖教材靠下足功夫,句句锤炼靠长期积累;③让学生动起来,分享教与学的过程是课堂的本来面目。(2014年11月20日)

(96)教育如歌:教育的聪明在成绩(节奏),教育的智慧在成长(旋律);教研如歌:教研的聪明在预设(节奏),教研的智慧在协作(旋律);人生如歌:人生的聪明在快乐(节奏),人生的智慧在幸福(旋律);生命如歌:生命的聪明在健康(节奏),生命的智慧在坚持(旋律)。(2014年11月20日)

(97)没有一种智慧能够阻止所有问题与困难的出现,但总有一种智慧能够找到破解问题与困难的方法。对课堂教学来说,就是校本教研生成的智慧。(2014年11月20日)

(98)能知足,是教师人生的福气;能感恩,是教师人生的幸运;能自在,是教师人生的美丽。欣赏眼前的美好,悦纳自己;收藏自己的梦想,珍惜自己;助推学生的成长,欣赏自己。一线教师只有忙碌,会丧失智慧,无所事事,会没有智慧,只有学习,才会感受智慧,只有反思,才会生成智慧。教

研，就是教师拥有智慧的捷径。（2014年11月20日）

（99）教育人生的差距在学习上，在教研中，只有不断学习、坚持教研，经过至少一万个小时（大约8—10年）刻苦又专业的有效学习与训练，才有可能脱颖而出，成为专家。（2014年11月20日）

（100）智慧的教师，就是把平常的一个问题或一件事比别人多做一步或更多步。如教师读书，必须经过阅读、悦读、越读等很多步。（2014年11月20日）

（101）数学的生活化导向、习题化规范直接影响教学成绩，间接影响毕业班质量。优秀学生的培养要从鼓励学生编题开始，以该生能够面向全体或小组会讲、讲会结束。（2014年11月25日）

（102）朗朗才能上口，上口才能感知，感知才能有效，有效才出成绩。感悟出来的东西才是自己的，才是智慧，这也是学科教研的方向。（2014年11月25日）

（103）英语备考要发挥教研优势，具备"抠"的精神，抓单词、短语；"细"的态度，把握小阅读、小作文；"追"的作风，天天查、次次跟、时时问。（2014年11月25日）

（104）做教研应明白：有效落实常规、克服"懒傲"思想是基本要求。最快的脚步不一定是跨越，而是继续；最慢的脚步不一定是小步，而是徘徊；最好的道路不一定是大道，而是心路；最险的道路不一定是陡坡，而是陷阱。（2014年12月1日）

（105）"备教材教法的学科教研会和备学生班级的组织教研会"，即"教研"和"班研"同等重要。（2014年12月1日）

（106）校本教研要接地气，有疑探精神，不搞应景和作秀，不能为了活动而活动。"疑"是开山神斧，"探"是深耕铁犁。学贵有疑，有疑才有思，有思才有问，有问才有悟，有悟才有成。这也是做学问的真谛。（2014年12月2日）

（107）教育发展难，重视不够是思想问题，点拨不到是思路问题，职业自卑是逆反问题。而点拨的责任很大程度上是教科研训出了问题。教研既要见

树木,更要见森林;既要低头拉车,更要抬头看路。(2014年12月5日)

(108)要打造品质课堂,就需要通过校本教研来推动达成:教学目标明明白白,教学思路清清爽爽,教学方法实实在在,教学设计本本分分,教学过程轻轻松松,教学效果扎扎实实。(2014年12月5日)

(109)教师"六心"促成长,即用心教书,爱心育人,热心管理,潜心学习,专心教研,诚心合作。特别要解决"不读书、不研究、不合作"这三个主要问题。(2014年12月5日)

(110)教法趣话:教学有法是进步,教无定法是突破,巧用好法是智慧。(2014年12月5日)

(111)教研"之勤":眼勤、多读书,耳勤、多听讲,嘴勤、多交流,腿勤、多调研,脑勤、多思考,手勤、多动笔。建议带着智慧的大脑从事每一天平凡的工作,不停地实践,不停地阅读,不停地思考,不停地写作。做到:勤于以写促学,善于以写促教,乐于以写促思,勇于以写促研。(2014年12月5日)

(112)专家型教师成长的"五要素":读书+思考+研究+写作+交流。(2014年12月5日)

(113)教师"三气":与实践相随,写书有底气;与阅读同行,写书有才气;与思考为伴,写书有灵气。(2014年12月5日)

(114)教师"三意":用心教书(起码要求),全心全意;用爱教书(基本要求),诚心诚意;用研教书(最高要求),一心一意。复杂的事情简单做,你就是专家;简单的事情重复做,你就是行家;重复的事情用心做,你就是赢家。校本教研,路在脚下。(2014年12月5日)

(115)教学就要以道哺人,以德育人,以规律人,以研成人,以文化人。(2014年12月5日)

(116)反思是为了过得更好,是生活;反思是为了教得更好,是课堂。(2014年12月5日)

(117)话说教育:"我,一个母亲,向你们交出我可爱的小男孩,而你们将还给我什么呢?"(一个母亲的话)当下教育"五大难":家长焦虑,学生郁闷，社会迷茫，教师困惑，学校无奈；学生"两大遗憾"：在家无父母的爱，在学校无老师的爱。让"公平永远高于水平，做人永远重于做事"。教师对待学生要多一点等待，因为"人生要到60岁才能懂事"。我们的教研要研究课堂教学中的每一个孩子，为他们的健康成长提供支持和帮助，这是我们的天职。（2014年12月5日）

（118）课堂因体验而感受，因感受而感动，因感动而感悟，因感悟而生成。教研也是这样。（2014年12月5日）

（119）课堂教学要用激情唤起激情，用思维点燃思维，用智慧启迪智慧，用心灵沟通心灵，用生命呵护生命，用人格熏陶人格，用真爱换取真爱。这一切的基础在教研。（2014年12月5日）

（120）小胜在知识，中胜在智力，大胜在兴趣。最低境界是讲授知识，中等境界是传授方法，最高境界是激发兴趣。（2014年12月5日）

（121）用眼睛发现问题，用大脑思考问题，用实践解决问题；在写中吸纳，在写中思考，在写中联系实际。这就是语文学科的研究性阅读。（2014年12月5日）

（122）课堂读书"四字经"：一抄，二背，三品，四写。特别推崇课堂中"写"：写像呼吸，自然而然；写像吃饭，乐在其中。（2014年12月5日）

（123）解决课堂问题的路径：问题课题化－课题科研化－科研成果化－成果学科化－学科素养化－素养育人化。（2014年12月5日）

（124）教育需要信仰，信仰需要坚守。对教育心怀信仰，才能坚守信仰、传承信仰，让信仰的力量成就职业理想和人生大考。（2014年12月7日）

（125）教师四件事：一读书，二研究，三行动，四交流。教育的过程就是一个不完美的人引领着另一个或另一群不完美的人追求完美的过程。这需要教师团队通过教研不断修炼。（2014年12月7日）

（126）君子之学奉其身，仁者之学成其果，读书之趣怡其情，反思之乐修其成，坚持之礼陪其生，打拼之劲圆其梦。（2014年12月9日）

（127）更好的课堂是学生、教师智慧碰撞的有效过程，也是享受课堂生

活，促进专业成长的有益过程。如有更好课堂，必有教研支撑。（2014年12月11日）

（128）疑探的课堂需培养，疑探的课堂靠自立，疑探的课堂有深度，疑探的课堂重反思，疑探的课堂会育人。（2014年12月12日）

（129）教师要以真情实感打动人，以人格魅力感染人，以学识修养影响人，以研究精神引领人，以智慧互动激励人，以愚公意志成就人。（2014年12月20日）

（130）教师爱阅读，阅读让人内心强大，勇敢面对困难与挑战；教师爱悦读，悦读让人身心愉悦，快乐分享成功与进步；教师爱越读，越读让人素养丰盈，积极开阔视野与境界。（2014年12月22日）

（131）个人的差距在学习，比别人多学一点会更好；成绩的差距在落实，比别人多做一点会更好；学科的差距在教研，比其他学科多研究一点会更好。（2014年12月26日）

（132）提高质量没借口，重在坚持四加强：一加强阳光服务的有效落实，有暖气；二加强团队协作的有效落实，有士气；三加强课堂追踪的有效落实，有底气；四加强终端管理的有效落实，有力气。（2014年12月26日）

（133）勤奋刻苦，学研有效；苦中求乐，学研有成。苦中求乐是学研的一种常态，也是一种幸福。（2015年1月6日）

（134）教师职场"九度"：工作方面，能力不如态度；事业方面，才华不如韧度；知识方面，广博不如深度；思想方面，敏锐不如高度；做人方面，精明不如气度；做事方面，速度不如精度；研究方面，思考不如效度；写作方面，文采不如角度；方法方面，创意不如适度。（2015年1月24日）

（135）研好点，备好课，培好优，把心思凝聚在"干实事"上，把作风转变到"快干事"上，把目标锁定在"干成事"上，真正"事事"有成。（2015年1月24日）

（136）教师的"七有"良心：心中有学生，"大爱"；心中有课堂，"守土"；心中有责任，"担当"；心中有研训，"出新"；心中有方法，"灵动"；心中有学校，

"打拼"；心中有诚勉，"敢为"。（2015年1月24日）

（137）做最好的教师，上最优的课堂，出最高的成绩。分层培优抓落实，弱科补学紧追踪。培优完不成，一切等于零；检测没成绩，课堂没效能。确立新目标，弘扬正能量，落实出成绩，追踪来得及，慢进即退，不干不行。（2015年1月28日）

（138）复习课不贪多，每一节解决一个问题就行。一般步骤：背考点（基础）、讲疑义（拓展）、做考题（训练）、知规律（方法）。而教师的功夫却应下在课前的教研上，需抓住有针对性的学生，解决有针对性的问题。（2015年3月11日）

（139）备考没有秘密，就是比比谁更细，谁更苦，谁更花时间。不求难题得高分，只求基础题不失分。（2015年3月11日）

（140）好办法＋苦功夫＝好效果，差方法＋苦功夫＝有效果，差办法＋没功夫＝差效果。（2015年3月11日）

（141）备考"三拼"，即拼时间、拼功夫、拼落实。拼时间就是挤时间、提高效率，拼功夫就是拼教研的功夫、磨的功夫、逼的功夫、追的功夫、守的功夫，拼落实就是拼课堂的落实、课余的追踪和课前的督查。（2015年3月11日）

（142）严管理，好成绩，向严管理要质量。各项工作差不多到最后就是差很多，近乎于零——没功劳；平时工作差不多到最后就是差太多，近乎于零——没成绩。我们的教研差不多是不行的。（2015年3月11日）

（143）课堂管理越严越有效，考试管理越严越有效，培优管理越严越有效，教研管理越严越有效。管理严，效果好！（2015年3月12日）

（144）聪明的教师会想方设法出成绩，靠勤劳；智慧的领导会主动积极做工作，抓关键；高效的落实在于团队具备战斗力，权责到人，督查到位。（2015年3月13日）

（145）毕业班教师百日冲刺备考动员：

一做——逼，做题靠逼。做基础，做综合，做考点，先做到位，做成典例；做一题，会一题，一题多法决定命运。

二考——研，考试靠研。考课标，考重点，考满分，考出规范，以考代练；考一页，评一页，一页多路决定水平。

三拼——磨，打拼靠磨。拼时间，拼落实，拼功夫，一拼到底，拼出成绩；拼一分，多一分，一分多信决定成败。

四追——严，追踪靠严。严格要求，追踪常规，追踪提升，追踪服务，一追到底。

五成——干，成绩靠干。实干为本，不干一切空，干了才有功。干了有困难，不干更困难。成绩=80% 实干+20% 会干，先做 80%，再争取 20%，合成一个"干"。实干有成绩，巧干好成绩，不干没成绩。实干靠觉悟，实干靠管理，实干靠良心，实干靠督促。（2015年3月14日）

（146）四步问题复习法：设疑—解疑—储存—巩固。复习的核心是问题，问题就是考点，考点就是导航系统。（2015年3月15日）

（147）学科教研看"三体"：教材是客体，教师是媒体，学生是主体。（2015年3月15日）

（148）一轮考试看功夫，二轮考试看水平，三轮考试看士气。中考实际上就是失分的比赛，而不是得分的比赛。谁少失分，谁就成功！谁多失分，谁就失败！谁不失分，谁就完美！中考成功就是少失分的成功，而不是得分的成功！（2015年3月15日）

（149）百日冲刺拼当头，百舸争流学为先。一心向着目标前进的人，世界都会让路。只要心中有春天，脚下有耕耘，就一定能打赢中考攻坚战！（2015年3月16日）

（150）高考成就人生，语文（国学）成就高考，阅读成就语文（国学），背诵成就阅读，写字成就智慧（灵动）——写为背默奠基，写为吟诵准备，写为健脑充电。（2015年3月17日）

（151）校本教研的引领方向：应用驱动，推进教育信息化；深度融合，促进质量新提升。逼磨读做严当头，学思研记干为先；课堂讲练更有效，成绩

提升步步高。(2015年3月18日)

（152）培优考试谈话：有期待，看重你的潜力，欣赏你的努力，逼迫你的规范，祝福你的优秀；有要求，坚决独立完成，坚决进入状态，坚决规范到位，坚决吃苦争先；有目标，魔鬼训练营，冲进"一高中"。拧成一股劲，拼尽一份力，横下一条心，共圆一个梦。(2015年3月30日)

（153）严格要求与管理并行是课堂教学的基础要件，严格规范与训练主动是课堂教学的有效要件，严格调整与激励灵动是课堂教学的高效要件。好课堂，师生共进，生命成长。(2015年4月1日)

（154）俯下身子干工作，深入课堂增效益。复习备考，冲刺时段，没有借口，没有理由，只有拼搏，只有成绩！教师用成绩说话，成绩为教师说话。可参照"考、改、研、猜""再考、再改、再研、再猜"的复习备考流程。(2015年4月8日)

（155）毕业班复习备考教研提醒：一总结，小谈心、小单页、小研讨、小集中；二分析，重点学生、重点学科、重点典题、重点追踪；三严格，从严管理（保安全）、从严规范（出成绩）、从严培优（更出彩）；四目标，激情四月，抓重点，严落实，拼成绩；五共勉，要想赢，莫喊停，持之以恒再前行！(2015年4月13日)

（156）毕业班学生月考分析总结：一目标，做出彩的毕业生。二提醒，激情四月大比拼，持之以恒再前行；努力吃苦打硬仗，严格规范出成绩；珍惜时间我出彩（先赢），细节掌控创奇迹（我成功）。(2015年4月14日)

（157）校本教研毕业班复习"五字经"：严、考、读、写、奖。严是新常态，考是好办法，严和考传播正能量；读是基本功，写是健脑术，读与写训练注意力；奖是促进曲，惩是负激励（督战令），奖和诚逼出自觉性。

严是新常态：严格保安全，严格出成绩，严格树形象，严格扬正气。

考是好办法：考能证明实力，考能发现不足，考能激发斗志，考能彰显进步，考能说明努力，考能扬长补短，考能促进规范，考能体验成功。考出自觉，考出积极，考出干劲。

读是基本功：读出气势，读出精神，读出自信，读出感情，读出思路，读出感悟，读出巩固，读出升华，读出魄力，读出智慧，读出礼仪，读出文化。

写是健脑术：写出规范，写出灵动，写出健康，写出魅力，写出成绩，写出赞誉，写出神韵，写出特色，写出习惯，写出性格，写出命运，写出文明。

奖是促进曲：奖出尊重，奖出风采，奖出肯定，奖出实惠，奖出舒畅，奖出心愿，奖出发展，奖出成效，奖出进步，奖出变化。

惩是负激励（督战令）：惩出责任，惩出落实。惩只是提醒，不惩最好。（2015年4月15日）

（158）基础年级文科成绩分析提醒——课堂：读、背、写；课间：守、考、找；课外：查、追、补。（2015年4月15日）

（159）优秀学生成绩分析提醒——四问题：不在乎、不在状态、不依靠、想抄袭；四坚决：独立思考、进入状态、规范准确、吃苦打拼；四字诀：严（严要逼）、考（考要磨）、做（做要守）、拼（拼要追）。（2015年4月17日）

（160）讲考题，效益高；做考题，规范好。要讲得恰到好处，有力；练得得心应手，有效；做得顺风顺水，有劲；写得规范完美，有功。实干出成绩，苦拼更进前；实干加苦拼，黄土变成金。（2015年4月20日）

（161）"五个失误"告诉老师：为啥管不好自己的课堂？

第一个失误：上课不叫起立，礼貌、状态皆不行。

第二个失误：学生在说话时，自己还在讲，试图用自己的声音压住学生的声音（应立停，随便说话绝对不行）。

第三个失误：有学生一而再、再而三地公然违反课堂纪律时，没有受到及时惩戒（一次不上心，二次不小心，三次叫故意，故意不可原谅，必付出代价）。

第四个失误：不会管理自己的情绪，操控课堂能力差（清醒、冷静、理智，不让他们成为焦点，否则就是给自己找麻烦）。

第五个失误：没有制定课堂规则。制定规则，防止冲突，维持课堂，纠正违规。"红灯停，绿灯行"，课堂也要这样，立课堂规矩，保课堂实效。训练有素，主动遵守，会更好！（2015年4月21日）

（162）评讲题就要：给学生思路，给学生方法，给学生信心。让学生体验（过程），让学生满足（收获），让学生分享（快乐）。提醒四句话：死拼规范（少失分），力拼完美（得满分），少拼难题（得点分），多拼速度（得高分）。只有少失分，才能得高分；分分必争，中考成功。（2015年5月4日）

（163）掉皮掉肉不掉队，出工出力出成绩。逼出信心，考出信心，累积信心；逼出规范，考出规范，累积规范。好信息+好信心+好规范=好成绩。（2015年5月5日）

（164）期中家长会提醒——关注成绩，重在进步（肯定、鼓励、表彰）；关爱孩子（阳光、未来、希望），重在陪伴（爱心陪伴，责任陪伴，环境适宜）；关心成长（与书为伴），重在沟通，理解谈心：思想交流，身体锻炼，心理健康，习惯培养；关键决心，重在行动（归属感、安全感、幸福感，家的港湾、爱的港湾，苦、勤、逼、严，坏习惯：手机、钱、冷饮、穿衣攀比等）。让我们的孩子更健康、更快乐、更进步、更优秀，懂得感恩，幸福成长，立志成才。（2015年5月5日）

（165）期中总结会提醒——正视成绩，目标导航，迎头打拼（决心）；不怕跌倒，敢于挑战，努力前进（意志）；坚持勤、严（举措），进步天天见；行动誓言：精神爽奋，勇往直前，坚持到底，一马当先（信念）。（2015年5月8日）

（166）苦拼出成绩，坚持创奇迹：为了咱中考，苦拼出成绩；为了咱妈妈（明天母亲节），坚持创奇迹。要真正忙而不乱，忙而不错，忙而不差，忙而有效，忙而有序，忙而有功。（2015年5月9日）

（167）校本研修"三生"教育：生命教育、生存教育、生活教育。

生命教育——引导学生认知生命、珍爱生命、敬畏生命，领悟生命的价值和意义。

生存教育——引导学生认知生存、学习生存的知识和技能，学会规避风险，培养应对挫折的勇气和毅力。

生活教育——引导学生认知生活的意义，确立为国家和人类幸福生活而努力奋斗的理想，培养爱心、感恩之心和社会责任感，学会生活礼仪和生活选择，从而领悟生活真谛。（2015年5月11日）

（168）付出有效，转换有力，落实有功，功夫下到，课堂有效。知道该干啥，知道不该干啥，克服不作为，赶走慢作为，杜绝乱作为，教研快作为。（2015年5月13日）

（169）打拼追梦向前行，勤奋刻苦贵有恒，行百里者半九十，中考成功靠坚持。靠教研拼到弹尽粮绝，靠师生拼到无能为力，靠协同拼到理想成绩。（2015年5月19日）

（170）学生的课堂记录是非常重要的，不能记下来，就无法进一步反刍深化。记录作为重要的课堂常规落实好，教研要重点推动，才能更好地提高课堂教学质量。（2015年5月20日）

（171）语文学科校本教研创意——"诗词吟唱"有特色：吟诵，诵读，歌唱。语文实为国语，对传统经典诗词曲文等进行改编，可带动作和音乐吟诵、唱读，或者边吟边诵边读边唱。对现代经典，也可以与时俱进，改编演艺，尽情唱读，甚至可以与音乐课配套整合，加舞蹈、增健身、怡性情，寓理于情，寓教于乐，相互促进，相得益彰。通过"诗词吟唱"等展现语言想象力、动作协调力，养浩然正气，传播正能量。（2015年5月21日）

（172）教研把握细小碎，课堂教学见真功；课堂注重读和记，强化学生写与思。（2015年5月22日）

（173）复习课堂要做到：为考备战，惜时如金，细化时段，督查打拼；背有标的，练有习题，学有思路，做有规律，训练有效益。（2015年5月22日）

（174）校本教研借力教育信息化，构建网络化、数字化、个性化、终身化的继续教育体系，建设"人人皆学、处处能学、时时可学"的学习型学校和社会。（2015年5月22日）

（175）培优补弱，步步为营；严是新常态，测是好办法。吃小锅饭，要面对面，一追到底；抓基础，注意训练的频度和难度；回归教材，重点提高优秀率和及格率。（2015年5月23日）

（176）关于朗读教学，需强化感悟体味，真正让学生全身心投入其中，体验美，感悟美，欣赏美，享受美，创造美。（2015年6月12日）

（177）教研靠团队，更靠教师自己的坚持。严格规范重修身，认真打拼求进步是长久的修炼。（2015年9月14日）

（178）好课堂：有趣（手段），有效（目标），有用（方法）。好教育：有意义（目标），有意思（手段），有味道（方法）。好老师：有爱心，有方法，有责任。好教研：有团队，有目标，有常规。（2015年9月29日）

（179）讲练评，有效行。一题多测，举一反三；错题追踪，突出重点。（2015年10月10日）

（180）校本教材的改编既是"研读教材"的过程，也是"备战提升"的过程。早动手，早见效，早突破，早提升。重中之重的是数学，十分关键的是课堂，时时不忘的是错题汇总，坚持不懈的是培优追踪，中考真正的大比拼一定程度上是数学成绩的比拼。（2015年10月13日）

（181）教研备考功夫到的关键在于：集体备课功夫到，持续追踪功夫到，巩固读记功夫到，考前复习功夫到。（2015年10月19日）

（182）促课改，抓教研，为质量提升奠定基础；创环境，定未来，为质量提升凝聚力量；谋总体，找亮点，为质量提升找突破口。（2015年10月26日）

（183）培优补弱"六抓"：抓住学生不放松，抓住班主任不放松，抓住行政班子不放松，抓住课堂教学不放松，抓住质量检测不放松，抓住问题追踪不放松。（2015年10月29日）

（184）备考有效需做到：有紧张，有力度，有方法，有实效。一是思想统一，带头守查，执行到位；二是制度先行，创新落实，积极反馈；三是课堂监控，考试培优，有效追踪；四是讲规矩，树正气，守纪律，人文关怀；五是分对口，分时段，分级段，规划到位，重点推进。（2015年10月29日）

（185）教研组建设靠"四力"：团结协作有魅力，改进课堂有魄力，落实常规有毅力，提升质量有实力。（2015年10月29日）

（186）校本教研必须关注"高峰"学科点、"高地"学科面和"高原"学科群的建设。（2015年11月11日）

（187）实干是实干者的通行证，空谈是空谈者的墓志铭，行动是唯一能反映其精神面貌的镜子。这道理，那道理，实干才是硬道理；说一千，道一万，不如实际干一干。教研是实干的典范。（2015年11月11日）

（188）补弱攻坚，来不得半点投机，不得有半点水分。把教研放前面，把学生放正中，老老实实，像打理苗圃那样，耐心浇水，细心施肥，才能换来满园青翠，而不是盆景摆设。上面一较真，下面就认真。那边装糊涂，这边更马虎。（2015年12月27日）

（189）语文教研组："背、诵、悟、写、行"，改变课堂，强中更强。（2016年1月5日）

（190）提升质量，靠教研改变，靠教学改变。唯有改变，才能适应；唯有改变，才能创新；唯有改变，才能成功。改变要从细小事做起，从坚持处努力，一定会有意想不到的收获。（2016年1月5日）

（191）落实课标真教研，聚焦课堂抓常规。借力校本教研，坚持集体备课，反思找差距，改变求进步。（2015年11月23日）

（192）三分计划，七分落实，全力抓教研，重锤抓落实。做好教研，直面问题不回避，解决问题没借口；立足课堂，完成目标是责任，超越目标靠勇气。有责任，有勇气，有担当，就有成绩。（2015年11月30日）

（193）教师活力＋课堂激情＋教研动力＋学生驱力，打造团队实力，提升合力。奖励追踪＋课堂追踪＋课间追踪＋课外追踪，全方位督导，促进学生改变落地。（2015年12月1日）

（194）校本教研的场域，互动一致，教研有效，团队的灵性在这里创新，教师的人性在这里升华。（2015年12月1日）

（195）爱心就是责任，严格就是答案，每一位学生都希望得到你的关注。

想是问题，做是答案；输在犹豫，赢在行动。让我们一起研教行动，教育孩子，帮助孩子，支持孩子，激励孩子，成就孩子！（2015年12月2日）

（196）每天早晨班主任就是守望者——盼着，看着，望着，等着，期待着……对年轻人最好的培养是让他当班主任。（2015年12月2日）

（197）业绩的背后是团队，每个团队都是家。不推不拖，不等不靠，精准补弱，久久为功。做教研团队中有故事的人，讲好团队研修的故事！（2015年12月3日）

（198）工作的背后是投入，投入就是历练，投入就是收获，投入就是进步。补弱攻坚，勇往直前，学生的精彩就是我们的精彩，对孩子的投入就是我们的担当。（2015年12月3日）

（199）点滴柔情是教育，吃苦担当是责任，课堂提升是关键，成绩背后是团队。（2015年12月3日）

（200）个人的差距在学习，学科的差距在教研，班级的差距在管理，成效的差距在落实。（2015年12月4日）

（201）班级备考挑战榜选句——活力青春同圆梦，激情课堂共打拼；认真反思看差距，积极改变求进步；备战中考靠打拼，强大自己需细心；聚焦课堂下苦功，挑战对手必先行；个人的差距在学习，成绩的差距在勤奋，进步的差距在改变。（2015年12月26日）

（202）研教备考，我们在路上，严管自己，争取成绩；持续打拼，我们在前进，坚持到底，决不放弃。（2016年1月22日）

（203）学习打拼，莫道君行早；教研超越，更有早行人。（2016年2月29日）

（204）越简单越不可忽视——特别是教学中的小细节。教师点拨，重在学生检查之后的追踪，仅仅在课堂上大面积说，效果往往不如个性督查。课堂的关注追踪、个性督查、定时完成等细节都影响课堂的进程，特别是效率的提高。（2016年2月29日）

（205）愿课堂上学生的读写比说背多、思考比听讲多，学生比老师可用

的有效时间更多。（2016年2月29日）

（206）没有节奏的课堂死气沉沉，难以为继，何来实效；没有激情的课堂平铺直叙，老牛拉车，浪费时间；没有掌声的课堂思虑不深，共鸣不够，效果一般；没有落实的课堂互动无效，难有生成，不可原谅。把握节奏，迸发激情，拥抱掌声，坚决落实，就是高效课堂的底色。（2016年3月2日）

（207）商量是一种形态，是一种姿态，是一种心态，更应该成为校本教研的一种常态。（2016年3月4日）

（208）课堂提效率，严管加落实。训练聚考点，规范而有效；方式多样化，温故而知新。严管教研有重点，严管纪律有安全，严管自己有志气，严管课堂出效益，严管班级出成绩。严格落实在于一记、二练、三查、四追、五反思，要想成绩报喜，就要严格管理。（2016年3月7日）

（209）语文备考提醒：得优秀者得天下，教研先行。掌握"死"知识点，得及格率；掌握"活"提升点，得优秀率。阅读、作文，富有节奏，关注时事，拓展综合，提升优秀；训练考点，把握课标，干脆利落，省下时间，落实追踪。（2016年3月11日）

（210）课堂教学，集备先行，教师少说，学生多动。要通过多种方式、多种手段的综合调控，让你的课堂成为学生的"血糖"，让孩子真正动起来，有节奏，能激动，会感动，主动活动，真实灵动有生成，倒逼大脑有效益。（2016年3月17日）

（211）教研会提醒：没有借口，课堂严管；没有借口，协作超前；没有借口，决不偷懒；没有借口，责任共担；没有借口，合力规范；没有借口，进步尊严；没有借口，行稳致远。（2016年3月23日）

（212）好微课＝简单的技术＋充实的内容＋清晰的表达。制作好微课，是教师新的基本功。（2016年4月18日）

（213）备考挑战敢揭榜，打拼冲刺要挂帅。研教合一勇争先，课堂训练不等闲。（2016年5月2日）

（214）课堂严管的出路在课改推进，成绩进步的关键在培优追踪。没有

干不好的事，只要功夫深，成绩在人心。不干不行，慢干不行，能干才行，会干更行。（2016年5月13日）

（215）教师的课堂目标在于严管课堂下功夫，追踪落实增效益。教师特别下功夫：收集、整合、精准、放手；课堂特别有效益：特别卖力写和背，特别喜欢看和讲。（2016年5月20日）

（216）中考前30天寄语学生：30天，时间可观；30天，潜力无限；30天，坚持进前；30天，拼搏争先；30天，扬长补短；30天，答题规范。打拼30天，中考圆梦圆！奔跑吧，少年！（2016年5月20日）

（217）毕业班学科研讨会提醒：设计落实，坚持提前；目标定位，细化规范；精选教研，追踪挑战；备选交叉，感觉优先；单页课堂，少讲多练；关注及格率，培优为评估。（2016年5月24日）

（218）学生备考谈话：六月，我来了！冲刺六月，严管自己；训练六月，坚持到底；赢在六月，规范答题；笑在六月，用心而已！（2016年6月1日）

（219）"四如何"养成教育：交流、感悟、展评、示范——课堂如何做笔记？课堂笔记月月展。课下如何来自学？自学交流月月谈。校内每一天如何规划？节奏+速度+周练。校外每一天如何行动？追踪习惯周周看。（2016年6月19日）

二、厦门部分（2019年10月—2022年4月）

（220）学习是一种信仰，工作是一种智慧；课堂是一个道场，教研是一场修行。（2019年10月22日）

（221）能让学生记住一辈子的东西才是核心素养，能让教师受用一生的教学智慧才是校本研训。（2019年10月22日）

（222）读中有情、读中有韵、读中有思、读中识义、读中激趣、读中增智，围绕课标和教材，注重细节，示范引领，字字锤炼，句句经营，激情创新，智慧生成，学、思、用结合，知、信、行统一，这样的阅读教学值得推崇。（2019年10月22日）

（223）博于通识，精于专业，巧于思辨，知行合一，践行童趣教育，提升核心素养，打造幸福课堂。点赞小学语文课。（2019年10月22日）

（224）课堂有效的四个层次，也是学习的四个层次：听过，就像你见过一部汽车；知道，就像你会开车；理解，就像你会修车；能讲，就像你会造车。听过是视觉印象，过眼就忘；知道是思考行动，基础方向；理解是发现解决，问题导向；能讲是智慧输出，生成价值。（2019年10月23日）

（225）教育要正本清源，阅读要归宗述要，教研要行胜于言。只有反复浸润，才能开眼目、育心灵，成习惯、生智慧。（2019年10月25日）

（226）高效课堂"五步走"：学情调查，提出问题；沟通交流，质疑解惑；合作展示，共建共享；概括延伸，拓展升华；达标落地，知行合一。（2019年11月9日）

（227）闽南语和普通话交织碰撞的语文课堂，童趣童谣见童真，童歌童语看童心，有趣有味有活力，渗透思想教育，引领核心价值，让儿童的眸子更加明亮，这样的课堂真好。（2019年11月26日）

（228）儿童课堂，真正把玩阅读，比照联结，交流碰撞，深入思考，深情表达，实现深度教学。（2019年11月28日）

（229）生活数学，有意思；数学生活，会思维。让听课观课成为一种享受，让从事教研工作的老师们挺起胸、有尊严（第一层），挺气派、有掌声（第二层），挺得意、有声望（第三层）。这就是学科教研教师工作应有的目标之一。（2019年11月28日）

（230）校本作业设计8句话：基于课程标准，聚焦单元教学，体现基本学情，连接教学评价，测评核心价值，优化技术路径，凸显学科目标，展示专业素养。（2019年12月5日）

（231）教育是阳光行动，学生被教师专属"看见"就是一种奖励，也是挺实在的善与爱。（2019年12月5日）

（232）对毕业班学生来说，加强管理更重要。务必做到：物整洁、行规范、人精神，固本培元、强身健体、挖潜赋能，则打拼有恒，善战必胜。（2019

年 12 月 6 日）

（233）语文课堂上思想引领、思维互动，方法指导、多点评价，整体感知、拓展提升，安静探究、激情活动，是一节令人满意的公开课。（2019 年 12 月 10 日）

（234）常规课堂中，老教法并不认同，可以理解；乱课堂没有效果，不可忍让，特别是不能让个别学生"干掉"我们所有的努力。道虽远，不行不至；事虽小，不为不成。学科教师要不断增强课堂"成本"意识，务必加强课堂组织管理。（2019 年 12 月 11 日）

（235）面对中高考跨学科命题以及教育信息技术与学科教学融合发展的突飞猛进，校本教研工作需要坚持真理性、实践性，拓展大视野、宽路径，由师生、学科和技术等双向提出问题、分析问题、打败问题，特别是和学生一起"打败"问题，千万不能和问题一起"打败"学生，不断提高解决问题的能力和水平。（2019 年 12 月 13 日）

（236）课程改革最终发生在课堂教学上，学习变革最终发生在学习者身上。课堂的变革最终依靠教师，发生在教师身上，而教师的赋能最终发生在教研上，特别是青年教师的教研提升上。谁赢得青年教师的成长，谁就赢得课堂教学的未来。（2019 年 12 月 18 日）

（237）从教研的视角看，我们不怕学生缺乏知识，怕的是学生满脑子"标准答案"。（2019 年 12 月 18 日）

（238）思政课创新的"四度""四美"：有思想性坚持向度，实现思想美，既有价值取向，又有思想指向；有理论性注重深度，体现引领美，强化理论支撑，实现素养落地；有亲和力融合黏度，达成情感美，既有情感体验，又有精神愉悦；有针对性提高效度，促进行为美，既能把握学情，又能关注个性。（2019 年 12 月 18 日）

（239）靠"智慧众筹"重建课堂、重构课程、重识技术，创新可复制、可持续、可共享，人机协同、实时反馈的智慧教研新业态；打造基于真问题、真思考、真研讨、真评价、真挑战，精准教、主动学的生命课堂；实现高效

率、高思维、高效益的课堂教学。（2019年12月18日）

（240）从一定意义上说，教育就是"唤醒"，教研就是"推动"，美人之美，成人之美，美美与共，学研先行。（2019年12月18日）

（241）课堂真正的互动是学生自己与自己的智慧碰撞，实现动则参与、静则感悟的素养提升。（2019年12月18日）

（242）思政课程要向美而研、促美育人，向美而教、立美育人，注重生活化，突出差异性，强调人性化，坚持全面性，聚焦核心素养，落实立德树人，实现铸魂育人，发挥好关键课程不可替代的"育才造士"作用。（2019年12月18日）

（243）思政课教师成长之路径：坚守岗位，持续学习，研究提升；目标：问题解决，思维改变，立德树人；要点：读（阅读课标、文件、教材、时事、生活等），写（书写反思、感悟、收获、故事等），改（改变思路、思维、方式、方法等），恒（坚守、坚毅、坚定等）。（2019年12月20日）

（244）教师的政治素养：一要讲政治，格局要大，格调要高，格子要系统；二要有情怀，专业要精，事业要爱，奋斗要无悔；三要有担当，自育自修，自加压力，自由生长。（2019年12月24日）

（245）网络同步课堂的关键在互动，对分会场课堂孩子的等待和激励是发挥教育机智、创造奇迹的重要契机，要有足够的时间给学生，把足够的思考给课堂。（2019年12月24日）

（246）课堂中的问题导向，应关注问题的提出、思考、分析、解决、规范等一系列流程。（2019年12月25日）

（247）现代管理学之父德鲁克说过，好的管理，有预见，静悄悄，平淡淡，不出英雄。好的学校管理者，既是思想者，更是行动派，教研尤甚。（2020年3月13日）

（248）教育不是做给别人看的，要把学校办得越来越像一所学校，而不是其他，如吹捧和表演等，这是我们的责任。校本教研亦然。（2020年3月13日）

（249）教师是学校治理的关键要素。学校要想方设法服务好教师、激励好教师、成就好教师。学校管理者必须有博大的胸怀，能宽容教师；必须有专业的学识，能引领教师；必须有公正之心，能善待教师；必须有榜样示范，能带动教师。（2020年3月13日）

（250）课堂教学的问题是校本教研行动的出发点。要有慧眼，及时发现并识别问题；要有态度，认真审慎对待问题；要有能力，科学分析整合问题；要有勇气，善于解决关联问题；要有坚持，持续追踪已解决的问题。（2020年3月13日）

（251）校本教研关注课堂教学"四问"：会教＝教会吗？学会＝会学吗？会教＋教会＝育人吗？学会＋会学＝有人（德）性吗？（2020年3月14日）

（252）教离不开学，学离不开教，教在学中，学在教中，这是课堂教学的铁规。教学既是科学，有教育规律；又是技术，有规则标准；还是艺术，有创新创造。真正好的教学都有一样的本质规律，还有不一样的课堂形态，这就是课堂教学多姿多彩的魅力。（2020年3月14日）

（253）校本教研要成为促进教育教学变革的关键力量，就需要不断创新思路、丰盈内容、优化方式，坚持拓展宽度、挖掘深度、提升高度、拉长广度、增大面度、保持温度，进行自我革命，落实知行合一。（2020年3月14日）

（254）对课堂教学来说，讲故事永远胜于讲道理。让学习有意思，让教学有意义，让课堂有活力就是我们校本教研的责任和使命。（2020年3月14日）

（255）学习不是为了成为别人，而是为了成为更好的自己；教研不仅仅是为了成全别人，也是为了成全更优秀的自己。把握儿童观点，聚焦核心素养，让课堂中的教与学真实发生，是校本教研的直接目标。（2020年3月14日）

（256）最有力量的教学一定是真实、求真的教学。我们在教学中只有立足真情境，明确真任务，开展真活动，解决真问题，让师生说真话，生成真困惑，才能丰富真课堂，实现做真人，办好真教育。（2020年3月14日）

（257）学习方式变革的新"时尚"：重视思维提升的深度学习，面向真实生活的体验学习，基于数据实证的精准学习，强调文理融通的跨学科学习，助

力协作完成的项目化学习,创建空间链接的无边界学习,等等。这都向新时代的校本教研提出了新挑战。(2020年3月14日)

(258)基于智慧学伴,开启线上教学,聚焦学习目标,综合解决问题,5G互动课堂,AI人机交互,赋能智慧教学。课堂教学的新场域、新样态倒逼校本教研的新思路、新观察,但一直不变的是新时代教师信息化技术2.0,甚至3.0与学科融合素养的阶梯型成长和变革。(2020年3月14日)

(259)跨学科统整的项目化教学要求教研工作者基于学科和主题,聚焦项目和技术,以学习者为中心,团队合作,发现问题,解决疑难,适应课程、教师、空间、技术系统整体协同的变革,让技术贯穿学习全过程,创设让学生着迷的个性化教学课堂,形成诸如生涯教育、绿色STEM、学科拓展、研学旅行等新的课程,助力大数据智慧校园建设。(2020年3月14日)

(260)教育信息技术2.0条件下的课程教学设计必须坚持学习目标导向,以终为始设计学习过程,围绕认知规律,激发学习兴趣,培养元认知意识和课程核心素养,帮助学生具备较高的独立思考、自主探究、知识迁移与应用能力。(2020年3月14日)

(261)阅读理解发展=文字识别+理解语言+阅读速度。新阅读倡导师生共读、家校伴读、自主阅读,关注兴趣激发、习惯养成、能力发展,推崇中华优秀文化之传统经典。(2020年3月15日)

(262)知识学习发展的三个层次:知识传递、知识建构、知识创生。(2020年3月15日)

(263)走向未来的生态教育——培养适应未来的"全人",无边界的深度交流互动,多元开放的个性化学习,按需学、教、评的菜单式服务,自律自觉和规范监控的混合式治理,为新时代的校本教研增添了新动力,带来了新挑战。(2020年3月15日)

(264)技术化、组织化、常态化的混合式(线上线下+现场远程+同步异步)教学将会成为现代教育的一种主流范式,需要教研工作者主动作为,直面挑战,打破"内墙"和"外墙",协同整融,全力推进。(2020年3月15日)

（265）若爱教学，就深爱，全心投入，全力以赴；若爱教研，就真爱，潜心研究，专业生长。（2020年3月17日）

（266）立足大思政，聚焦大概念，关联大单元，推进育人一体化，让深度学习在思政课堂真正发生。（2020年3月17日）

（267）教研工作要沉下去，蹲下来，走进课堂，走向团队，勤跑一线，念念不忘，调研、发现、培育和成就教师。（2020年3月25日）

（268）文科复习打好"四战"：基础知识巩固战（厚＋薄），专题系列梳理战（统＋整），社会时事结合战（高＋融），素养价值提升战（总＋育）。（2020年4月1日）

（269）理科复习关注"五视角"：课程标准视角，教材变化视角，核心素养视角，思维训练视角，能力价值视角。（2020年4月1日）

（270）教研组命题需注意：坚持政治性，把握科学性，不出歧义题，少出争议题，杜绝出错题，坚决不能出问题。（2020年4月1日）

（271）课堂教学习题训练从"对"到"好"：先讲对、教对、学对，再讲会、教会、学会，发展到讲好、教好、学好。（2020年4月1日）

（272）教师专业成长的"四个维度"：持续追求卓越的高度，提升学识素养的宽度，学会理性思考的深度，善于生成践行的向度。（2020年4月8日）

（273）教师课堂教学的"四种类型"：浅入深出，玄而又玄难听懂；浅入浅出，实事求是讲得清；深入深出，学习费劲能融通；深入浅出，通俗易懂受欢迎。（2020年4月8日）

（274）教研真的很重要。男教师不教研，只是空麻袋，招摇撞骗不自在；女教师不教研，应是黄脸婆，头重脚轻不可爱。（2020年4月10日）

（275）教研为了学习，学习为了迁移，迁移为了升华。有学习就有迁移，有迁移才有升华，学习的过程也就是迁移的过程，是升华的前奏。（2020年4月14日）

（276）教育不能有知识无文化，教学不能有文本无教研。校本教研必须做好从文本知识到认知素养的创造性转化，由教材系统走向教学系统，实现文

化的创新性传递和创造性发展。（2020年4月14日）

（277）课堂教学基本功"六看"：看教师激情，看教学用语，看教学设计，看课堂机智，看示范带动，看专业技能。（2020年4月15日）

（278）观课的"334"——"三眼"：蜻蜓之眼观察清，飞鸟之眼观察高，蚂蚁之眼观察细；"三进"：进入学习者角色，进入教学者角色，进入指导者角色；"四到"：眼到，耳到，心到，手到。（2020年4月15日）

（279）实现教师的二次成长，需在"知行合一"的基础上，经过教学、教研、科研的淬炼，实现从经验型到科研型，再到智慧型的转变。（2020年4月17日）

（280）狄德罗说，教育生活是学习+研究+反思的生活，而校本教研正是学习+研究+反思的过程。（2020年4月17日）

（281）对接中考目标，克服习以为常，强化任务驱动，改变"专讲"课堂，注重问题导向，体现学悟素养，开发学生潜能，落实学习中心，特别关注文科复习的学术性思考和理科复习的批判性思维，达成品质提升。（2020年4月22日）

（282）高考前45天提醒学科教师：静心备考，用心指导，安心课堂，激情求效，呵护个体，坚持到底。（2020年4月22日）

（283）高考前45天提醒学校备考：一是主动关爱教师。疫情过后，线上线下，连续作战，持续打拼，太不容易；把握教学"供给侧结构性改革"，研究考题，改进课堂，想方设法提成绩，相信高手在教师，要多关注、关心和关护毕业班一线教师。二是有效提升课堂。落实课堂单页，导优辅差，个性专项，一追到底，关键在课堂上出工出力出成绩。三是训练考试技巧。借助于典题训练迎考技术，立足"做一题会一题得满分一题，一题多法决定成败"，引导帮助学生提高考试能力。四是细心做好工作。杜绝"自以为是"，克服"习以为常"，强化"任务驱动"，做好"补偿教学"，关注"师生状态"，突出"自信激情"等。（2020年4月22日）

（284）新高考需把握时代主题，关注社会化，把准备考方向，遵循《中国高考评价体系》指南，对接课程标准和新教材，深度研析"一核（立德树人＋服务选材＋引导教学）、四层（核心价值＋学科素养＋关键能力＋必备知识）、四翼（基础性＋综合性＋应用性＋创新性）"系列要求，倒逼学校更加注重教研协作，更加注重班组协同，更加注重家校联动；倒逼课堂落实批判性阅读，训练认知性思维，做到创意性表达，促进课堂品质和教育质量的双提升。（2020年4月23日）

（285）什么是教育情怀？教师对教育的情有独钟，对教育的满腔热爱，对教育的主动担当，对教育的依依不舍，对教育的不离不弃，对教育的幸福信仰，这就是教育情怀。（2020年4月23日）

（286）人生就是一场守望。教学是对课堂的守望，教研是对专业的守望，教育是对生命的守望。（2020年4月23日）

（287）教师专业成长的路上，从来不缺行者；学校校本教研的路上，都是服务课堂。（2020年4月23日）

（288）教师对校本教研的态度不变，课堂教学只会原地打转；教师对校本教研的态度改变，课堂教学就会创新无限。（2020年4月23日）

（289）扎实开展校本教研，引领推动专业成长，让教师成为有教育信仰、有教育情怀、有教育智慧的教育工作者。（2020年4月23日）

（290）规范答题"三步走"：一审题型，从设问入手找出答案的组织形式；二看问题指向，找出决定答案的逻辑过程；三明确学科用语，规范组织完善答案的内涵和外延。（2020年4月28日）

（291）一般来说，参考答案是理论共性、材料个性和学科属性的有机统一；备考教研是学科理性（课标教材）、学生个性（认知思维）和年度考试方向性或规则性（核心价值、素养能力、情境载体）的整合提升。（2020年4月28日）

（292）中高考复习备考，要从数据对比分析中研讨命题立意与价值追求，找到增分点，检视"打补丁"；要从微专题教学中体现解题与思路的构建，进行补偿性训练；要从学生状态中发现新问题，做到课前精准诊断、课中精致落

实、课后精确跟进。（2020年4月28日）

（293）新高考内容把握：价值引领，落实五育并举；素养导向，促进综合提升；能力为重，考查问题解决；知识为基，注重认知过程。（2020年4月28日）

（294）备考质检反思"八关注"：关注情境创设的时代性（五育并举、中国精神等），关注思维提升的针对性（文科的批判性思维，理科的创新性思维），关注问题解决的适切性（真实问题、学科解决、转换表达等），关注基础知识的扎实性（掌握与应用相结合），关注不同学科的特殊性（课程有特色，文理各不同），关注师生状态的差异性（分层加个性、用力过度与努力不足等），关注考练结合的适度性（统筹考试练习与专题训练——控制难度、调整频度、交替进行），关注思想观念和时事政治的正确性（政治责任、业务要求、整体把握）。（2020年4月28日）

（295）"价值"（核心价值、政治导向）是金，"素养"（素养能力、思维质量）是银。问题情境（问题解决、情境载体）"穿"金银，跨学科（多整合、求融合、新规则）更是"聚宝盆"。（2020年4月28日）

（296）一流备考懂规则，二流备考学技巧，三流备考刷题海。备考外行看热闹，学科内行看门道，不是所有的付出都有回报，只有正确的努力才更加有效。（2020年4月28日）

（297）"经营"课堂提醒：静心倾听听中学，逼着思考表达说。大声集聚读赏悟，认真书写收益多。享受课堂情感丰，师生互动考和行。敬畏课堂，严管有序。学生有收获，教师有期待，课堂有和谐，师生有成长。（2020年4月29日）

（298）复习备考"研"字经：研读文件明方向，研读考题重训练，研学课标是关键，研用教材基础现。师研专业成长，生研考分增长，学研互动课堂，专研关注重点，精研提升素养。（2020年4月29日）

（299）评课议课说明：汲取营养，学生身份；平和交流，朋友之心；亮点说清，感悟学行；优点说尽，欣赏肯定；缺点说半，剖析原因；智慧碰撞，

改进提升。（2020 年 4 月 30 日）

（300）复习备考的观察点：一是关注师生状态——激情化，激发活力，精神振奋，学业精进；二是做好精细计划——日程化，把握进度，适度调整，全力完成；三是精准实施——个性化，夯实基础，掌控学情，注重过程；四是提升训练——效能化，立足课堂，研讨先行，坚持追踪。（2020 年 5 月 7 日）

（301）敬畏中考，经营课堂，需要激发课堂思考力，养成笔记习惯；提升课堂表现力，注重规范训练；掌控课堂行动力，调节学习进程。（2020 年 5 月 9 日）

（302）经营复习课堂，把握四个层次，即精神层、管理层、研究层、践行层，注重时间管理，提升教研效能，促进专业成长。（2020 年 5 月 9 日）

（303）经营复习课堂，落实训练攻坚，要有"成本"意识，提倡回归课本、回看典题，以 10 分钟为时段划分课堂，以典题时长训练计算得分成本。（2020 年 5 月 9 日）

（304）中考复习备考最后 30 天，领导坚持，老师坚守，学生坚毅；同向同行，同心同德，同频共振；瞄准中考，聚焦课标，促课堂进步，助成绩提升。（2020 年 5 月 9 日）

（305）美育课堂能更好地坚持五育并举，落实立德树人，注重思维更新，提升核心素养，丰盈人文底蕴，打造艺术殿堂，实现以美育人、以美化人，大美人文、美美与共的课程目标。（2020 年 5 月 11 日）

（306）复习备考的常态课需关注常态之"常"，即课堂教学常规；常态之"态"，即课堂学习状态。教师对学情真了解、对任务真落实，学生真做、真懂、真思考、真修正，复习才真有效。（2020 年 5 月 14 日）

（307）毕业班复习备考，高手在教师，关键在课堂。一要高度关注师生状态，关爱有加，师生并重。二要特别关注课堂行为，讲规矩，有激情，记笔记，查落实。三要及时关注训练方法，把握对标导向、对表要求，用好校本作业，做好分层提升，实施单页推进，坚持分包追踪等。如在命题方向上，情景演绎会更多渗透，议题设置会更重时政，素养提升会更加融通，学科整合会更

多呈现，等等；在命题审核上，把握好政治定位、价值导向、课标落地、教学引领等。（2020年5月14日）

（308）我们的教学主张，始于"实践探索"，行于"读书思考"，成于"总结反思"。而教师深耕课堂则是生成教学主张、促进专业成长的密码和捷径。（2020年5月20日）

（309）课堂生成的本质是学生的自我发展。让现实趋向思想，让课堂注重生成，让教室充盈智慧，是教师在发挥校本教研功效基础上的活化与提升。（2020年5月20日）

（310）专题复习、典题训练等，要注重学生的动态激发，努力推进课堂共享；要注重思路、认真标记，对标中考、用心设计，坚持价值导向，把握纵横联系，用好思维导图，做好逻辑梳理，达成素养提升。（2020年5月20日）

（311）备战中考冲刺时段，关键在于状态比拼和服务支撑。状态比拼主要指课堂状态（包括学习、听课、笔记、训练、答题，特别是答题状态），生活状态（课间、课外、家庭，特别是家庭作业状态），团队精神状态（学生团队、教师团队自信激情，适当活动，坚持到底，等等）。服务支撑重点指课堂服务和情感服务。课堂服务如面对面、点对点、差异化、个性化、低起点、小目标，抓基础、勤追踪，等等。情感服务重在情绪调适、舒缓压力，情感对接、关爱激励，情景营造、平心静气，等等。（2020年6月2日）

（312）理科复习备考要坚持课标教学，做到堂堂测试，注重答题规范，设立答题目标值，做好反馈修正。（2020年6月8日）

（313）教育科研三句话：一是问题即课题，从课堂发现再回归课堂；二是教研即科研，在实践中研究，研究教学实践；三是效果即成果，回归教育生活，落地生活教育。（2020年6月8日）

（314）课堂教学中，适度压力变动力，适度挫折激活力，从中找到突破口，找出增长点，出工出力出成绩。（2020年6月8日）

（315）复习的几大误区：重主干、轻细节，重考点、轻系统，重考试、轻训练，重讲授、轻思维。（2020年6月9日）

（316）知识复习时把握"三度"：精度、关联度、深度。精度要精确表达，科学规范；关联度要厘清逻辑，形成条理；深度要知其然，知其所以然。（2020年6月9日）

（317）影响中考复习质量的几个因素：教师的协作态度，学生的学习状态，备考的顶层设计，校本的研修实效，复习的备考氛围，复习的重点确定，命题的方向把握，教学的时间保障，复习的方法优化，训练的科学安排，差生的精准帮扶，之前的失败教训。这就是备考教研要解决的关键。（2020年6月9日）

（318）中考复习备考"四拼同向"：一拼升学，看人数；二拼评估，看及格率；三拼时效，看复习成本；四拼状态，看师生打拼。需点火不放火，添柴不浇水。（2020年6月10日）

（319）中考复习备考"协同拼心"：一是团队协作，个性落实，课堂关注，情感推动；二是精准爬坡，适度紧张，让学生一见考题就有味道；三是跳出题海，查漏补缺，要大胆放手，自信激情；四是关注变化，积极引领。适当运动，举重若轻。（2020年6月10日）

（320）课堂成长教师，教师发展学校，学校成就教师，师生成就未来。服务教师，走心养正，落实"333"工作，即做到"三结合"，校为本；"三阶段"，搭阶梯；"三用心"，促提升。"三结合"即培训、培养、培育相结合，以校为本。"三阶段"即学科新秀、学科骨干、学科带头人青年教师成长三阶段，校搭阶梯。"三用心"即在关注发展状态上用心，在环境支撑服务上用心，在推进团队成长上用心。（2020年6月18日）

（321）优秀课堂有三个层次，分别是规范课堂、高效课堂、智慧课堂。让教师钟爱课堂，在课堂上寻找增长点，寻找成长点，寻找进步点，达成教师上课像"赴宴"、学生上课像"联欢"的教学相长的目标。（2020年6月18日）

（322）在学校，教师永远第一，儿童永远唯一，教育永远归一。校本管理就是把家园式服务做到极致，使全体师生在舞台上成长永无止境。（2020年6月18日）

（323）校本教研的目标之一就是让教师带"颜色"：有红色旗帜般的政治基因，有蓝色海洋般的理想追求，有绿色生态般专业成长的生命动力。正如：腹有诗书气自华，静心修远志趣雅，校本教研展睿智，团队担当力量大。(2020年6月22日)

（324）课堂考试观察点：一看答题规范，二看个性缺漏，三看备考效能，四看考场律动。知总体疑难，识个体学困，改进复习备考，促进分层提高。(2020年6月23日)

（325）"国士无双"钟南山，在2020年6月28日广州医科大学本科生毕业典礼上说，人生简简单单、普普通通，生之雅兴、亦如光影。希望毕业生正视现实，迎接挑战，不但对自己有要求，而且要有追求；不但要有志气，而且要争气；不但要有热情，而且要有激情。教研工作者也应该这样，直面挑战，超越进前，不断自我净化、自我完善、自我革新、自我提高，勇于自我革命，实现自我价值，促进质量提升。(2020年7月6日)

（326）教研工作者的"五四"法则——五种角色：政策执行者，课程设计者，学校课程服务者，教师专业引领者，区域质量促进者；四项服务：服务学校教育教学，服务教师专业成长，服务学生全面发展，服务教育管理决策。(2020年7月6日)

（327）中考前九天，关注师生整体状态，努力做到平心静气、平和关系、平安备考、平常发挥，实现平稳顺利。(2020年7月10日)

（328）备考教研要做到：跳出考试看考试，准确把握考试的教学功能和育人价值；跳出学科看学科，准确把握学科本质，引领学科发展，深化课程改革；跳出教育看教育，准确把握教育的根本任务，立德树人，启智增慧。(2020年7月13日)

（329）中考备考的关键能力主要是指信息输入的阅读能力、信息加工的思考能力、信息输出的表达能力等。(2020年7月13日)

（330）校本教研工作创新的基础在于，落实好常规，做精细常规。实际上，把常规做到极致也是一种创新。(2020年7月13日)

（331）课堂教学要想到学生、听到学生、看到学生，校本教研要想到老师、听到老师、看到老师，提振精神气场，奋力担当作为。卓越的学习，没有舒适区；优秀的教研，不能有应付。（2020年7月13日）

（332）真情境、真问题是核心素养下课堂教学的基本常态。创设真实简单或复杂的情境，解决真正有价值的问题，让学生在情境中寻找真问题，是我们课堂教学特别关注的。（2020年7月29日）

（333）三人同行，必有我师；三家同鸣，必引我志；三项（作业、课题、论文）同评，必启我思；三校同研，必成我师。（2020年7月30日）

（334）教学设计"三要"：一要把握学情，从学生出发，有学生立场；二要注重探究，构思维导图，有思维进阶；三要讲求政治，重价值导向，有思想深度。（2020年7月30日）

（335）教研工作者要心怀期待、主动参与，要心存感恩、点滴生长，更要着力创新，有更深思考，把握学科逻辑、知识逻辑、理论逻辑、实践逻辑相统一；有更高站位，把握政治思想价值和育人导向；有更远践行，做到知行合一，提升素养。（2020年8月17日）

（336）世界上唯一不变的就是变化，打破思维定式，一切皆有可能。校本教研的突破需从改变思想固化开始。（2020年8月17日）

（337）融通教学评，教研新提升。"五育"（德智体美劳）兼备，前排就位；"四观"（世界观、人生观、价值观、教育观）不对，全都白费。（2020年8月17日）

（338）福建的考试命题导向是稳字当头，稳中求变，取长补短，凸显特色，让思维看得见，由结果走向过程，由预设走向生成，由单干走向融通。（2020年8月18日）

（339）提高站位，放大格局，立足师情，整合资源，与时俱进，守正创新，努力打造高颜值、有魅力，高素质、有实力的高品质教师队伍，是中小学校本教研的当务之急。（2020年8月18日）

（340）教改新动态：无情境不教学，无情境不评价，无情境不命题；不展示不活动，不展示不生成，不展示不成长；课堂要求高一点，学科视野宽一点，专业积累厚一点，校本教研深一点。（2020 年 8 月 18 日）

（341）学习中心课堂"七有"标准——有魂，立德树人；有理，学理分析；有疑，反思质疑；有动，展示互动；有人，师生发展；有思，高阶思维；有评，总体评价。（2020 年 8 月 19 日）

（342）课堂需要"三大"意识，即问题意识、目标意识、创新意识，才能形成关键能力。（2020 年 8 月 19 日）

（343）教学情境选择"四原则"：宁精勿多，宁近勿远，宁正勿反，宁我勿他。（2020 年 8 月 19 日）

（344）校本教研要从能做好的开始做好，从能改变的开始改变，立足实际，稳步推进，不好高骛远，不朝三暮四，关键是行动起来，坚持下去。（2020 年 8 月 19 日）

（345）培养学生的关键能力，重点是指：一是阅读能力，即阅读领会课标教材的能力和相关国内外时事材料的能力；二是思考能力，即逻辑思维、辩证思维、创新思维能力；三是表达能力，即用语言表达内化知识的能力，用行动表达外化品格的能力。（2020 年 8 月 19 日）

（346）校本教研解读教材"六个维度"：以重要文件溯教材之源，以编者视角解教材之意，以大学教材探教材之理，以专家解读入教材之境，以课程标准立教材之本，以课程方案推教材之用。解读教材，"望、闻、问、切"；起而论道，"真、情、实、意"。（2020 年 8 月 19 日）

（347）学科教研的目标之一在于，用教材解读更有价值的资源，让教育剩下更多"有用"的东西。（2020 年 8 月 27 日）

（348）提升课堂品质，不断推动建设原生态课堂、深智慧课堂、高颜值课堂等不同形式的统整课堂。（2020 年 8 月 27 日）

（349）校本教研要回归"教"与"育"的结合，有教无育重知识，有育无教重表演，以教代育重考试。以育领教，精神成长；以教促育，课堂生长；以育评教，思维提升；教育一体，聚焦素养。（2020 年 8 月 28 日）

（350）教研工作要用愿景争取认同，用目标凝聚协同，用行动支撑肯定，用监督赢得尊敬，用追踪助力提升，用成绩证明价值，用勤奋铸就成功。（2020年9月14日）

（351）正确认识校本课程：校本课程不等于校本教材，不等于校本成果，不等于校本活动，不等于校本汇编。（2020年10月16日）

（352）教育创生可能性，是个体社会化和社会个性化的过程。教研创生价值性，是课堂社会化和社会课堂化持续生长的过程。（2020年10月16日）

（353）课程是学校教育的共同基础，课之功在于教学，程之力在于评价。教学是个体的艺术，课程是团队的技术。大课程有标准，有教学，有团队，有评价，更有教研。（2020年10月16日）

（354）校本课程是一种管理范式，也是研究过程，在一定意义上说，也是教师课程，是校本教研的最高境界。（2020年10月16日）

（355）复习备考，落实常规，增强课堂的有效性；研究考试，提升教学的得分点；注重导向，挖掘课程的育人价值。（2020年10月22日）

（356）推进复习课堂革命，要踩准节点，把握节奏，考练合一，深度学习，既要有天花板效应，又要有地板效应，更需持之以恒。（2020年10月22日）

（357）学校品牌"四要素"：一有理念，既先进，又科学，能实操；二有形象，有符号系统，有外在表征；三有质量，包括课程、教学、管理、技术和活动等；四有特色，有个性，有亮点，有效果，可持续。（2020年10月22日）

（358）一切教学改革的理论与实践都在现场发生和生长，中小学的校本教研需要防止自我封闭、自我陶醉和盲目跟风。（2020年10月23日）

（359）幼儿教育阶段的校本教研活动，更多基于生活和游戏，基于生命和成长，基于开心和快乐，基于"好玩"和"玩好"，实现无"墙"教学，有"氧"成长，追求高端，筑牢根基，面向未来。（2020年10月23日）

（360）毕业班工作"五关注五及早"：要关注学科进度，关注课堂书写，关注作业质量，关注考试频度，关注激情状态；做到学科备考及早规划，中考试题及早研究，课堂延展及早服务，扬长补短及早追踪，奖教激励及早落地。（2020年10月28日）

（361）学科复习训练"四注重"：注重回归课本，注重析释疑难，注重标注拓展，注重答题规范。（2020年11月4日）

（362）做人可读万卷书，行万里路，阅万个人，过智慧人生；教师要听万节课，说万字言，写万句话，成教研名角。（2020年11月17日）

（363）想是问题，做是答案，输在犹豫，赢在行动。校本教研亦然。（2020年11月17日）

（364）复习备考要关注新的考试导向，核心价值是金，素养能力是银，情景问题串金银。我们原来的复习备考存在快慢的问题，现在的复习备考却存在两个赛道的问题。（2020年12月1日）

（365）校本管理是精神引领、行动支撑、情感沟通的过程，其重点在于教研治理和学习管理。（2020年12月3日）

（366）把握课标，做实教研，用好教材，对接中考，注重训练。让认真成为习惯，让成功自己发声。（2020年12月3日）

（367）用目光丈量世界，出发是唯一选择；大格局推进教研，打拼是不二办法。（2020年12月8日）

（368）教研为课堂服务，培训为学科服务，教学为成长服务。教学是改变学生行为模式的过程，教学目标就是行为变化的结果。（2020年12月8日）

（369）备课用功，上课用情，教研用心，作业用劲，落实用力，是学科教师的基本素养；敢于临时接课，敢与同伴争辩，敢于钻研教材，敢于批判担当，是学科教师的教研精神。（2020年12月21日）

（370）学术"争论"是校本教研的最佳方式。（2020年12月21日）

（371）校本教研"五关注"：关注研课磨课活动，团队攻坚；关注校本作业设计，反馈追踪；关注课堂有效评价，学为中心；关注师生自然生长，同频共振；关注质量提升过程，服务保障。（2020年12月23日）

（372）新时代的课堂教学追求一招鲜（本土化）吃遍天下，一情境（案例化）"玩好"课堂，一争论（思辨化）突破重点，一条龙（素养化）课堂生长。（2020年12月25日）

（373）学科教学从"生活"到"素养"的链接路径：

内容上，由生活到教材，由教材回课标，从课标找问题，从而解决真问题，再回归本土生活，深化课堂，提升素养。

问题上，立足真情境、真案例、真问题、真参与、真合作、真思考、真表达、真素养、真价值，发现真问题，提出真问题，解决真问题，生成新问题。

逻辑上，遵循学科逻辑、知识逻辑、生活逻辑、教学逻辑、课堂逻辑和科学逻辑。

价值上，注重核心价值，体现政治导向，把握高度、深度和自由度，形成有色、有情、有味课堂。（2020年12月25日）

（374）学科教师通过三次"飞跃"，做个学科教学的"翻译家"。第一次"飞跃"，是把教材语言转化为教学语言；第二次"飞跃"，是把教学语言转化为学科思维；第三次"飞跃"，是把学科思维转化为考试语言，再加上规范的学科书写，形成学科术语。（2020年12月31日）

（375）常规的主题化教研类型：课例研讨的课堂行动研究，问题解决的课题合作研究，教育叙事的个体反思研究，能力提升的活动专题研究，创新引领的方式方法研究，工作推进的项目综合研究，等等。（2021年1月27日）

（376）校本教研坚持以校为本，做到常研常新；团队研究支持研训协同，反对研训一体。（2021年1月27日）

（377）校本教研要有针对性地开展考试"三度"研究，即考试的可信度、有效度和利害度研究，同时关注到高考、中考，期中、期末考，单元测、调研测等不同要求，把握好国考（测）、省考（测）、市考（测）及以下考（测）的不同站位。（2021年1月27日）

（378）教研组建设的"12341"，即"一体、两导、三度、四化、一不"。目标"一体"：学术（学习、研究、成长）共同（价值导向、行为选择）体；治理"两导"：专业主导，行政指导；课堂"三度"：目标达成度，师生满意度，成长辐射度；研究"四化"：课程校本化，学习中心化，活动系列化，教研深度化；"一不"：不要借改革把传统优势改没了，先守正，再创新。（2021年1月27日）

（379）教育的最高境界是让学生自育、自学、自成长。（2021年1月27日）

（380）医生的功夫在临床，教师的功夫在课堂，既有专业素养，更靠学研引领。（2021年1月27日）

（381）学习需要一个"入阁""定阁""出阁"的过程。在做中学，可模仿；在做中思，可理解；在做中创，可创新。没有思维的人，不能学习；没有独立思考的人，不能创新，甚至也不能守正。（2021年1月27日）

（382）我们认识的教育，在一定意义上来说，应该是改良，而不是革命。校本教研对教师成长来说，需要人人有梦，时时反思，处处学用，事事研究，课堂落实，改进提升。（2021年1月27日）

（383）中小学课堂教学要在知新中温故，在温故中知新，避免无谓重复的低级训练，增进教学有效性，提高学习效率，也就提升了学生的学习力。（2021年1月27日）

（384）中小学教育基础性学习的知识应该广博重于精深，兴趣好于硬拼，归纳多于演绎，这是校本教研中"认知"研究的原则。（2021年1月27日）

（385）课堂教学用教材育人，而不是教教材育人。教材是为教师备课准备的，是参照，需要转化为学材。课堂必须真正成为"学堂"，只能是"学"

的场所，而不是"教"的表演，所有的教学方法都是工具，为育人服务，不应贴标签。（2021年1月27日）

（386）"生存即学习，生活即教育"，倡导自然学习、自然生长，助力师生的学习自然、生长自然。（2021年1月27日）

（387）成功者就是燃烧自己，照亮别人。善待自己最好的方式就是把自己全部燃烧，在成全别人的同时成就自己。（2021年1月28日）

（388）对校本教研团队的期待：一路走来，一如既往，一定不易，一片诚心，一直陪伴，一丝不苟，一柱擎天，一拼到底，一清二楚，一心同归，一脉相承，一起成功。（2021年1月28日）

（389）要关注教研人精神力量落地，好队伍，好协同，好治理，发现每个人的优点与长处，不断激发内在潜力。只要状态好，一切都会好。（2021年1月28日）

（390）批判性思维是学生创造力的根本。师生要学会模型建构，既有认知问题模型，又有解决问题模型。只会演绎，不会归纳，这对教育来说都是缺失的，校本教研应更多关注知识的归纳与总结。（2021年1月28日）

（391）教研人总要与时俱进，领先一步，永远走在时间前面，政策没到摸索来，政策出来开始干，政策落地快实操。要有专业精神、专业知识和专业能力，更要有教育情怀、教育担当和前卫意识。（2021年1月28日）

（392）校本教研工作者要做到：一有空就到课堂，观察、发现、思考，做好调研，提出建议。一要从学科教学研究发展到学科教育研究，从经验研究发展到实证研究，从教学实施发展到课程实施。二要引领学生学会做人、学会学习、学会创造，从学科学习走向全域育人。三要把握好信息能力、思维能力和表达能力，着眼于真实问题的发现和解决，不做"口头"革命派。四要树立新的教育质量观，以学科教育推进高质量教育发展，以学科教育高质量开展教研工作。做好思想者，做好行动派。（2021年1月28日）

（393）复习备考，要以提高及格率、降低低分率、增强优良率为主线，加强对后进生的关爱力度、对中等生的激情保护、对优等生的方法指导，用心在督查落实上，用力在跨学科整合上，用功在基础提升上。（2021年2月24日）

（394）新时代高质量的教育期待着——开展深度学习，注重教学改进，推动教研转型，变革育人方式，改变教育思想，改进课程资源，调整评价工具，提高课堂质量。（2021年2月25日）

（395）创新课堂教学要基于情境和问题，用正确的目标观、学生观、资源观、价值观来表达自己的教学观点。（2021年2月25日）

（396）关于校本教研，一定要有目标导向、问题导向、创新导向、素养导向、价值导向和结果导向。（2021年2月25日）

（397）没有使命感的教育是盲目的，没有责任担当的教育是轻薄的，校本教研亦然。（2021年2月26日）

（398）教研是磨刀与砍柴的关系。（2021年2月26日）

（399）单元学习活动设计"六"路径：知识问题化，问题情境化，情境活动化，活动序列化，序列素养化，素养育人化。（2021年2月26日）

（400）初三3月备考关键词：激情动员师生，细化阶段性具体目标，集体备课，学科进度，校本作业，课堂效率，摸底考试，挂钩督导，等等。工作更努力，备考更有效。（2021年3月1日）

（401）新中考试题特点：落实课程育人，突出思想性；关注社会热点，突出应用性；重视初高衔接，突出创新性；融合科技人文，突出综合性；增强多元功能，突出开放性。（2021年3月2日）

（402）教师的高素养助力教研的高质量，教研的高质量助推课堂的高质量，课堂的高质量推动教育的高质量。（2021年3月12日）

（403）人生用加法做事，用减法生活，用乘法感恩，用除法放下。事业用加法做执行，用减法做战略，用乘法做经营，用除法做管理。教研用加法做

学情，用减法做课堂，用乘法做课题，用除法做治理。（2021年3月23日）

（404）试题讲评五原则：一是及时性，趁热打铁；二是针对性，选题典型；三是拓展性，融会贯通；四是实用性，讲究技巧；五是激励性，激发斗志。特别是拓展性，注重一题多答，拓展解题思路；坚持一题多变，发展应变能力；努力举一反三，构建知识体系。（2021年3月30日）

（405）质量提升"六小"绣花功：小分析、小目标、小考查、小协作、小专题、小追踪。（2021年3月31日）

（406）初三4月备考关键词：拼感情，拼小分，拼协同，迎二次质检，首次质检分析，查漏补缺，观察课堂，专题分层，盯人训练，考察追踪，等等。持续作战，备考提升。（2021年4月1日）

（407）课堂教学创新需要深度学习、深入教研、深层提升，直面真实课堂的质量问题，做到思想更新，知行合一。（2021年4月8日）

（408）复习备考、固化训练要有充裕的时间、充实的内容、充足的数量，凸显学为中心、练为主线、育为主旨。（2021年4月13日）

（409）备课组，不单单是备课，更是对课标、教材的深入学习和研究。教研组不单单是教研，更是对教科研训相关理论与实践的融合探讨。（2021年4月13日）

（410）教育要剔除功利，回归"人之为人"的教育，一定要以教育内在的规律办学，以人成长的规律育人。教育应该是生命对生命的尊重，人格对人格的平等，情感对情感的共鸣，此爱与彼爱的交融，知识与知识的交换，智慧与智慧的点燃，文化对文化的润泽。教育工作者要诚恳，要坦然，要慷慨，要宽容，要坚守，要有平常心。（2021年4月13日）

（411）校本教研要做到常态化、规范化、精细化。让校本教研落地，需组长带动；让指导服务到位，需行政联动；让研究打拼成长，需自我推动；让督查追踪提升，需专业行动。（2021年4月13日）

（412）片区教研，立足校情，抱团成长；校本教研，常规落地，研究落实；教育科研，学习中心，素养情境。都需学会经营——经营课堂，经营活动，经营学校，治理提升。（2021年4月14日）

（413）聚焦教学质量，构建智慧课堂，精研学科特色，提升教研实效。这就是校本教研的目标。（2021年4月26日）

（414）梁启超在1922年讲演时说过，教育的本质是为学与做人，为学要专业，做人要地道。要通过知育、情育、意育，教人做到不惑、不忧和不惧。孔子也说："知者不惑，仁者不忧，勇者不惧。"我们说，教育的成长就是种活一棵树，育好一片林。（2021年4月26日）

（415）考试是一场学生与"错题"斗争到底的比赛。教师要先做明白人，再让学生明白什么是正确的，为什么正确，怎样才能做到正确；什么是错误的，什么原因造成错误，怎样才能纠正错误。（2021年4月26日）

（416）复习课的"七化"路径：目标知识化，知识问题化，问题情境化，情境探究化，探究专题化，专题训练化，训练纠错化。（2021年4月26日）

（417）校本教研的"七化"路径：教研目标化，目标问题化，问题探究化，探究项目化，项目解决化，解决系列化，系列主题化。（2021年4月26日）

（418）青年教师成长要把握好起步点，认识自己；明确抵达点，确定目标；注重着力点，追踪过程。特别是在优质课展示、作业设计、课题研究、论文写作中，必须把握整体、注重人文，有哲学境界，有学科思维，有国学情怀。（2021年4月30日）

（419）初三5月备考关键词：二次质检成绩分析，家校联动，时间掌控，专项训练，个体追踪，师生状态，坚持精神，打拼行动，等等。想方设法，持续提升。（2021年5月6日）

（420）学习中心教学的根本问题不是技术性问题，而是涉及教学的价值观、知识观、学习观、过程观、资源观、评价观等发展性问题。（2021年5月

7日）

（421）教学工作本质上是教学生如何学习的学问。学习中心，主动学习，引导深度学习，推进发展育人，让学科想象可见，让高阶思维发生，让文化得以浸润，让价值观成为灵魂，使学科素养在知识结构化、思维体系化、能力表现化、经验连续化中得到真切的促进和提升。（2021年5月7日）

（422）学习中心的课堂应该是思维可视化的课堂、思想生活化的课堂、思考常态化的课堂、思辨学科化的课堂。（2021年5月7日）

（423）学习中心三进阶：过程属性，练为主线；实践属性，习为主轴；价值属性，育为主旨。（2021年5月7日）

（424）青年教师站上课堂靠读书，站稳课堂靠教研，站好课堂靠反思，闪耀课堂靠历练。（2021年5月11日）

（425）教师讲堂展示自己，名师课堂研讨提升，专家明堂反思成长。（2021年5月11日）

（426）新时代教师的高质量发展包括创新发展、合作发展、多元发展、特色发展和自主发展。（2021年5月11日）

（427）优秀教师的三大核心素养：教育素养、理论素养和学科素养。（2021年5月13日）

（428）价值是金，素养是银，情境问题穿金银，跨学科成为聚宝盆，教育科研更提神。（2021年5月13日）

（429）让教师带着期待、带着问题、带着疑惑来听课评课，这样才会有标的、有思考、有交流、有碰撞、有成长。让每个学生在课堂上都有话说，都有意思，翻转课堂，"玩"转课堂，通透课堂，生成素养，这样的课会更有意义、更有价值。（2021年5月13日）

（430）教育的高质量是有温度（责任担当）的质量，有硬度（成绩成果）的质量，有高度（育人成效）的质量，有深度（文化内涵）的质量。（2021年

5月24日）

（431）校本教研要抬高标杆，高点定位，高处着眼，紧扣公平、均衡与优质三个关键，精准施策，持续发力。教研，使教师群体变成研究团队，发挥思维"众筹"，使"优点"聚合成为"优势"，推动质量提高，为师生成长赋能，让教师有素养，让学生有榜样，让学校有希望。（2021年7月9日）

（432）质量检测的结果运用，需行政主导，教研引领，学校行动，督导跟进。借助于质量检测的结果运用，不断激励教师在校本教研中提升品位，在提升品位中成全自己，持续推动教育高质量发展。（2021年8月6日）

（433）关于作业管理：全面压缩作业总量，提高作业设计质量，发挥作业育人功能。既要明确要求，责任落地，又要从"管理、设计、实施、展评"中，推动闭环运行，有所作为，有所不为。（2021年9月13日）

（434）关于考试管理：压缩考试次数，提升命题能力，注重过程评价，落实考试育人，争取多方支持，全面提升质量。（2021年9月13日）

（435）富兰克林说，读书是易事，思索是难事，但两者缺一，便全无用处。我们说，学习是易事，践行是难事，若两者缺一，也全无用处；教研是易事，教学是难事，如两者缺一，便全无用处。（2021年9月13日）

（436）借力作业管理，倒逼课堂高效。抓好校本作业落实，要有问题导向、目标导向、成绩导向、行动导向，持之以恒，久久为功。（2021年9月24日）

（437）在课堂教学中，让学生去梳理片段、讲解习题，注重分析、归纳的课堂互动，暴露学生错误的思维和正确的观点，让学习真正发生。（2021年9月29日）

（438）校本作业的研发要做到"四个"强化，即强化作业总量控制，强化作业质量提升，强化作业习惯培养，强化作业责任落实。（2021年10月9日）

（439）课堂教学以作业为媒介，从巩固知识、诊断教学、作业育人、自主成长的功能出发，用情境之新、设问之巧、思维之妙、学生之需来推进校本作业，特别是差异性作业的编写，促进建立良好的师生关系。（2021年10月9日）

（440）"双提"对"双减"，要从学生的视角、学科的视野、课程的视域，面向教师集体备课，开展校本教研和团队建设，提高课堂效率，提高教学质量。（2021年10月9日）

（441）对中小学校来说，作业是教学，要诊断；作业是评价，要巩固；作业更是课程，要育人。（2021年10月9日）

（442）落实"双减"，做到作业"六统筹"，即统筹好学科素养，统筹好学科特色，统筹好学科资源，统筹好各个学科的平衡，统筹好各类作业的差异，统筹好各类作业的指导，形成校本化的学科基础性作业和探究性作业。（2021年10月9日）

（443）作业，本质上是学生的自主学习活动。精选、先做、全批、反馈，这八个字，是作业对教师的基本要求。作业对学生的基本要求，分学段不同。对高中生来说，最好的作业量，每周每科40道题，每次作业30分钟，初中和小学应依次递减。（2021年10月9日）

（444）校本作业要把握目标意识、问题意识、适切意识，注重成长价值、育人价值、评价价值，开展自觉行动、自律行动和自我行动。（2021年10月9日）

（445）"双减"工作目标在于，坚持减量不减质，实现减量提质；坚持减负不减责，实现减负增责；坚持减压不减爱，实现减压富爱。（2021年10月12日）

（446）校本教研看"知识"，要纵向厘清知识脉络，横向把握知识联系，注重知识生成过程，深化知识拓展提升，挖掘知识育人价值。（2021年10月12日）

（447）教材是教育教学的关键要素，是立德树人的基本载体，教研是教育教学的重要因素，为教育教学提供专业支撑和成长动力。（2021年10月13日）

（448）学习的最终目的是改善我们的思维，教研的最终目标是变革我们的课堂教学。（2021年10月13日）

（449）教育，国之命脉；师者，教育之魂魄。新时代的教师要重建自我，学研践行，努力成为塑造和提升学生品格、品行和品位的"大先生"。（2021年10月18日）

（450）成为高效能教师的"六个"思维：大格局思维、设计思维、故事思维、清单思维、自我革新思维、靠谱思维。（2021年10月18日）

（451）我们不可能为学校未来发生的事情准备制度，制度本身是滞后的，而规划则是前置的。学校的规划纲要和学校的规章制度是学校发展的前后两个车轮，要与时俱进，彰显学校的引领方向和价值观。（2021年10月22日）

（452）学校文化要有利于、校本教研要着力于自选"名言"，自培"名师"，自创"名经"，自走"名道"，自造"名校"。（2021年10月22日）

（453）课程是学校最重要的产品，也是学校的核心竞争力，必须着眼未来，立足实际，系统开发，校本落地。（2021年10月22日）

（454）经营课堂，变革方式。课堂改变，学校才会改变；课堂高效，教育才会高效；课堂优质，学生才会卓越；课堂创新，学生才会创造；课堂进步，教师才会成长。（2021年10月22日）

（455）教育是七分等待，三分唤醒。不埋怨学生，先检视自己，培养建设者，减少破坏者，是教师的责任和担当。（2021年10月22日）

（456）课题是教师的素养，业绩体现在学生身上。学生的需求是教师的职责，学生的满意是教师的目标。向光而行，追光逐梦，教师的光驱在教研，教师的光带看作业，教师的光谱靠团队。期待我们的教师有高品位的课堂、高品格的育人，有高质量的教育、高水平的成长。（2021年10月26日）

（457）校本教研最怕认真，认真，就成了。教研的坚持，终将验证量变到质变的力量，助你专业成长，实现教育梦想。（2021年10月27日）

（458）办学"九度"说：管理有高度，环境有亮度，德育有厚度，课程有维度，课堂有效度，教研有精度，教师有温度，文化有深度，成长有进度。（2021年11月9日）

（459）高手是练出来的。学习最好的方法不是知道，而是重复做。教研就像做题一样，要做一题，学一法，会一类，通一片。（2021年11月16日）

（460）校本教研需要组建高端团队，服务高效课堂，实现高位引领，推进师生高质量成长。（2021年11月22日）

（461）分数是练出来的，高分是悟出来的。复习有"六最"：最好的资料是教材，最好的试题是真题，最好的方法是合适，最好的增长是补短，最好的老师是兴趣，最高的境界是师生共才。（2021年12月9日）

（462）真实课堂，素养核心，整合资源，融合育人，以境激趣，灵动创新，基于学习中心，营建沉浸式课堂，让学习主动发生。这是校本教研下的好课堂。（2021年12月13日）

（463）专业的人做专业的事，具备综合素养的教师，做跨学科教学的事。不容易、不间断，求提升、求成长。（2021年12月13日）

（464）中招试题新"八考"：考主干，考综合，考应用，考创新，考思维，考能力，考素养，考育人。要求教研逆向思考，找思路，找方法，主动备考，平稳备考。（2021年12月16日）

（465）高质量课堂教学"三转""四化"——"三转"，即目标转向素养，角色转向协同，结构转向创新；"四化"，即学习目标多元化，教学模式多样化，教学策略最优化，教学评价丰富化。（2021年12月21日）

（466）真正的成长，是在人生的关键时刻，做自己的摆渡人。教师真正的教养，是在课堂的关键时段，做课堂教学中学生的摆渡人。（2021年12月

31日）

（467）一个人能走多远，靠的不是眼睛，而是眼光；一件事能做多大，靠的不是技巧，而是格局；一个人能做多久，靠的不是忽悠，而是真诚。教研亦然。教研能走多远，靠的是团队；教研能做多大，靠的是课堂；教研能做多久，靠的是成长。（2021年12月31日）

（468）答题规范，需"四化"落地：格式化、序列化、学科化、多样化。（2022年1月4日）

（469）教研的意义在于，研教同行，与时俱进，博观约取，厚积薄发。因为，我们如果用昨天的方式教育今天的孩子，就等于抹杀孩子的未来。（2022年1月10日）

（470）做一个内心有光的教研人，让前方有明灯，胸中有光芒，生命能闪光，灵魂有家乡，既明亮自己又明亮世界。（2022年1月11日）

（471）促进教师专业成长的六类系列化主题教研：一是教材研读类，把握课程定位，厘清教材逻辑；二是学情研究类，基于真实学情，聚焦解决真问题；三是教学方式类，上课有意思，上好有意义，活动有价值；四是资源应用类，共建共享，学会选择和应用；五是教学评价类，目标导向，实现"教学评"一体化；六是建好教研共同体，"备说讲评思"，引领教师成长。（2022年1月11日）

（472）名师工作室领衔人的十种角色：组织者、研究者、同行者、沟通者、发现者、合作者、支持者、引领者、学习者、课程开发者。（2022年1月22日）

（473）名师工作室建设"1355"系列，即一个信念：因为可爱，所以强大；三昧真火：学习、研究、实践；五环推进：以课论道、专题讲座、共享评课、阶段汇报、专家提升；五度延伸：温度、深度、高度、效度、精度。（2022年1月22日）

（474）名师工作室建设要体现学科、学段和名师个人秉质，在立足于课堂、立足于实践的同时，跳出课堂，跳出实践，提炼特色，引领成长，发展魅力型、创新型专业团队，从而跳得更高，走得更远，才能写好教育故事，发出厦门声音。（2022年1月22日）

（475）研究义务教育2022年新课标，关注四大核心概念，包括大观念、大任务两个关键内容，真实性、实践性两项价值追求。同时，注重把握大单元教学设计、大项目学习落地、大数据实证分析、大教研内外整合、大素养育人一体等，努力实现从零散走向统整。（2022年1月25日）

（476）"双减"背景下教育教学工作的提质增效和2022年义务教育新课标核心素养的精细落地是当下义务教育的工作重点。（2022年1月25日）

（477）基于素养导向、符合考试评价规律、校本教研亟待重视的三个关键能力群：一是以认知世界为核心的知识获取能力群，二是以解决实际问题为核心的实践操作能力群，三是涵盖各种关键思维能力的思维认知能力群。（2022年1月25日）

（478）基于学习中心的课堂教学愿景：有素养化的学习目标，有情境化的学习体验，有个性化的学习方式，有多样化的学习资源，有多元化的学习评价，能够实现教、学、练、评一体化。（2022年1月25日）

（479）知识在贬值，见识在增值。认知是本质，学习是本位，思维是本源，育人是根本，这就是我们校本教研的价值。（2022年1月25日）

（480）一所名校有"六看"：看浓厚的教研氛围，看鲜明的校园文化，看人本的课程体系，看高效的课堂策略，看科学的质量保障，看很强的区域辐射。其中，教研是第一位的。校本教研，姓"教"名"研"，立足本校，推进协作，实现团队化、课题化、持续化、成果化是基本目标。（2022年3月9日）

（481）深度学习落地的两个载体是单元教学设计和项目化学习。而项目化学习的过程要素包括任务驱动、真实做事、成果分享和反思评价等；项目化

学习的迭代发展将走向观念化、常态化、区域化和制度化，这也是基础教育推进课改的重要方向。（2022年3月10日）

（482）新型项目化学习的教学结构，是通过大观念（大概念）、大单元、大任务，实施做中学、做中讲、做中练、做中评，按需定学、按需定讲、按需定训，开展菜单服务。（2022年3月10日）（图5-1）

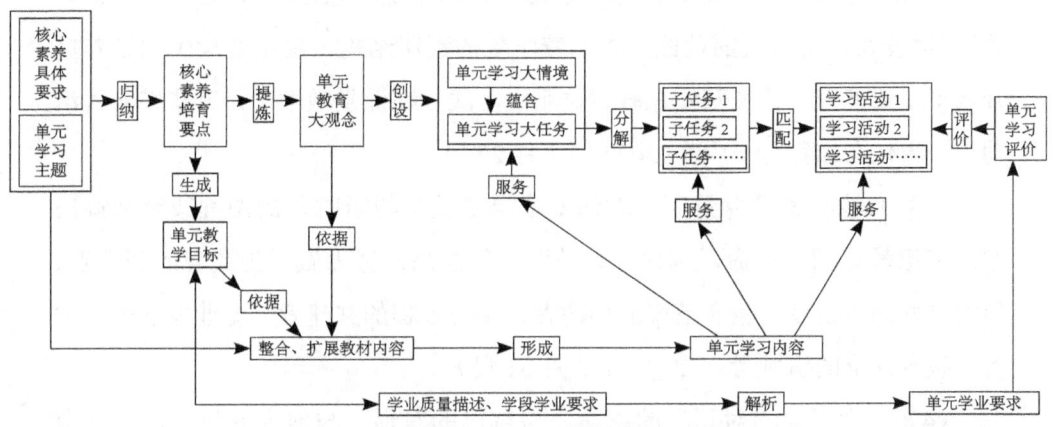

图5-1　培育核心素养的大观念教学模型图

注：此图来源于思想政治课教学，作者王小叶。

（483）核心素养与项目化学习是同一个硬币的两个面。素养为灵魂，赋予项目化学习中知识、能力、价值的生命力量；素养为结构，赋予项目化学习中知识、能力、价值的框架融合；素养为目标，赋予项目化学习中学生的精神状态及心智需求。（2022年3月10日）

（484）基础教育学科考试的碎片化，导致了校本教研的碎片化，催生了课堂教学的碎片化，影响了立德树人的一体化。（2022年3月10日）

（485）学科项目化学习的真正落地，看"五有"标准：有课标性任务，有真实性情境，有持续性探究，有展示性成果，有系统化育人。（2022年3月10日）

（486）中小学作业观念的落后，作业功能的异化，是"双减"条件下全

部作业问题的实质所在。（2022 年 3 月 10 日）

（487）项目化学习是为了"心智"的自由，追求教、学、研相长，学、教、评一体。学科项目化学习有四个特点：一是课标性，注重本土化、校本化；二是综合性，注重大单元、结构化；三是实践性，注重真实性实践、表现性评价；四是成果性，注重成果导向、产品（作品）展示。（2022 年 3 月 10 日）

（488）学校是意识形态工作的前沿阵地，不是"象牙塔"，也不是"桃花源"。学校课程是育人的蓝图，影响着学生的素质结构，决定着学生的素养提升水平。要把育人蓝图落实在教材体系中，践行在课堂教学中，升华在实践活动中，内化在知行合一中。（2022 年 3 月 27 日）

（489）核心素养背景下，教师要从课堂教学与新时代的课程改革共舞出发，牢记教育初心使命，强化"育教"责任担当，努力做学生灵魂的塑造者、学科课程的再造者、教学情境的构建者、学习过程的共建者、专业发展的自觉者、教育评价的引领者。（2022 年 3 月 31 日）

（490）学习是"对话"的革命，与自己的对话，与他人的对话，与社会的对话，与世界的对话，这都是静悄悄的革命。（2022 年 4 月 7 日）

（491）"六学"（即教师导学、学生自学、协作助学、互动展学、网络拓学、实践研学）提素养，关键是课程，重点是学习，领航是教师。（2022 年 4 月 7 日）

（492）一个好教研员或教研组组长（备课组组长）才能带出一个好的学科团队。（2022 年 4 月 7 日）

（493）青年教师的成长需要把握学科教学一体化的方向度、教育教学理论的纵深度、教材自身和师生情感的温度、示范引领和课程育人的效度，靠敬业赢得尊重，以专业赢得尊严。（2022 年 4 月 7 日）

（494）复习备考需关注"高峰"学科点、"高原"学科群、"高地"学科面，认真反思找差距，积极改变求进步，全面掌控促提升。（2022 年 4 月 8 日）

（495）校本教研高效运行需要构建四个团队，即学科核心团队、互助成长团队、教育科研团队和课程开发团队。（2022 年 4 月 11 日）

（496）教师是不断学习的职业，教师的学习是专业的学习，是持续修炼的过程。名师不是培训出来的，而是历经千辛万苦修炼、一步一步成长起来的。（2022年4月11日）

（497）青年教师成长是自己的事，是自己要成长、个体要进步。自己要作为主体，真正历经课堂教学的主动参与和深度体验，历经校本教研的持续敲打和反复磨炼，不是旁观者，更不是旁听者。（2022年4月11日）

（498）校本教研要有团队的标志，共同目标，责任分担，成果共享；要有质量的互动，用好耳、口、眼、手、脑，做好听、说、读、写、思。（2022年4月11日）

（499）新时代的校本教研工作要塑形，有学科研究的样子；要铸魂，有学术研究的内核，绵绵用力，下足功夫，传播正能量，提振精气神，不断滋润教师、德化教师、凝聚教师、助力教师、成就教师。（2022年4月17日）

（500）高质量、疫情背景下校本教研集体备课的转型：引导教师主动参与，改变管理督查思路；做好助学设计方案，改变教学设计立场；用足技术灵活出入，改变定时定量留痕；倡导系统专题探究，改变零敲碎打应景；调整作业追踪办法，发挥小组片区效能。（2022年4月17日）

附录（相关政策）

一

教育部关于加强和改进新时代基础教育教研工作的意见

教基〔2019〕14号

各省、自治区、直辖市教育厅（教委），新疆生产建设兵团教育局：

教研工作是保障基础教育质量的重要支撑。长期以来，教研工作在推进课程改革、指导教学实践、促进教师发展、服务教育决策等方面，发挥了十分重要的作用。进入新时代，面对发展素质教育、全面提高基础教育质量的新形势新任务新要求，教研工作还存在机构体系不完善、教研队伍不健全、教研方式不科学、条件保障不到位等问题，急需加以解决。为贯彻落实全国教育大会、全国基础教育工作会议精神，深化教育教学改革，全面提高基础教育质量，现就进一步加强和改进新时代基础教育教研工作提出如下意见。

一、总体要求

1. 指导思想。坚持以习近平新时代中国特色社会主义思想为指导，全面贯彻党的教育方针，落实立德树人根本任务，遵循教育规律，树立科学的教育质量观，为构建德智体美劳全面培养的教育体系，发展素质教育，培养担当民族复兴大任的时代新人提供强有力的专业支撑。

2. 主要任务。服务学校教育教学，引领课程教学改革，提高教育教学质量；服务教师专业成长，指导教师改进教学方式，提高教书育人能力；服务学生全面发展，深入研究学生学习和成长规律，提高学生综合素质；服务教育管理决策，加强基础教育理论、政策和实践研究，提高教育决策的科学化水平。

二、完善教研工作体系

3. 健全教研机构。按照《中共中央　国务院关于深化教育教学改革全面提高义务教育质量的意见》要求，进一步完善国家、省、市、县、校五级教研工作体系，有条件的地方应独立设置教研机构，暂不具备条件的地方应在相对统一的教育事业单位内独立设置，形成上下联动、运行高效的教研工作机制。各级教育行政部门要加强对教研机构的组织领导，上级教研机构要加强对下级教研机构的业务指导，教研机构要加强与中小学校、高等学校、科研院所、教师培训、考试评价、电化教育、教育装备等单位的协作，形成以教育行政部门为主导、教研机构为主体、中小学校为基地、相关单位通力协作的教研工作新格局。

4. 明晰工作职责。教育部基础教育课程教材发展中心在部内有关司局指导下，组织开展基础教育教研工作，发挥专业引领作用，组织实施重大教学改革研究项目，建设基础教育教研基地，指导各地教研工作。地方各级教育行政部门要进一步明确教研机构的工作职责，充分发挥教研机构在推进区域课程教学改革、教学诊断与改进、课程教学资源建设、培育推广优秀教学成果等方面的重要作用。省级教研机构要加强对教研工作的统筹指导，市、县级教研机构要重心下移，深入学校、课堂、教师、学生之中，紧密联系教育教学一线实际开展研究，指导学校和教师加强校本教研，改进教育教学工作，形成在课程目标引领下的备、教、学、评一体化的教学格局。

5. 强化校本教研。校本教研要立足学校实际，以实施新课程新教材、探索新方法新技术、提高教师专业能力为重点，着力增强教学设计的整体性、系统化，不断提高基于课程标准的教学水平。学校要健全校本教研制度，开展经常性教研活动，充分发挥教研组、备课组、年级组在研究学生学习、改进教学方法、优化作业设计、解决教学问题、指导家庭教育等方面的作用。

三、深化教研工作改革

6. 突出全面育人研究。聚焦构建德智体美劳全面培养的教育体系，健全立德树人落实机制，围绕如何突出德育实效、提升智育水平、强化体育锻炼、增强美育熏陶、加强劳动教育等方面重点问题，强化学科整体育人功能，深入开展内容、策略、方法、机制研究，指导学校将德智体美劳全面培养的要求有机融入教育教学全过程，促进学生德智体美劳全面发展、健康成长。

7. 加强关键环节研究。加强对课程、教学、作业和考试评价等育人关键环节研究。强化国家课程研究，指导学校和教师准确把握国家课程方案和课程标准，做好课程实施工作；加强地方课程和校本课程开发研究，丰富学校课程体系，满足学生多样化发展需求。加强综合性和实践性教学研究，指导学校和教师不断创新教学组织形式和教育教学方式。加强作业设计研究，指导学校和教师完善作业调控机制，创新作业方式，提升作业设计水平。加强考试评价改革研究，提高考试命题质量，推动建立以发展素质教育为导向的科学评价体系。

8. 创新教研工作方式。要根据不同学科、不同学段、不同教师的实际情况，因地制宜采用区域教研、网络教研、综合教研、主题教研以及教学展示、现场指导、项目研究等多种方式，提升教研工作的针对性、有效性和吸引力、创造力。积极探索信息技术背景下的教研模式改革。各地要对教研员每学期到学校讲授示范课、公开课，组织研究课，开展听评课和说课活动等提出明确要求；建立教研员乡村学校、薄弱学校联系点制度，组织教研员到农村、贫困、民族、边远地区学校和薄弱学校持续开展教学指导，帮助乡村学校和薄弱学校提升教育教学质量。

四、加强教研队伍建设

9. 严格专业标准。严格教研员准入制度。教研员一般应具备以下基本条件：（1）政治素质过硬。牢固树立"四个意识"，坚定"四个自信"，坚决做到"两个维护"，认真贯彻党的教育方针。（2）事业心责任感强。有教育理想和教育情怀，热爱教研工作，自觉为提高基础教育质量贡献智慧。（3）教育观念正确。遵循教育规律和学生身心发展规律，坚持德智体美劳全面培养，积极践行发展素质教育。（4）教研能力较强。具有扎实的教育理论功底，教学经验丰富，原则上应有6年以上教学工作经历，具有中级以上教师专业技术职称，在教育教学上取得优异成绩。（5）职业道德良好。遵守教研工作学术道德，作风民主，有较强的服务精神，善于听取和总结基层经验，勇于探索教育教学改革创新。各省级教育行政部门可从实际出发，进一步明确各级教研员准入条件。

10. 认真遴选配备。严格按照专业标准和准入条件完善教研员遴选配备办法。建立专兼结合的教研队伍，省、市、县三级教研机构应按照国家课程方案配齐所有学科专职教研员，有条件的地方应分学段配齐所有学科专职教研员；各级教研机构可在中小学或其他相关机构聘请若干名符合条件的兼职教研员。优化教研队伍年龄结构，及时遴选优秀年轻教师充实教研队伍，保持教研队伍充满活力。建立专职教研员定期到中小学任教制度，教研员在岗工作满5年后，原则上要到中小学校从事1学年以上教育教学工作。对于不履行教研职责、违背教研员职业道德、不适宜继续从事教研工作的教研员，应及时调整出教研队伍。

11. 促进专业发展。加强教研员培训，将其纳入教师"国培计划"，教育部每年组织骨干教研员国家级示范培训；省、市、县级教育行政部门要建立教研员全员培训制度，每位教研员每年接受不少于72课时的培训。各级教育行政部门和教研机构，要根据教育教学改革需要，设立若干重点研究项目，组织教研员开展课题研究，提高教研能力和教学指导水平。教研员专业技术职称原则上执行中小学教师职称系列，也可根据自身情况，选择社会科学研究系列；各地要充分考虑教研员岗位专业要求高、指导责任重的特殊性，适当提高教研机构专业技术高级岗位比例。依法依规保障教研员工资待遇，对作出突出贡献的教研员应予以表彰奖励。

五、完善保障机制

12. 加强组织领导。各地教育行政部门要高度重视教研工作，将其摆在更加突出的重要位置，切实加强工作指导，确保教研工作正确方向，及时研究解决教研工作中遇到的困难和问题，保障教研工作有效开展。要认真做好教研机构负责人和教研员的遴选配备工作。加强教研制度建设，抓紧完善教研工作体系，积极推进教研工作创新，加大对各地各校教研工作典型经验的宣传推广力度，促进教研工作科学化、专业化和规范化发展。

13. 加大经费投入。各级教育行政部门要把教研工作经费纳入本级教育事业经费预算，保障教研工作经费随教育事业的发展逐步增加，确保教研机构日常运转和组织开展重要教研课题研究的经费需要，并对学校开展教研工作给予经费支持。

14. 强化督导评估。教研工作要作为地方人民政府履行教育职责的重要内容，各地教育督导部门要将其纳入督导评估体系，重点督导评估教研工作方向、机构设置、队伍建设、条件保障和教研工作实效等。强化督导评估结果运用，将评估结果作为评价政府履行教育职责行为和对教研机构及教研员实施绩效奖励、评优评先等方面的重要参考依据。

教育部
2019 年 11 月 20 日

二

教育部关于加强新时代教育科学研究工作的意见

教政法〔2019〕16号

各省、自治区、直辖市教育厅（教委），各计划单列市教育局，新疆生产建设兵团教育局，部属各高等学校、部省合建各高等学校，部内各司局、各直属单位：

教育科学研究是教育事业的重要组成部分，对教育改革发展具有重要的支撑、驱动和引领作用。改革开放特别是党的十八大以来，我国教育科研工作取得长足发展和显著成就，学科体系日益完善，研究水平不断提升，服务能力明显增强，为推进教育改革发展发挥了不可替代的重要作用。进入新时代，加快推进教育现代化，建设教育强国，办好人民满意的教育，迫切需要教育科研更好地探索规律、破解难题、引领创新。为进一步加强新时代教育科研工作，现提出如下意见。

一、总体要求

（一）指导思想

以习近平新时代中国特色社会主义思想为指导，深入贯彻党的十九大精神，全面落实全国教育大会精神，树牢"四个意识"，坚定"四个自信"，做到"两个维护"，围绕中心，服务大局，坚持改革创新，推动建设具有中国特色、世界水平的教育科学理论体系，不断提升教育科研质量和服务水平，为加快推进教育现代化、建设教育强国、办好人民满意的教育提供有力的智力支持和知识贡献。

（二）基本原则

——坚持正确方向。坚持党对教育科研工作的全面领导，坚持马克思主义指导地位，坚持以人民为中心，牢牢把握意识形态的领导权和主导权。

——服务实践需求。立足中国大地，面向基层一线，坚持问题导向，突出教育科研的实践性，以重大教育战略问题和教育教学实践问题为主攻方向，支撑引领教育改革发展。

——激发创新活力。深化科研组织形式和运行机制改革，推进研究范式、方法创新，推动跨学科交叉融合，完善教育科研考核和人才评价制度，充分调动教育科研工作者的积极性、主动性、创造性。

——弘扬优良学风。坚持实事求是、理论联系实际，发扬科学家精神，推动形成求真务实、守正创新、严谨治学、担当作为的优良学风，营造风清气正、民主和谐、互学互鉴、积极向上的学术生态。

（三）发展目标

按照国家教育现代化总体部署，构建更加健全的中国特色教育科研体系，力争用5年左右的时间，重点打造一批新型教育智库和高水平教育教学研究机构，建设一支高素质创新型科研队伍，催生一批优秀教育科研成果。教育科研体制机制更加完善，科研机构和科研人员更有活力，组织形式和研究方法更加科学，科研成果评价更加合理，原创研究能力显著增强，社会贡献度大幅提升，推进建设教育科研强国。

二、提高教育科研工作质量和服务水平

（四）丰富完善中国特色社会主义教育理论体系

把马克思主义基本理论作为思想武器，把深入学习贯彻习近平新时代中国特色社会主义思想作为首要政治任务，系统开展习近平总书记关于教育的重要论述、党的教育方针以及中国共产党领导教育工作的基本经验等研究。聚焦立德树人根本任务的重大理论和实践问题，深化教育基本理论研究，弘扬中国优秀教育文化传统，探究中国特色社会主义教育道路、理论、制度发展的历史根脉、丰富内涵和精神实质，筑牢社会主义教育强国建设的理论基石，构建中国特色教育科学学科体系、学术体系、话语体系、教材体系，增强中国教育自信。

（五）全面提高服务决策能力

瞄准国家重大战略和区域发展需求，把握国际教育竞争、人口结构变化、科技创新、社会变革等大形势大趋势，强化预研预判，加强基础性、前瞻性、针对性、储备性教育政策研究，创新决策咨询服务方式，发挥大数据分析、决策模拟等在政策研制中的作用，注重监测评估中的成效追踪与问题预警，切实提高教育决策科学化水平，不断增强教育服务党和国家事业发展的能力。注重教育立法研究，推动教育法治建设。

（六）推动解决教育实践问题

围绕中央关心、社会关注、人民关切的教育热点难点问题开展深入研究，推动重点领域和关键环节取得新突破。加强调查研究，深入教育实践一线，掌握第一手资料，寻求破解教育难题的有效策略和办法。充分发挥地方和学校在教育科研中的实践主体作用，鼓励结合实际开展教育改革实验。鼓励支持中小

学教师增强科研意识，积极参与教育教学研究活动，不断深化对教育教学改革的规律性认识，探索适应新时代要求的教书育人有效方式和途径，推进素质教育发展。深入开展服务全民的终身学习体系和学习型社会建设研究。

（七）充分发挥专业引领作用

积极开展重大教育政策阐释解读，主动释疑解惑，扩大政策知晓度，推动政策落地落实。积极搭建平台，壮大教育科学普及专家队伍，传播先进教育理念，普及教育科学知识，提升全民教育素养，指导做好家庭教育和社会教育。密切关注教育热点问题，准确研判社会舆情，引导人民群众合理预期，营造全社会关心支持教育改革发展的良好氛围。

（八）着力提升国际影响力

加强中外教育科研交流和国际比较研究，吸收世界先进教育教学研究成果，拓展与国外教育科研机构的合作研究，注重加强与"一带一路"沿线国家地区交流合作。加大对优秀专家学者、青年后备人才开展国际学术交流的支持力度，办好国外教育调研专项访问学者项目，支持创办外文教育期刊，支持教育类优秀教材外译工作。积极打造一批具有国际影响力的学术交流平台，加强国别和区域研究基地建设，扩大我国在国际教育研究组织和合作项目中的参与度，积极参与全球教育治理，推动中国教育成功经验的传播分享。

（九）加强科研成果转化

增强科研成果转化意识，引导鼓励开展政策咨询类、舆论引导类、实践应用类研究，推动教育科研成果转化为教案、决策、制度和舆论。建立健全优秀教育科研成果发布制度和转化机制，激发地方政府、科研机构、学校、企业转化和应用科研成果的积极性，拓宽成果转化渠道，创新转化形式，推动教育科研成果及时有效转化。重视知识产权的保护，深化权益分配制度改革，加大科研成果转化的奖励激励。

三、推进教育科研体制机制创新

（十）健全教育科研机构体系

构建全面覆盖、立体贯通、分工明确、优势互补的教育科研机构体系。

全国教育科学规划领导小组负责全国教育科研工作的统筹规划和管理指导，各省（区、市）教育科学规划领导机构统筹行政区域内教育科研工作，加强规划管理。各级教育科研专门机构要重点加强教育理论研究、政策研究和实践研究，提高服务决策能力和指导实践水平。高等学校要重点加强基础理论研究、决策服务研究，优化教育学及其相关学科规划建设和人才培养；中小学要积极开展教育教学实践研究，改进教学方法，提高教育质量。教育学术团体要突出特色，发挥平台优势，组织开展专业研究，推进群众性教育科研工作，普及先进教育理念和教育科学知识。鼓励支持和规范引导社会教育研究机构以多种形式开展教育科研工作。

（十一）完善协同创新机制

树立全国教育科研系统一盘棋思想。重视加强不同类型、不同层级、不同属性科研机构之间的协同创新，构建上下联动、横纵贯通、内外合作的协同创新体系，全面提升教育科研战线协同攻关能力。积极搭建全国教育数据信息平台，建立全国教育数据公开共享机制；搭建全国教育调研平台，聚焦教育重大决策部署实施情况和重大现实问题，协同开展全面深入的调查研究；搭建国外教育信息综合平台，充分发挥驻外使领馆教育处（组）职能作用，密切了解跟踪国外教育改革发展动态；完善全国教育科学规划管理平台，统筹管理和使用各级各类教育科学规划课题成果。发挥不同类型教育科研机构的特色优势，加强与政府、企业、学校以及其他社会组织的科研合作。

（十二）提升治理水平

适应机构改革和教育改革发展需求，稳步推进教育科研组织形态创新，提高教育科研水平和效益。各级各类教育科研机构要围绕科研主责、遵循科研规律科学合理设置内部机构，明确机构和岗位职责。加强制度建设，强化主体责任，建立目标明确、权责清晰、管理有序、评价科学的治理体系。落实国家关于加强和改进科研管理、激发科研活力的政策举措，深化"放管服"改革，扩大科研人员在项目选题、资金使用和成果转化等方面的自主权，充分释放创新活力。坚持"百花齐放、百家争鸣"的方针，鼓励不同学术观点交流碰撞，支持青年科研人员积极与学术权威平等对话。规范论坛、研讨会管理，更加注重会议实效。树立正确的科研价值导向，有效防范教育科研战线"四风"问题。把科研诚信要求融入科研管理全过程，对严重违背科研诚信要求、造成不良社会影响的人员记入"黑名单"。

（十三）创新科研范式和方法

适应教育改革发展和学科建设需要，坚持吸收借鉴和创新相结合，综合运用各种研究方法，创新教育科研范式，不断提升教育科研质量。加强理论研究，坚持马克思主义基本原理和方法，注重学理逻辑和理论思辨，探索教育本质和规律。加强实证研究，坚持以事实和证据为依据，对重大问题持续跟踪，注重长期性、系统性研究。加强比较研究，深入挖掘中国优秀教育传统和经验，注重借鉴国外教育研究范式、方法，积极吸纳国际教育研究的前沿进展和优秀成果。加强跨学科研究，促进教育科学和自然科学交叉融合，充分运用认知科学、脑科学、生命科学等领域最新成果和研究方法，综合运用人工智能等新技术开展教育研究，深入探讨人工智能快速发展条件下教育发展创新的思路和举措，不断拓展教育科研的广度和深度。

（十四）改革教育科研评价

根据理论研究、应用研究、决策咨询等不同研究类型，科学设置分类评价标准，努力破除"唯论文、唯职称、唯学历、唯奖项"等顽瘴痼疾，构建以创新质量和实际贡献为导向的教育科研评价体系。创新教育科研人员晋升机制，拓宽各类岗位人员发展渠道。完善教育科研机构专业技术职务评审制度，适当提高高级专业技术职务人员比例，营造有利于学术创新和青年科研人员成长的宽松环境。

四、建设高素质创新型科研队伍

（十五）高度重视教育科研队伍建设

教育科研队伍是教育科学研究的第一资源。各级教育行政部门要把教育科研队伍建设作为基础工作来抓。要尊重信任、关心支持教育科研人员，搭建教育科研人才成长平台，完善人才成长机制。加大对科研人员的薪酬激励，适当提高科研项目间接经费比例，间接经费使用向创新绩效突出的团队和个人倾斜。支持地方因地制宜创新高层次人才选聘和薪酬分配办法，加大高层次人才吸引力度，积极引进海外高层次人才。加强梯队建设，支持青年科研人员开展原创性、探索性研究，鼓励共建跨学科、跨领域的科研创新团队。完善教育科研成果表彰奖励制度，加大奖励力度，对长期潜心教育科研（教研）的团队和个人进行表彰奖励。

（十六）切实增强教育科研人员的使命担当

教育科研工作者要切实增强做好新时代教育科研工作的责任感和使命感。要信念坚定，学深悟透习近平新时代中国特色社会主义思想，善于运用马克思主义立场观点方法指导教育科研工作。要学识广博，努力掌握全面系统的教育学科等人文社会科学知识，积极拓展自然科学等跨学科理论支撑，富有全球视野和历史眼光，具备多视角、多领域、多层次研究问题、破解难题的能力。要敢于创新，主动学习新知识，善于运用新技术新方法开展研究，创新教育理论。要求真笃行，坚持理论联系实际，热爱教育、崇尚真理、脚踏实地、潜心研究，遵循科研规律，加强学术自律，力戒浮夸浮躁、投机取巧，杜绝"圈子"文化，自觉防范各种学术不端行为。

（十七）促进教育科研人员专业发展

完善人才培养制度，加强高等学校教育学相关学科建设，重视培养教育科研后备力量，鼓励有条件的教育科研机构与高等学校联合培养研究生。健全教育科研人员专业培训制度，培训经费列入教育行政部门年度预算，确保5年一周期不少于360学时的全员培训。完善管理制度，灵活运用编制配额，建立持久良性的"旋转门"机制，促进优秀科研人员到党政机关、事业单位、国有企业等机构任职，聘请有实践经验和科研能力的行政领导、学校校长（教师）、企业高层次人才等到教育科研机构担任专职或兼职研究员。探索建立学术休假和学术进修制度。

五、提高教育科研工作保障水平

（十八）加强党对教育科研工作的全面领导

以习近平新时代中国特色社会主义思想武装头脑、指导和推动教育科研工作，把教育科研工作纳入教育事业发展整体部署和总体规划。合理配备教育科研工作力量，不得挤占挪用科研机构人员编制。进一步完善教育科研机构的领导体制和党建工作机制。加强教育科研机构党的基层组织建设，实现党的组织和党的工作全覆盖。严格落实意识形态工作责任制，以党的政治建设为统领，将党的建设与业务工作紧密融合，认真落实全面从严治党要求，不断提升党建工作科学化水平。

（十九）加大教育科研经费支持力度

各级教育行政部门要加大投入力度，设立专项经费，完善资助体系，保障预算内教育科研经费稳步增长。探索建立多元化、多渠道、多层次的投入体系，健全竞争性经费和稳定支持经费相协调的投入机制，鼓励社会资金通过捐赠、设立专项基金等方式支持教育科研工作。优化科研经费管理，提高使用效益，对骨干团队和优秀青年科研人员给予重点支持。扩大科研项目经费管理使用自主权，简化项目预算编制要求，直接费用中除设备费外，其他科目费用调剂权全部下放给项目承担单位。

（二十）加强对教育科研工作的政策保障

完善教育决策意见征集和专家咨询制度，重大教育规划和教育政策研究制订要进行科学论证，宣传发布要组织专家解读，贯彻落实要组织专业评估。探索建立政府购买教育咨询服务制度。支持教育科研机构开展实地调研和改革试点。加大信息共享力度，为教育科研提供适用、及时、有效的数据信息。大力支持教育科研机构对外交流合作，支持开展国外教育培训，规范外事活动管理，适当简化中外专家交流、举办或参加国际会议等方面的审批手续。

各级教育行政部门、各级各类学校和教育科研机构要结合实际认真组织落实。

教育部
2019 年 10 月 24 日

三

福建省教育厅 福建省人力资源和社会保障厅 福建省财政厅关于加强和改进新时代基础教育教研工作的实施意见

闽教基〔2020〕46号　　　发布时间：2021-01-04

各市、县（区）教育局、人社局、财政局，平潭综合实验区社会事业局、党工委党群工作部、财政金融局，有关高校：

为贯彻中共中央、国务院《关于深化教育教学改革全面提高义务教育质量的意见》和省委、省政府《关于全面深化新时代教师队伍建设改革的实施意见》精神，根据教育部《关于加强和改进新时代基础教育教研工作的意见》（教基〔2019〕14号）部署，现就进一步加强和改进新时代我省基础教育教研工作提出如下实施意见。

一、总体要求

（一）指导思想。坚持以习近平新时代中国特色社会主义思想为指导，全面贯彻党的教育方针，落实全国教育大会、全国基础教育工作会议和全省教育大会精神，坚持立德树人，遵循教育规律，深化教育教学改革研究，强化专业引领，推进育人方式变革，全方位推动全省基础教育高质量发展超越。

（二）工作目标。用3—5年时间，理顺教研管理体制，创新教研工作机制，打造高素质专业化的教研队伍，建设开放有活力的教研机构，培育新型教研文化，建成上下联动、左右互助、高效有序、具有福建特色的新时代基础教育教研体系。

二、完善教研体系建设

（一）加强教研机构建设。完善与国家衔接的省、市、县、校四级教研体系建设，形成以教育行政部门为主导、教研机构为主体、中小学（幼儿园）为基地、相关单位通力协作的教研工作新格局。省普教室承担省级基础教育教研工作。设区市教研机构应独立设置，也可与教师发展机构整合资源合并设置，促进研训一体化发展，但应保持教研部门的相对独立性。鼓励县（市、区）整合相关资源，建成集教研、培训、科研于一体的基础教育教科研和教师专业发展中心。鼓励有条件的中小学独立设置内设教研机构，择优选聘教研中层管理人员，加强对校本教研工作的组织协调。

（二）明确教研工作任务。各级教研机构要围绕德智体美劳全面培养的教育体系构建，突出全面育人，加强对课程、教学、作业和考试评价等关键领域和重点环节研究，推进区域课程教学改革，提升指导服务能力。服务学校教育教学，指导国家课程实施和地方课程、校本课程规划与开发，引领课程教学改革，加强课程教学资源建设，培育推广优秀教学成果；服务教师专业成长，参与区域教师培训工作，指导教师诊断与改进教学方式，提高教书育人能力；服务学生全面发展，深入研究学生学习和成长规律，优化作业和实践活动设计指导，推进评价改革，提高学生综合素质；服务教育管理决策，实施质量测评，加强基础教育理论、政策和实践研究，提高教育决策科学化水平。

三、创新教研工作机制

（一）创新教研工作方式。各级教研机构要紧紧围绕深化课程教学改革的重点、热点、难点问题，确定教研主题，开展经常性教研活动，因地制宜采用区域教研、网络教研、综合教研、主题教研以及教学展示、现场指导、项目研究等多种方式，提升教研工作的针对性、有效性和吸引力、创造力，确保区域内学科教师和教研员广泛参与。鼓励开展跨区域、跨学校和跨学科的教研活动。省级教研机构统筹指导全省教研工作，加强整体规划和专业引领，加强对设区市、县级教研机构的业务指导；设区市、县级教研机构进一步下移工作重心，帮助学校和教师解决教学实际问题。鼓励各级教研机构与高校、科研、师训等部门，以及教育学会、特级教师协会、教育信息技术行业企业等社会组织，因地制宜实施战略合作，共同开创大教研工作新格局。

（二）强化常态化校本教研。校本教研要立足学校实际，以实施新课程新教材、探索新方法新技术、提高教师专业能力为重点，着力增强教学设计的整体性、系统化，不断提高基于课程标准的教学水平。学校要把教研工作纳入教学常规，充分发挥校本教研作用，强化教研组织建设，充分发挥教研组、备课组、年段作用，围绕课程实施、教法改进、学法指导、作业优化、考试评价、家校共育等开展全员参与、每周例行的教研活动。要围绕如何突出德育实效、提升智育水平、强化体育锻炼、增强美育熏陶、加强劳动教育等方面重点问题，深入开展内容、策略、方法、机制研究，强化学科整体育人功能。

（三）建立教学视导机制。省级、设区市教研机构每学年至少组织一次集体教学视导，县（市、区）教研机构每学期至少组织一次集体教学视导。规范教学视导的计划制订、资料准备、实地考察、报告反馈等重要环节，全学科教研员走进学校课堂，通过集体备课、听课议课、研讨交流、现场观察、问卷访谈等方式，对区域或学校教学情况进行全面了解，掌握教学动态，诊断教学问题，指导校本教研，改进教学方式，推动区域课程教学改革。

（四）建立教研帮扶机制。探索建立省级教研机构联系薄弱县区、设区市级教研机构联系薄弱乡镇、县级教研机构联系村小和教学点教研工作机制。建立教研员乡村学校、薄弱学校联系点制度，以三年为一周期，至少联系农村和城镇各一所学校，每学期至少2次现场指导，每次至少2天，持续开展送教送培、课堂诊断、集备指导、审核作业试卷等工作，发挥以点带面作用，帮助提升教师教学水平和教研能力，提高学校教育教学质量，推动区域教育教学优质均衡发展。

（五）提升教研层次和水平。各级教研机构要密切跟踪国内外基础教育改革新动态，及时关注学科教学改革新进展，适时组建专业团队开展深度研究，定期开展专题调研，准确把握区域教育教学改革动向和发展趋势，以先进理念为引领培育、遴选和推广学科优秀教学模式、教学案例，打造一批学科教研基地校。实行教研员年度调研和学科研究成果年度报告制度，为教育决策提供参考，为学校发展提供建议，为课程教学改革提供支持。鼓励高等学校、科研机构等成立基础教育研究中心，参与基础教育教学研究和改革工作，强化教研工作理论支撑和实践引领。

四、加强教研队伍建设

（一）实施教研员专业标准。参照中小学（幼儿园）教师专业标准，结合教研员岗位职责，省里研究制定了《福建省中小学（幼儿园）教研员专业标准（试行）》（以下简称《专业标准》，详见附件）。《专业标准》从专业精神、专业知识、专业能力三个维度对教研员素质能力提出基本要求，是教研员开展教研和教师培训等工作的基本规范，是引领教研员专业发展的基本准则。各级教育行政部门和教研部门要将《专业标准》作为教研员队伍准入、聘任、培训、考核等工作的重要依据。

（二）配齐配足专职教研员。省、市、县三级教研机构应配齐配强中小学各学科以及幼儿园、特殊教育教研员，其中县级教研机构应重点配齐义务教育各学科和幼儿园教研员，并根据普通高中办学规模配备相关学科教研员。专职教研员占教研机构教职工总数应达到85%以上。调整优化教研机构专业技术岗位结构比例。

（三）严格教研员准入制度。提高教研员入职门槛，严格教研员准入制度，基于教学成果，采取公开招聘考试考核相结合的方式选拔专职教研员，严把入口关，并建立健全试用期制度。鼓励教学名师、特级教师、学科教学带头人等政治素质过硬、业务能力强、有丰富教学和教研经验的优秀一线教师通过选拔进入教研员队伍。从已在编教师中选拔教研员原则上应为具有中级及以上职称、在教学第一线有6年以上教学经历的业务骨干。省级教研机构从高校毕业生中公开招聘教研员原则上应具有研究生学历或硕士及以上学位，市县两级教研机构从高校毕业生中公开招聘教研员原则上应具有本科及以上学历，鼓励在职教研员通过继续教育提升学历层次。

（四）健全教研员动态管理机制。建立健全教研员"能进能出、能上能下、合理流动"的动态管理机制，鼓励各地将教研员纳入"县管校聘"管理体系，促进教研员在区域内合理流动，确保教研队伍充满活力。完善教研员岗位聘任制，加强聘期考核，对不适应或不胜任岗位工作的教研员要及时分流调整工作岗位。加强兼职教研员队伍建设，各级教研机构应聘请有关高校和科研单位专家学者、中小学和幼儿园优秀教师担任兼职教研员,兼职教研员按不低于专职教研员人数1∶1的比例配备。鼓励教研员与师范生培养院校教师建立双向交流机制,实现优势互补,促进职前培养和职后培训一体化。

(五)加强教研员培训培养。各级教育行政部门要将教研员研修纳入基础教育培训计划,促进教研员专业素质和研训能力持续提升,省级将安排教研员专项培训计划。教研员应通过调研指导、挂职兼课等方式,加强与一线学校联系,经常性到学校参加教研活动,指导教学研究,开展实践教学。教研员每年要参加不少于20天的学科研修活动,每学期至少有20天到中小学、幼儿园参加听评课等教研活动,每3年应有一个学期到中小学、幼儿园挂职锻炼或兼任教学工作。各级要有计划地在教研员中培养和配备一定数量的教学名师、特级教师和学科教学带头人等名优教师,发挥示范引领作用。

(六)激发教研员内生动力。各级教育行政部门和教研机构要优化人员考核评价制度,完善收入分配激励机制,将教研员纳入各级各类中小学教师评优评先、人才评选等项目,并有相应的推荐比例。要充分调动教研员内生动力和活力,引导教研员增强服务意识,不断提升能力水平。要支持和引导教研员大胆探索,勇于创新,主动深入研究新时代基础教育改革发展新任务、新挑战和新要求,锤炼过硬业务素质,不断提升教科研指导力、培训组织实施力、课程改革引领力和服务基层执行力,努力成为教师专业发展的促进者和引领者。

五、强化教研保障措施

(一)加强组织领导。各级教育行政部门要在当地政府领导下,与人社、财政等部门密切配合,高度重视教研工作,切实加强领导,强化政策保障,确保教研工作正确方向,及时研究解决教研工作中遇到的困难和问题,保障教研工作持续有效开展。加强教研制度建设,利用大数据、云计算、人工智能、移动互联网等现代技术建立网络教研平台,积极推进教研工作创新,促进教研工作科学化、专业化和规范化发展。

(二)加大经费投入。各级教育、财政部门要把教研工作经费纳入本级教育事业经费预算,保障教研工作经费随着教育事业的发展逐步增加,确保教研机构日常运转和组织开展重要教研课题研究的经费需要,并对学校开展校本教研工作给予经费支持。学校要多渠道合理统筹,为教师开展教研提供足够的经费保障。

（三）强化督导评估。各地教育督导部门要将教研工作纳入督导评估体系和中小学责任督学挂牌督导内容,重点督导评估教研工作方向、队伍建设、条件保障和教研工作实效等。强化督导评估结果运用,将评估结果作为评价政府履行教育职责行为和对教研机构及教研员实施绩效奖励、评优评先等方面的重要参考依据,并作为衡量一个地区、学校办学质量和水平的重要指标。

附件：福建省中小学（幼儿园）教研员专业标准（试行）

福建省教育厅　福建省人力资源和社会保障厅　福建省财政厅

2020 年 12 月 29 日

附件

福建省中小学（幼儿园）教研员专业标准（试行）

维度	领域	指标
专业精神	专业意识	1. 增强"四个意识",坚定"四个自信",做到"两个维护",全面贯彻党的教育方针,遵守教育法律法规,落实立德树人根本任务,坚持以师生为本。 2. 理解研训、质量监测等工作的重要性和专业性,遵循教育规律和教师发展规律,具有良好的职业道德修养,合理规划自身职业发展。 3. 牢固树立服务意识,坚持为基础教育课程与教学改革服务、为中小学校和教师发展服务、为教育行政部门决策服务。

续表

维度	领域	指标
	专业情怀	4. 富有教育情怀，自觉践行教书育人初心和使命，严谨治学，终身学习，知行合一。 5. 熟悉基层一线，尊重理解教师，热爱研训工作，愿做中小学教师学习工作的指导者和引路人。
	专业品质	6. 思维敏捷，思路清晰，富有创新和批判精神，勇于担当，勤于钻研，善于发现和解决问题。 7. 善于组织协调和沟通交流，具有团队合作精神，富有亲和力和感染力，秉持公正性，具有公信力。
专业知识	通识知识	8. 具有教育学、心理学、教学论、课程论、教材教法、教师教育、成人学习、人力资源管理、项目管理等相关理论与知识。 9. 熟练掌握国家教育方针政策和基础教育课程改革举措，跟踪国内外教育改革和发展新动态。 10. 具有广博的自然科学和人文社会科学知识，以及相应的艺术欣赏和表现素养，掌握教育信息技术应用知识和技能。 11. 了解区域教育改革发展基本情况，在家庭教育、劳动教育、研学旅行等领域以及教育热点难点问题上具有某一方面的研究专长。
	学科知识	12. 学科专业知识精深，掌握学科知识体系、基本思想与方法，理解学科核心素养要求，理解跨学科之间知识、能力和素养的联系。 13. 把握教材编写意图和育人价值，掌握课程论知识、课程研究方法和课程资源开发方法，了解学科课程建设前沿成果。
	教研知识	14. 掌握教育教学基本理论和学科教学内容方法，关注学科教学改革动态和难点热点问题，借鉴教育教学成功经验。 15. 掌握教育科学研究和主持教研活动方法，掌握教学评价、学业评价的知识和方法。

续表

维度	领域	指标
专业能力	教师教育知识	16. 掌握教师教育有关法律法规及政策规定。 17. 掌握不同阶段教师专业发展特点、规律和促进教师专业发展的策略与方法，掌握促进教师专业发展的知识和技能。
	教育教学指导能力	18. 能准确解读课程标准和教材，具有教学实施和示范能力，能开设教学示范观摩课或专题讲座。 19. 能有效开展教学调研、质量监测、诊断与评价，能提炼教学成果，推广教学经验，指导教师改进教学方式。 20. 能聚焦关键问题组织开展区域教研、网络教研，并指导学校开展校本研修，不断创新研修模式。 21. 具有较强的学科命题能力，善于运用大数据分析，掌握教育质量监测与评价方法，能有效开展学科教学评价、学业评价，提出针对性改进措施与建议。
	课程开发能力	22. 能参与和制定区域课程实施方案，开发地方课程，指导学校课程开发与实施。 23. 能根据课堂教学需求，有效建设、开发、利用课程教学资源。
	教育科研指导能力	24. 具有较强的课题研究能力，能聚焦教育教学问题开展课题研究，积极撰写教科研论文和报告，具有丰富的教科研成果。 25. 能组织和指导区域教师开展教学改革研究与实验，组织开展区域课题交流研讨活动，善于总结推广研究成果。
	培训实施能力	26. 熟悉培训实施流程，对培训项目进行规划、开发、设计、组织、实施、评价和跟踪指导，能不断探索和改进培训内容、模式、方法。 27. 能开展培训需求调研分析，研发设计、评价改进培训课程，至少能够承担一门培训课程。 28. 在培训课堂中能灵活应用各种教学形式，能主持点评，有效调控教学过程。

续表

维度	领域	指标
	咨询服务能力	29. 积极承担教育行政部门委托课题研究和调研任务，为教育行政部门决策提供咨询与建议。 30. 掌握本区域学科教师队伍建设、学科教学教研等情况，参与教师发展、教育改革等相关规划研究和制订工作。
	反思提升能力	31. 制订专业发展规划，积极参加培训学习，自主反思，不断提升自身专业素养。 32. 主动收集分析相关信息，针对现实问题和需要，主动进行反思、分析和提炼，不断提升研训工作成效。

四

福建省教育厅关于进一步加强普通中小学教学常规管理工作的指导意见

闽教基〔2021〕50号

各市、县（区）教育局，平潭综合实验区社会事业局，省属中小学：

教学常规是中小学教师从事教学工作应当遵循的基本规范，加强教学常规管理是深化课程教学改革、提高教育质量的基础性工作。近年来，我省各地中小学校认真贯彻《福建省普通中学教学常规管理若干意见（试行）》《福建省小学教学常规管理的若干意见（试行）》要求，日常教学管理规范化水平不断提升，但面对新时代新要求，中小学教学常规管理还有不少薄弱环节和突出短板，必须进一步强化规范管理。为全面贯彻落实党中央、国务院关于基础教育改革系列重要部署和教育部工作要求，现就进一步加强普通中小学教学常规管理提出如下指导意见。

一、总体要求

（一）指导思想。以习近平新时代中国特色社会主义思想为指导，全面贯彻党的十九大和十九届历次全会精神，全面贯彻党的教育方针，坚持立德树人根本任务，全面落实党中央、国务院关于中小学教育教学改革、教育评价改革和"双减"工作重要部署，遵循教育教学基本规律，规范教育教学行为，推动中小学教学常规管理制度化、科学化和规范化，实现减负增效提质，促进学生德智体美劳全面发展和身心健康发展。

（二）基本原则。坚持基础性和发展性相统一，既发挥教学常规基础性和保障性作用，也对有条件的地方和学校提出更高的要求，促进更高质量发展；坚持共通性和多样性相协调，坚持各学段、各学科统一规范要求的同时，结合不同学段、学科特点，实行教学常规差异化管理；坚持抓常态和常态抓相结合，立足教学常态，持之以恒、常抓不懈，将教学常规管理贯穿于教学工作的全过程，确保落地见效。

二、主要举措

（一）制定实施日常教学基本规范。根据各学段特点，我厅组织专家组制定了普通小学、初中、高中三个学段日常教学基本规范（见附件），围绕备课、上课、作业、辅导、评价、教研六个维度提出规范要求，作为中小学日常教学管理的基本准则。各地各校可根据《基本规范》制定实施细则，进一步明确各项要求，强化管理责任，同时对现行有关教育教学规章制度进行全面梳理和完善，不断提升教育教学管理科学化水平。

（二）切实提升抓常规能力水平。各地各校要采取集中培训、视频培训等形式开展专题培训，将教学常规纳入各级各类教育行政干部、校长和教师综合培训重要内容。通过深度解读，让每位教师明晰教学常规基本要求和各环节不同要求，加深对教学常规的理解和把握，增强贯彻落实教学常规工作的自觉性、主动性和科学性。特别要加强新教师培训，帮助新教师尽快熟悉教学常规内容和要求，提高教学管理和教学业务能力水平。

（三）准确把握教学常规重点环节。各地各校要结合国家关于推进基础教育高质量发展的新精神新要求，围绕中小学教学管理中的重难点问题，开展实践研究。要把落实教学常规工作同落实中小学"双减"和"五项管理"有关要求结合起来，加强正向引导，坚决防止学生学业负担过重。要把落实教学常规工作与推动不同学段间衔接结合起来，注重幼小、小初、初高中的衔接，实现学段纵向有序衔接、学科横向有机融合。要把落实教学常规与推进教学改革结合起来，鼓励探索跨学科教学，整合不同学科的内容、方法和育人功能，逐步实现学科融合渗透，为学生多角度观察、多维度探究创造条件。鼓励各校探索实施主题式、项目式教育模式，注重培养学生多重阅读、综合分析等能力。

（四）加强教学常规考核评价。克服"五唯"顽疾，健全科学的评价机制。将落实教学常规情况纳入教师年度考核和职称评价体系，引导教师抓好教学常规工作。组织开展教学评比、说课比赛、技能大赛等活动时，要将教学常规作为基本评价依据。将教学常规管理成效纳入各类教育教学改革示范学校、达标学校评估体系，作为评价学校工作的重要内容，对工作成效突出的学校和教师予以表扬奖励。

三、组织实施

（一）加强组织领导。落实中小学教学常规是规范办学行为、提升教育质量的重要保证，各地要高度重视，建立健全"行政推动、教科研协同、督导跟进"的常态化工作机制，落实管理职责，明确部门分工，着力提升常规管理的规范化水平。各级教育行政部门要加强统筹协调，完善制度措施，强化政策保障。教科研部门要组织扎实有效开展区域教研和校本教研活动，指导辖区内中小学改进教学管理，充分发挥教学常规在推进课程改革、促进教师专业发展、提高教育教学质量等方面的引领作用。各中小学校是实施教学常规的主体，要健全教学管理的长效机制，引导教师优化教学方式，提升教育教学水平。

（二）强化督导检查。各地教育部门和教研部门要加强对学校落实教学常规工作的指导检查，将落实教学常规列入中小学责任督学进校督导重点，通过课堂听课、查阅教案和教科研记录、学生访谈、家长走访、家委会征询等多种形式及时掌握辖区内学校、教师执行教学常规情况,总结经验、发现问题、督促整改,对教学常规落实不到位的要严肃追究相关人员责任。

(三)加大宣传推广。各地要广泛利用报刊、广播电视、官方网站、微信公众号等多种媒介,加大宣传力度,总结推广落实教学常规的先进经验和典型做法。通过家长会、家长开放日活动等途径,做好宣传引导,增进家长对学校常规管理措施的理解和认同,密切家校协同配合,提升育人成效,共同营造良好的教育生态。

四、附则

本指导意见自公布之日起施行,有效期10年。

附件:福建省普通中小学日常教学基本规范(试行)

福建省教育厅
2021年12月20日

附件

福建省普通中小学日常教学基本规范(试行)

一、小学版

(一)备课

1.把握课标教材。认真学习所教学科的课程标准,明确课程的性质和目标,领会课程标准倡导的基本理念;通读本学科全套教材,熟悉教材编写意图、特点以及各年级间教材的衔接关系,从整体上把握本学科教学内容和实施策略。

2.开展备课活动。坚持个人备课和集体备课相结合,建立健全研讨机制,确定主题和主备人,注重以老带新,发挥集体智慧,做好相关记录。倡导有条件的学校开展多种形式的集体备课活动，增强跨学科融合的意识，按照课程标准和学校学情研讨制定学期教学目标和单元整体教学目标，编排教学进度，安排好考查考试、实践教学等活动。

3.做好教学设计。树立单元整体备课意识，以项目式学习推进跨学科教学。充分利用信息技术和网络资源，选择适合校情、学情的教学方法，用心设计并撰写教案，严禁无备课教学。入职五年内的新教师应撰写详细教案。要确定单元目标、重难点，进行分课时教学设计。内容包括教学目标、教学重难点、教学过程、教（学）具准备、课堂练习、板书设计、课后作业、教学反思等，做到规范、简洁、实用。

（二）上课

4.做好课前准备。预备铃响时教师应在教室门口候课，查看学生上课准备情况。根据学科特点，充分做好课前各项针对性的准备工作，不带负面情绪，不提前上课。体育教师上课必须穿运动服、运动鞋。

5.凸显育人价值。坚持立德树人根本任务，牢固树立以学生为本的育人观念，落实课程理念，推进"五育"融合，培养学生适应未来发展的正确价值观、必备品格和关键能力。在课堂教学中应积极落实学科德育要求，提高学科育人实效。

6.改变教学方式。探索基于真实情境和真实问题的项目式、互动式、启发式、探究式、体验式等教学方式，培养学生跨学科学习、思考、创造的能力和多跨度的综合视野，充分凸显学生在课堂中的主体地位。形成以学生为中心的课堂学习模式，充分创建和利用线上教育教学资源，实现"线上线下"教学的融合与综合应用。严格按照课程标准要求开展实验教学，不得以讲实验、画实验、看挂图、看视频等方式代替学生动手实验，注重实验教学与其他学科的有机融合。技能学科要通过浸入式体验，重点关注学生的技能习得。低年级，特别是一年级的课程要注重游戏化、生活化、综合化的教学设计与语言组织，最大程度消除儿童的陌生体验和不适应，促进小幼科学衔接。

7. 提高教学实效。在课堂教学中应营造平等、开放、民主、和谐的课堂氛围，鼓励学生积极参与、主动表达，尊重个性和差异，正确引导，激发好奇心、求知欲、想象力和创造力，促进思维提升。教师要精心设计教学流程，努力提高课堂教学精度、效益。保证学生有充分的互动、探究学习时间，合理安排阅读、讨论、练习、实验等学习活动，促进学生深度学习。密切关注学生的学习状态，及时反馈或回应学生的疑惑。

8. 规范教学行为。在课堂上，师生一律讲普通话。教师要做到仪表端庄、举止文明、精神饱满、教态自然、语言准确生动、书写规范工整，正确熟练地使用教学仪器和设备，科学合理使用现代教育技术手段及电子产品，有意识地培养学生在未来智能时代的数字素养；小学低年级严格按规定控制电子产品使用时间。善于运用教学评价的激励功能，激发学生主动学习。不传播有损学生身心健康的不良信息。每节课间督促学生走出教室适当运动放松、不拖课。

（三）作业

9. 科学设计作业。充分发挥作业诊断、巩固和学情分析功能。根据"双减"要求和学科特点科学布置听、说、读、写、算等作业，还可布置画、唱、手工、操作、实验、调查、考察、观察、家务劳动、体育锻炼等实践性作业，做到书面与口头作业相结合，视听与动手操作相结合，个体独立完成与小组合作完成相结合。书面作业要求学生书写美观、纸面干净、格式规范。根据学科课标要求控制作业难度，关注差异，鼓励布置分层、弹性和个性化作业，积极开发校本作业。严禁布置机械重复或惩罚性作业。指导家长积极配合教师督促孩子持续学习、阅读、实践等，但不得要求家长检查、批改作业。倡导布置适量亲子实践互动作业。

10. 及时批阅反馈。作业应及时批改、有效反馈，加强面批讲解。批改符号规范、统一。基础性作业和重点类作业应全批全改，及时评讲、督促学生有效订正，并视情况做好二次批改订正，对学习困难学生应加强针对性面批指导。作业评价倡导等级与指导性、激励性评价结合。

11. 严控作业总量。统筹各学科作业、控制作业总量。一、二年级不留家庭书面作业，三至六年级每天书面作业平均完成时间不超过 60 分钟，并指导学生在校内基本完成书面作业。

（四）辅导

12. 加强分类指导。面向全体学生，家校协同配合，以因材施教为原则，针对学生身心发展特点和学业基础，加强个别化指导和培养，满足学生多样化需求，促进学生自主发展。关爱学习有困难的学生，制定针对性辅导方案，补缺补漏，加强学情指导，激发学习兴趣，使其树立信心。为学有余力或有特长的学生，提供适当拓展性学习任务培养创新意识，提高自主、合作和探究学习能力，提升学生综合素养。践行全纳教育理念，重视关爱残障学生，充分利用特殊教育资源教室等资源，创造条件为学生开展个别辅导、心理咨询、康复训练等提供专业支持，提高融合教育成效。

13. 重视社团实践。教师应积极参与课后服务工作。教师可结合自身特长指导开展体育、艺术、文学、科技等兴趣小组和社团活动，改革育人模式，创新适应未来。多渠道、多途径培养学生的兴趣爱好。学校应充分利用校内外资源组织开展读书交流、自然观察、科学探究、参观研学等活动，培养学生实践能力和创新精神。

（五）评价

14. 规范日常评价。以学生为中心，关注学习过程，丰富评价形式，倡导定性评价与定量评价相结合，过程评价与终结评价相结合，采用观察记录、成长手册、作品展示等形式，对学生的学习进行生成评价，及时了解学生学习情况，发挥评价的诊断、调节、激励和发展等功能。

15. 规范考试评价。严格按规定组织考试，不得以测试、测验、限时练习、学情调研等名义变相组织考试，不得组织区域性或跨校际考试。考试命题要注重考查基础知识、基本技能和教学目标达成情况，注重增加综合性、开放性、应用型、探究性试题比例，体现素质教育导向，不出偏题怪题，减少机械记忆性试题，防止试题难度过大。做好考试组织、阅卷统计、数据分析、结果选用等工作，全面诊断教与学的情况，做到教学考有机衔接，发挥考试评价导向作用。

16. 探索增值评价。不简单以考试成绩对学生进行终结性评价，探索以核心素养导向的学生发展量表，科学、直观地呈现学习状况，对学生进行阶段性、延时性、成长性评价。通过评价，让学生认识自身学习情况的差异性和增长点，帮助学生进行自我管理、自我调控、自我矫正、自我提升。

17. 推进综合评价。落实"五育"融合，全面发展素质教育，以适应学生成长需求和国家人才要求的变化，采用开放、多元、多样的综合评价方式，促进学生全面发展。充分利用现代信息技术，创新评价工具手段，提高评价的科学性、专业性、客观性、系统性。

（六）教研

18. 落实听课评课制度。建立健全听课评课制度，每位教师每学期听课不少于12节，并做好听课笔记和评议记录。听评课记录要反映教学过程，分析评价结果，提出意见和建议，及时与授课教师交流，并结合集体备课或教研活动开展研讨，促进提升。

19. 认真开展教学反思。教师应加强教学反思，教案要体现教学随笔或教学反思后记。要定期对课程资源开发、教学设计、教学组织、作业设计、考试评价以及学生学习生活指导等进行反思，总结经验，分析问题，明确方向，在不断实践和反思中，提升教育教学水平，形成自身教学风格和特色。

20. 潜心教学研修。采用集中培训和个人研修相结合方式，落实常态化教学研修制度，教师原则上每周应参加一次集体备课活动，每两周应参加一次校级及以上教研活动。教师要立足提高自身适应未来教育发展能力，主动钻研教学业务，定期学习教参资料、专业杂志，了解国内外教科研、教改动态。每学期要确定教学研究课，开展公开教学研讨活动。要积极参加各级各类主题教研活动，更新知识结构，开展研究实践，善于将教育教学实践问题提炼上升为有价值的教科研课题，进行探索研究，形成教科研成果，提升专业水平。教研组要结合教育教学热点、难点问题，设计符合校情的系列化研讨主题，加强作业研究和高质量课堂教学研究，强化跨学科综合教研，扎实开展校本教研活动。

二、初中版

（一）备课

1. 精准把握课标教材。认真学习课程标准，明确课程的性质和目标，领会课程标准倡导的基本理念，把握学业质量水平要求；坚持素养导向，深刻理解课程育人价值，把"以学生为中心"教育理念贯穿落实到具体教育教学活动中。通读初中阶段全套教材，熟悉本学科教材的编写意图、特点和各年级间教材的衔接关系，从整体上把握本学科教学内容标准和实施建议。

2. 有效开展备课活动。坚持个人备课和集体备课相结合，集体备课做到每次都有确定的主题和主备人，建立健全研讨机制，注重以老带新，发挥集体智慧，做好相关记录。倡导有条件的学校开展多种形式的集体备课活动，增强跨学科融合的意识。合理制订学期教学计划，强化学期与单元整体备课，列出教学进度表，安排好考查考试、实践教学等活动。

3. 精心做好教学设计。树立单元整体备课意识，以项目式学习推进跨学科教学。充分利用信息技术和网络资源，选择适合校情、学情的教学方法，进行分课时教学设计。用心设计并撰写教案，严禁无备课教学。入职五年内的新教师应撰写详细教案。教法应体现问题导向、深度思维、高度参与，学法应体现学生主体，利于学生自主、合作、探究。强化学科实践，注重情境的创设，体现问题导向性和层次性；推动综合学习，加强学科间的内在关联。

（二）上课

4. 充分做好课前准备。教师应提前候课，准备上课所需要教具学具，指导学生做好课前准备，不迟到。上课铃响与学生相互问好后，开始教学活动，不提前上课。服饰得体，仪态端庄，精神饱满，不带负面情绪。体育教师上课必须穿运动服、运动鞋。

5. 突出学科育人价值。坚持立德树人根本任务，牢固树立以学生为本的育人观念，落实课程理念，推进"五育"融合，培养学生适应未来发展的正确价值观、必备品格和关键能力。在课堂教学中应积极落实学科德育要求，提高学科育人实效。

6. 不断优化教学方式。积极探索创新课堂教学模式，探索基于情境、问题导向的启发式、互动式、探究式、体验式等教学方式，鼓励开展研究型、项目化、合作式学习，避免"满堂灌"式教学，培养学生跨学科学习、思考、创造的能力和多跨度的综合视野。积极推进信息技术与课堂教学深度有机融合，有意识地培养学生在未来智能时代的数字素养。针对初中生部分学科存在的分化现象，要充分尊重学情差异，注重差异化教学和个别化指导。

7. 切实提高教学实效。在课堂教学中应营造平等、开放、民主、和谐的课堂氛围，落实课程的"育人"功能，鼓励学生主动表达，尊重个性和差异，激发好奇心、求知欲、学习兴趣、想象力和创造力。要保证学生有充分的互动、探究时间，引导学生深度学习，指导学生养成记笔记的习惯，及时反馈或回应学生疑惑，合理安排阅读、讨论、练习、实验等学习活动。高度重视实验教学，教师应精心设计、开展好基础性实验和拓展性实验，拓展创新，丰富内容，改进方式；培育学生的兴趣爱好、创新精神、科学素养和意志品质。每节课间督促学生走出教室适当运动放松、不拖课。

（三）作业

8. 提高作业设计质量。根据教学目标、教学内容和学生学习实际，精心设计和布置作业。发挥作业诊断、巩固、学情分析等功能，将作业设计纳入教研体系，严格落实"双减"要求，增强课堂教学中作业辅助功能。系统设计符合初中学生的年龄特点和学习规律、体现素质教育导向的基础性作业。鼓励布置分层、弹性、个性化书面作业及实践活动类作业，探索跨学科实践作业,积极开发校本作业,严禁布置机械重复或惩罚性作业。学校应统筹各学科作业,控制作业总量,初中学生每天书面作业平均完成时间不超过90分钟。

9.加强作业指导反馈。教师要指导初中生在校内完成大部分书面作业。学校和家长要引导学生放学回家后完成剩余书面作业,进行必要的课业学习,从事力所能及的家务劳动,开展适宜的体育锻炼。个别学生经努力仍完不成书面作业的,也应按时就寝。教师要认真批改作业,及时做好反馈,加强面批讲解,做好答疑辅导。不得要求学生自批自改作业。严禁要求家长检查、批改作业。

(四)辅导

10.有效加强分类指导。坚持面向全体学生,以因材施教为原则,关注学生的个体差异,课内与课外相结合,加强个别化指导和培养。要关爱帮扶学习有困难的学生,加强学情分析与学法指导,激发学习兴趣,使其树立信心。践行全纳教育理念,特别关注融合教育对象和有辍学倾向的学生,健全完善辅导教师个别帮扶制度。对学有余力或有特长的学生要提供适当拓展性学习任务和发挥特长的空间,着重培养自学能力、创新意识和实践能力。

11.积极参与课后服务。加强学生课外学习活动指导,教师可结合自身特长指导开展艺术、体育、劳动、科技、文学等兴趣小组和社团活动,引导学生学会自主学习和积极参加实践活动。通过丰富多彩的学科第二课堂活动及课后服务,多渠道培养学生的兴趣和爱好,挖掘学生的特长,开阔学生的视野,培养学生创新精神和实践能力,提高学生的综合素质。

(五)评价

12.规范运用日常评价。关注学习过程,丰富评价形式,倡导定性评价与定量评价相结合,过程评价与终结评价相结合,采用观察记录、成长手册、作品展示等形式,对学生的学习进行生成评价,及时了解学生学习情况,发挥评价的诊断、调节、激励等功能。

13. 严格规范考试评价。立足立德树人教育根本任务,促进德智体美劳全面发展评价,坚决克服唯分数、唯升学等不良倾向。严格按照规定组织考试,不得以测试、测验等名义变相组织考试。不得向初中非毕业年级组织区域性或跨校际的考试。正确认识测试的诊断功能,完善体育、艺术等科目学业水平测试的有效途径,科学设计命题内容,注重对学科必备知识、关键能力、学科素养、核心价值的考查,全面诊断教与学的情况,做到教学考有机衔接,发挥考试评价导向作用。

14. 不断探索增值评价。不简单以考试成绩对学生进行终结性评价,探索以核心素养导向的学生发展量表,科学、直观地呈现学习状况,对学生进行阶段性、延时性、成长性评价。通过评价,让学生认识自身学习情况的差异性和增长点,帮助学生进行自我管理、自我调控、自我矫正、自我提升。

15. 积极推进综合评价。落实"五育"并举,全面发展素质教育,采用开放、多元、多样的综合评价方式,促进学生全面发展。充分利用信息技术,创新评价手段和工具,提高评价的科学性、专业性、客观性、系统性,不断完善学生综合素质评价体系。

(六)教研

16. 落实听课评课制度。建立健全听课评课制度,教师每学期听课不少于12节,并写好听课记录和评议记录。听评课记录要反映教学过程,分析评价结果,提出意见和建议,及时与授课教师交流,并结合集体备课或教研活动开展研讨,促进提升。鼓励老教师与新教师互相听评课,鼓励教师跨学科听课。

17. 认真落实教学反思。教师应加强教学反思,教学设计要体现教学随笔或教学反思后记。要定期对课程资源开发、教学设计、教学组织、作业设计、考试评价、学生学习与生活指导等教育教学活动进行反思,总结经验,分析问题,明确方向,在不断实践与反思中,提升教育教学水平,形成自身教学风格和特色。

18. 积极参加教学研修。采用集中培训和个人研修相结合方式,落实常态化教学研修制度，教师原则上每周应参加一次集体备课活动，每两周应参加一次校级及以上教研活动。教师要主动钻研教学业务，定期学习教参资料、专业杂志，了解国内外教科研、教改动态。每学期要确定教学研究课，开展公开教学研讨活动。要积极参加各级各类主题教研活动以及综合学科、跨学科教研活动，更新知识结构，开展研究实践，善于将教育教学实践问题提炼上升为有价值的教科研课题，进行探索研究，形成教科研成果，提升专业水平。教研组要结合教育教学热点、难点问题，设计符合校情的系列化研讨主题，扎实开展校本教研活动。

三、高中版

（一）备课

1. 精准把握课标教材。认真学习所教学科的课程标准，深刻理解课程育人价值，明确课程性质和目标，领会课程标准倡导的基本理念。熟悉本学科教材的编写意图、特点和各年级间教材的衔接关系，从整体上把握本学科教学内容标准和实施建议。

2. 有效开展备课活动。坚持个人备课与集体备课相结合的方式，倡导开展多种形式的集体备课，增强跨学科融合的意识。建立健全研讨机制，确定主题和主备人，注重以老带新，发挥集体智慧，按照课程标准和学校学情研讨制定学期教学目标和单元整体教学目标，编排教学进度，安排好考查考试、实践教学等活动。个人备课要在学期、单元整体教学目标的基础上创设多种教学情境，凸显个性化教学风格。按照课程方案和课程标准的要求，从校情、学情实际出发，避免盲目追求教学进度或内容过深、过偏。要对教育教学计划的执行情况进行阶段性检查和总结，及时反思调整和完善教育教学实施方案。

3. 精心做好教学设计。鼓励运用大数据做好学情分析，聚焦学生素养发展，确定单元目标、重难点，进行分课时教学设计，严禁无备课教学。入职五年内的新教师应撰写详细教案。内容包括备教材（教学目标、教学重点难点、教学方法、教学组织形式等）、备学情（学生的认知特点、知识基础、可能的认知障碍等）。要充分体现学科课程教学的育人维度，倡导立足单元整体规划下的课时教学设计，建构系统化单元教学内容，形成单元主题下的系列化教学资源。要强化学科实践，引导学生参与学科探究活动，在建构知识、运用知识、解决问题、创造价值的过程中，体现学科思想方法。

（二）上课

4. 规范做好课前准备。在上课铃响前进入教室，准备上课所需教具学具，并指导学生做好课前准备。服饰得体，仪态端庄，精神饱满，不带负面情绪。体育教师上课必须穿运动服、运动鞋。

5. 落实学科育人价值。坚持立德树人根本任务，牢固树立以学生为本的育人观念，坚持"五育"并举，培养学生具备适应终身发展和社会发展需要的正确价值观念、必备品格和关键能力。在课堂教学中落实课程思政的要求，追求学科育人实效。

6. 精心营造课堂氛围。在课堂教学中应营造平等、开放、民主、和谐的课堂氛围，鼓励学生积极参与、主动表达，尊重个性和差异，正确引导，激发好奇心、求知欲、想象力和创造力，及时反馈和回应学生疑惑，促进思维生成和提升。

7. 注重优化教学方式。探索基于真实情境和真实问题的项目式、互动式、启发式、探究式、体验式等教学方式，培养学生跨学科学习、思考、创造的能力和多跨度的综合视野，充分发挥学生在课堂中的主体地位。推进信息技术与课堂教学深度有机融合，有意识地培养学生在未来智能时代的数字素养。严格按照课程标准要求开展实验教学，不得以讲实验、画实验、看挂图、看视频等方式代替学生动手实验，注重实验教学与其他学科的有机融合。技能学科要通过浸入式体验，重点关注学生的技能习得。要积极探索线上线下相融合的教与学方式，开发建设线上课程，优化融通线上线下教与学成效互补。

8. 引导学生深度学习。课堂教学要注重社会大课堂与学科小课堂的有机融通，基于实际生产生活创设有意义的教学情境，设计学科任务，聚焦问题解决，合理安排探究活动、实验活动、阅读活动、交流展示等，并及时跟进指导，促进学生深度学习。要密切关注学生的学习状态，根据学生的学习情况变化适当调整教学节奏。每节课间督促学生走出教室适当运动放松、不拖课。

(三) 作业

9. 精准设计有效作业。作业设计要结合单元整体规划，基于课时学习内容，形成系列化、层次性作业任务。要彰显作业的学科特质，在学科作业任务中融入育人角度的挖掘，凸显学科知识性与教育性的统一。重视培养学生爱劳动勤锻炼良好品质。要依据课程的特点和需要，设计多样化的内容和形式，做到统编与校本相结合，知识与技能相结合，课内与课外相结合，书面与口头相结合，线上与线下相结合，视听与动手操作相结合，个体独立完成与小组合作完成相结合。要控制作业量与作业难度，鼓励布置分层、弹性和个性化作业，积极开发校本作业。每学期组织学生开展一定数量的学科实践性学习活动，帮助学生制订节假日、双休日学习与生活计划，指导学生利用课外时间开展基于兴趣与爱好的阅读、学科拓展和社会实践活动。严禁布置惩罚性作业。

10. 及时批改全面反馈。作业应及时批改、有效反馈，加强面批讲解。根据不同的作业内容和不同层次的学生采用多样化的批改方式，提高作业批改的针对性和实效性，批语要有激励性和指导性，对学习困难学生应加强针对性面批指导。要及时评讲并督促学生有效订正，对学生作业中反映的问题要进行记录并作归因分析，及时调整教学。

(四) 辅导

11. 有效加强分层指导。以因材施教为原则，针对学生的心理发展特点和学习情况设计分层指导措施。对学习有困难的学生的关爱帮扶要采用个别辅导与群体辅导相结合的方式，制定行之有效的辅导方案，在学习活动中不断体验学习的成功感，激发学习兴趣和主动参与学习的热情，树立学习信心。对学有余力或有特长的学生，要设计适当拓展性学习任务，引导学生在任务探究和完成过程中运用高阶思维，提升学科素养。

12. 主动开展第二课堂。学校应综合考量学生需求，开展丰富多彩的学科第二课堂活动，多渠道培养学生的兴趣和爱好；教师要根据学校课程设置，结合自身特长，主动承担设计并实施第二课堂教学活动工作。学校要鼓励学生走出教室，充分利用各类学生社会实践基地，开展社会实践活动；要主动关注当前人工智能科技领域，挖掘学生特长，培养学生创新精神和实践能力，全方位提高学生的综合素质。

（五）评价

13. 注重全过程评价。将结果评价与过程评价有机结合。评价学生是否达到课标要求的同时，考察学生的日常课程参与、课堂表现情况等过程性指标；探索增值评价，关注任教班级或学生的发展变化和进步程度。

14. 规范考试评价要求。准确把握高中各学科学业质量内涵和水平，明确评价目的，丰富评价方式，合理安排测试、考试频次，不简单以考试成绩对学生进行终结性评价。科学设计命题内容，充分体现德智体美劳全面发展的要求。注重对学科必备知识、关键能力、学科素养、核心价值的考查。考试后要及时、认真、客观地做好阅卷工作，并进行数据统计分析，全面诊断教与学的情况，做好跟进讲评。

15. 积极推进综合评价。树立以学生全面发展为根本的指导思想，落实"五育"并举，坚持发展性、客观性、公正性和可操作性的原则，采用开放、多元、多样的综合评价方式，充分利用信息技术，创新德智体美劳评价办法，引导学生增强综合素质。

（六）教研

16. 落实听课评课制度。建立健全听课评课制度，同学科听课节数每学期不少于12节，并做好听课记录和评议要点。听评课记录要反映教学过程，分析评价结果，提出意见和建议，及时与授课教师交流，并结合集体备课或教研活动开展研讨，促进提升。鼓励教师跨学科听课。

17. 认真开展教学反思。教师应加强教学反思，教案要体现教学随笔或教学反思后记。定期对课程资源开发、教案设计、教学组织、作业设计、考试评价、学生学习与生活指导等进行反思，总结经验，分析问题，明确方向，在不断实践与反思中，提升教育教学水平，形成自身教学风格和特色。

18. 主动参与教学研修。采用集中培训和个人研修相结合方式，落实常态化教学研修制度，教师原则上每周应参加一次集体备课活动，每两周应参加一次校级及以上教研活动。教师要主动钻研教学业务，定期学习教参资料、专业杂志，了解国内外教科研、教改动态。每学期要确定教学研究课，开展公开教学研讨活动。要积极参加各级各类主题教研活动，以及综合学科跨学科教研活动，更新知识结构，开展研究实践，善于将教育教学实践问题提炼上升为有价值的教科研课题，进行探索研究，形成教科研成果，提升专业水平。教研组要结合教育教学热点、难点问题，设计符合校情的系列化研讨主题，扎实开展校本教研活动。

相关解读

关于《福建省教育厅关于进一步加强普通中小学教学常规管理工作的指导意见》政策解读

来源：福建省教育厅　发布日期：2021-12-22

近日，省教育厅印发了《福建省教育厅关于进一步加强普通中小学教学常规管理工作的指导意见》（以下简称《指导意见》），现将有关政策解读如下：

一、出台《指导意见》的背景是什么？

教学常规是中小学教师从事教学工作应当遵循的基本规范，加强教学常规管理是深化课程教学改革、提高教育质量的基础性工作。2003年，我厅制定出台福建省中小学教学常规管理若干意见，对推动我省各地中小学校规范日常教学管理，提升教育水平发挥了重要作用。

近年来，党中央、国务院高度重视基础教育发展，颁布了一系列政策措施，对深化中小学教育教学改革、教育评价改革以及"双减"等工作提出了一系列改革新举措。为全面贯彻党的教育方针，认真落实国家关于基础教育改革发展系列重大决策部署，指导各地加强教学常规管理，推动减负增效提质，促进学生全面发展，需要对原教学常规管理文件中不相适应的地方进行修订完善，以更好地推动中小学教学常规管理工作制度化、科学化和规范化。

二、《指导意见》的总体要求是什么？

以习近平新时代中国特色社会主义思想为指导，全面贯彻党的十九大和十九届历次全会精神，全面贯彻党的教育方针，坚持立德树人根本任务，全面落实党中央、国务院关于中小学教育教学改革、教育评价改革和"双减"工作重要部署，遵循教育教学基本规律，规范教育教学行为，推动中小学教学常规管理制度化、科学化和规范化，实现减负增效提质，促进学生德智体美劳全面发展和身心健康发展。

坚持基础性和发展性相统一，既发挥教学常规基础性和保障性作用，也对有条件的地方和学校提出更高的要求，促进更高质量发展；坚持共通性和多样性相协调，坚持各学段、各学科统一规范要求的同时，结合不同学段、学科特点，实行教学常规差异化管理；坚持抓常态和常态抓相结合，立足教学常态，持之以恒、常抓不懈，将教学常规管理贯穿于教学工作的全过程，确保落地见效。

三、《指导意见》的主要内容和特点是什么？

《指导意见》采取"1+3"的形式研制，即"主文件+三个学段日常教学基本规范"，《指导意见》包括总体要求、主要举措、组织实施三大块内容。《福建省普通中小学日常教学基本规范》分为小学版、初中版、高中版三个文件附件，体例上统一按照备课、上课、作业、辅导、评价、教研等六个部分进行组织架构，与旧标相比，呈现以下特点和变化。

一是将立德树人要求贯穿始终。立德树人是教育的根本任务，本次修订从备课、上课、作业、评价、辅导、教研六个方面均全面贯彻立德树人主线，全面落实五育并举理念，同时把落实中小学"双减"工作和"五项管理"等精神要求融入文件，加强正向引导，坚决防止学生学业负担过重，促进减负提质和学生身心健康成长。

二是关注课程标准和学科核心素养要求。根据《普通高中课程标准（2017版2020修订）》及即将发布的《义务教育课程标准（2021版）》提出的课程核心素养和学业评价要求，此次修订在备课、上课、作业、评价、教研等方面强调课程标准的学习和应用，要求严格按照国家课程方案和课程标准实施教学，确保学生达到国家规定学业质量标准要求，突出教学常规服务教学质量这一核心要求。

三是突出新时代课堂教学新要求。教学方面，强调突出学生主体地位，注重保护学生好奇心、想象力、求知欲，激发学习兴趣，提高学习能力。加强科学教育和实验教学，积极探索基于情境、问题导向的互动式、启发式、探究式、体验式等课堂教学，注重加强课题研究、项目设计、研究性学习等跨学科综合性教学。作业方面，要求注重作业的多元化与有效性，倡导校本作业、分层作业、单元作业、实践作业、操作作业、劳动作业等多样化作业，并对作业量作出具体规定，强调作业减量提质。教研方面，除传统的常规教研和听评课外，增加课堂观察、教学反思和教学研修的要求。辅导方面，进一步明确课后服务、第二课堂及学习困难学生和残疾学生帮扶指导等方面工作的具体要求，促进各类学生发展。

四是推动深化教育评价改革。强调落实中央关于教育评价多元化等要求，探索将结果评价与过程评价有机结合，评价学生是否达到课标要求的同时，考察学生的日常课程参与、课堂表现情况等过程性指标；探索增值评价，关注任教班级或学生的发展变化和进步程度，破除"五唯"顽疾等。

五

教育部等八部门关于印发《新时代基础教育强师计划》的通知

教师〔2022〕6号

各省、自治区、直辖市教育厅（教委）、党委宣传部、党委编办、发展改革委、财政厅（局）、人力资源社会保障厅（局）、住房和城乡建设厅（委）、乡村振兴局，新疆生产建设兵团教育局、党委宣传部、党委编办、发展改革委、财政局、人力资源社会保障局、住房和城乡建设局、乡村振兴局，部属师范大学：

为贯彻落实习近平总书记关于教育的重要论述特别是关于教师队伍建设的重要讲话精神，落实《中华人民共和国国民经济和社会发展第十四个五年规划和2035年远景目标纲要》有关要求，全面深化新时代教师队伍建设改革，加强高水平教师教育体系建设，培养造就高素质专业化创新型中小学教师队伍，着力构建优质均衡的基本公共教育服务体系，推动教育高质量发展，现将

《新时代基础教育强师计划》印发给你们，请认真落实。

教育部 中央宣传部 中央编办
国家发展改革委 财政部 人力资源社会保障部
住房和城乡建设部 国家乡村振兴局
2022 年 4 月 2 日

新时代基础教育强师计划

高质量教师是高质量教育发展的中坚力量。为贯彻落实《中共中央 国务院关于全面深化新时代教师队伍建设改革的意见》，按照《中华人民共和国国民经济和社会发展第十四个五年规划和2035年远景目标纲要》要求，着力推动教师教育振兴发展，努力造就新时代高素质专业化创新型中小学（含幼儿园、特殊教育，下同）教师队伍，为加快实现基础教育现代化提供强有力的师资保障，制订本计划。

一、总体要求

（一）指导思想。

以习近平新时代中国特色社会主义思想为指导，贯彻党的十九大和十九届历次全会精神，全面贯彻党的教育方针，坚持社会主义办学方向，落实立德树人根本任务，坚持培育和践行社会主义核心价值观，坚持把教师队伍建设作为基础工作来抓，加快构建教师思想政治建设、师德师风建设、业务能力建设相互促进的教师队伍建设新格局。遵循教师成长发展规律，以高素质教师人才培养为引领，以高水平教师教育体系建设为支撑，以提升教师思想政治素质、师德师风水平和教育教学能力为重点，筑基提质、补短扶弱、做优建强、全面提高教师培养培训质量，整体提升中小学教师队伍教书育人能力素质，促进教师数量、素质、结构协调发展，为构建高质量教育体系奠定坚实的师资基础。

（二）基本原则。

——坚持师德为先。把教师思想政治和师德师风建设放在首要位置，围绕落实立德树人根本任务，全面加强中小学教师思想政治建设，提高教师的政治意识、政治能力，严格落实师德师风第一标准，突出全方位全过程师德养成，推动教师以德施教、以德立身。

——坚持质量为重。服务教育高质量发展要求，加强高质量教师队伍建设，推动地方政府、学校、社会各方深度参与教师教育，强化师范院校在教师教育体系中的主体地位，推进职前培养和职后培训一体化，创新师范生教育实践和教师专业发展机制模式，提升教师培养培训质量。

——坚持突出重点。按照乡村振兴重大战略部署和振兴教师教育有关要求，立足重点区域和人才紧缺需求，适应区域、学段、学科等发展需要，加强东西部协作、对口支援等，加大中西部欠发达地区师范院校、教师发展机构建设和高素质教师培养培训力度，增加紧缺薄弱领域师资培养供给。

——坚持强化保障。中央带动、分级实施，鼓励支持各地创新教师编制、职称、考核评价、待遇保障等方面举措，深化中小学教师队伍建设综合改革，提高教师教育基础能力建设水平，统筹规划、以点带面、辐射引领、整体发展，形成综合保障体系。

（三）目标任务。

到 2025 年，建成一批国家师范教育基地，形成一批可复制可推广的教师队伍建设改革经验，培养一批硕士层次中小学教师和教育领军人才。完善部属师范大学示范、地方师范院校为主体的农村教师培养支持服务体系，为中西部欠发达地区定向培养一批优秀中小学教师。师范生生源质量稳步提高，欠发达地区中小学教师紧缺情况逐渐缓解，教师培训实现专业化、标准化，教师发展保障有力，教师队伍管理服务水平显著提升。

到 2035 年，适应教育现代化和建成教育强国要求，构建开放、协同、联动的高水平教师教育体系，建立完善的教师专业发展机制，形成招生、培养、就业、发展一体化的教师人才造就模式，教师数量和质量基本满足基础教育发展需求，教师队伍区域分布、学段分布、学历水平、学缘结构、年龄结构趋于合理，教师思想政治素质、师德修养、教育教学能力和信息技术应用能力建设显著加强，教师队伍整体素质和教育教学水平明显提升，尊师重教蔚然成风。

二、具体措施

（一）提升教师思想政治素质。

全面加强中小学教师思想政治建设，落实意识形态工作责任制。坚持教育者先受教育，将习近平新时代中国特色社会主义思想融入教师培养培训课程，将习近平总书记关于教育的重要论述作为首要必修课程，开展常态化的学习教育，引导广大教师深刻领会"两个确立"的决定性意义，增强"四个意识"、坚定"四个自信"、做到"两个维护"，坚持"四个相统一"，争做"四有"好老师，当好"四个引路人"。深入贯彻落实《新时代公民道德建设实施纲要》《新时代爱国主义教育实施纲要》，大力开展"四史"特别是党史学习教育，精选体现正确价值导向的优秀文学艺术、影视作品，组织和引导师范生、教师阅读观看，加强价值引领，加强铸牢中华民族共同体意识教育，引导广大师范生、教师树立和坚持正确的国家观、历史观、民族观、文化观、宗教观。强化师范毕业生思想政治考察，健全标准、程序，把好第一道关口。加强教师教育院校、中小学党组织、团组织建设，做好在优秀师范生、中小学教师中发展党员、团员工作。

（二）加强和改进师德师风建设。

常态化推进师德培育涵养，将各类师德规范纳入新教师岗前培训和在职教师全员培训必修内容。创新师德教育方式，通过榜样引领、情景体验、实践教育、师生互动等形式，激发教师涵养师德的内生动力。将师德师风建设贯穿教师管理全过程，在资格认定、教师招聘、职称评审、岗位聘用、年度考核、推优评先、表彰奖励等工作中严格落实师德师风第一标准。完善教师荣誉表彰制度，加大优秀教师典型表彰宣传力度。深入落实新时代幼儿园、中小学教师职业行为十项准则和幼儿园、中小学教师违反职业道德行为处理办法，严肃查处师德失范行为，加大师德失范行为通报警示力度，持续开展违反教师职业行为十项准则典型案例通报。指导各地各校开展师德警示教育，德法并举，提高警示教育实效性。提升全体教师法治素养。推进实施教职员工准入查询制度。推进师德师风基地建设，推动师德师风建设模式探索、方法创新，发挥引领示范作用。

（三）建设国家师范教育基地。

重点支持建设一批国家师范教育基地，构建师范院校为主体、高水平综合大学参与、教师发展机构为纽带、优质中小学为实践基地的开放、协同、联动的现代教师教育体系。基地建设重在加强师范生专业能力发展中心建设和师范专业建设，深化教师教育改革，推进教师教育信息化建设与应用。加大在教育硕士、教育博士授予单位及授权点方面对师范院校的引导支持力度，支持高水平综合大学开展教师教育，推动师范人才培养质量提升。

（四）开展国家教师队伍建设改革试点。

鼓励支持地方政府统筹，相关部门密切配合，高校、教师发展机构、中小学等协同，开展区域教师队伍建设改革试点，内容包括师范生培养、教师专业发展、教师人事管理制度改革、教育教学研究与改革等。总结推广试点经验，加快构建现代教师队伍治理体系，提升教育教学水平。

（五）建立教师教育协同创新平台。

鼓励支持高水平师范院校建立教师教育协同创新平台，推动优质课程资源共享、学科建设经验分享、教育科研课题共同研究，整体提升我国教师教育的办学水平。充分发挥部属师范大学的引领示范作用，建立部属师范大学和地方师范院校师范人才培养协同机制，支持区域内相关院校在教育科学研究、教师教育师资队伍建设、师范人才培养和基础教育服务等领域开展合作。依托部属师范大学等高水平师范院校，为地方师范院校定向培养博士层次教师教育师资。支持部分办学历史悠久、质量优质、效益明显、地方发展急需的师范高等专科学校升格为普通本科高校。

（六）实施高素质教师人才培育计划。

持续实施卓越教师培养计划。推动本科和教育硕士研究生阶段整体设计、分段考核、连续培养的一体化卓越中学教师培养模式改革，推进高素质复合型硕士层次高中教师培养试点。推进部属师范大学公费师范生攻读教育硕士工作，加强履约管理。继续实施农村学校教育硕士师资培养计划。扩大教育硕士、教育博士招生计划。适应基础教育改革发展，遵循教师成长规律，改革师范院校课程教学内容，改进教学方法手段，强化教育实践环节，提高师范生培养质量。实施新周期名师名校长领航计划，培养造就一批引领教育改革发展、辐射带动区域教师素质能力提升的教育家。搭建教师培训与学历教育衔接的"立交桥"。支持在职教师学习深造，提升学历。

（七）实施中西部欠发达地区优秀教师定向培养计划。

支持部属师范大学和高水平地方师范院校，根据各地需求，每年为中西部欠发达地区定向培养一批高素质教师，发挥示范带动作用，推进各地进一步加大县域普通高中和乡村学校教师补充力度。中西部欠发达地区优秀教师定向培养计划（以下简称优师计划）提前批次录取，学生在校学习期间免除学费，免缴住宿费，并补助生活费，毕业后到定向就业县中小学履约任教不少于6年，由定向就业县人民政府按定向培养计划统筹落实就业工作，确保岗位和待遇保障。鼓励支持履约任教的优师计划师范生职后专业发展，建立跟踪指导机制，持续提升教书育人本领。

（八）深化精准培训改革。

聚焦基础教育课程改革的理念、要求和教育教学方法变革，以中西部欠发达地区农村教师校长培训为重点，充分发挥名师名校长辐射带动作用，实施五年一周期的"国培计划"，示范引领各地教师全员培训开展。发挥国家教师发展协同创新实验基地建设的示范作用，通过建立标准、项目拉动、转型改制等举措，推动各地构建完善省域内教师发展机构体系，建强县级教师发展机构及培训者、教研员队伍。优化培训内容、打造高水平课程资源，建立完善自主选学机制和精准帮扶机制，创新线上线下混合式研修模式，提升中小学教师的信息技术应用能力和科学素养。

（九）改进师范院校评价。

推进师范类专业认证工作，明确师范院校教育教学评估和相关学科评估基本要求，探索建立符合教师教育规律的师范类"双一流"建设评价机制，切实推动师范院校把办好师范教育作为第一职责，将培养合格教师作为主要考核指标，推动师范专业特色发展、追求卓越。

（十）进一步完善教师资格制度。

严把教师入口关，全面推开中小学教师资格考试和定期注册制度改革。教师必须取得相应教师资格，持教师资格证上岗任教。推进师范生免国家中小学教师资格考试认定取得中小学教师资格改革（以下简称免试认定改革），开展教师教育院校师范类专业办学质量审核。继续做好教育类研究生、公费师范生和优师计划师范生免试认定改革工作，教师教育院校对师范生教育教学能力进行考核。严格教师资格申请人普通话水平要求，提高新任教师国家通用语言文字教育教学水平。

（十一）优化义务教育教师资源配置。

深入推进县域内义务教育学校教师"县管校聘"管理改革，加大音体美、劳动教育、信息技术、心理健康教育等紧缺学科教师补充力度，重点加强城镇优秀教师、校长向乡村学校、薄弱学校流动，发挥优秀教师、校长的辐射带动作用，扩大优质资源覆盖面，整体提升学校育人能力。完善交流轮岗激励机制，将到农村学校或薄弱学校任教1年以上作为申报高级职称的必要条件，3年以上作为选任中小学校长的优先条件。城镇教师校长在乡村交流轮岗期间，按规定享受乡村教师相关补助政策。实施银龄讲学计划，鼓励支持乐于奉献、身体健康的退休优秀校长教师到乡村和基层学校支教讲学。加强乡村教师周转宿舍建设，支持地方完善住房保障体系，加大保障性住房供应力度，解决教师队伍住房困难问题。

（十二）优化教职工编制配置。

切实落实关于进一步挖潜创新加强中小学教职工管理有关政策精神，在总量内盘活用好现有事业编制资源，按照标准及时核定教职工编制，优先满足中小学教育发展需要。各地要坚持创新管理，综合需求变化情况，加强人员和编制的动态调整，不断提高使用效益。结合实际合理核定公办幼儿园教职工编制，配足配齐幼儿园教职工。

（十三）深化教师职称改革，完善岗位管理制度。

充分考虑不同地域、不同学段、不同学科的特点和要求，进一步完善教师职称评价标准，实行分类评价。对长期在乡村学校工作的中小学教师，职称评聘可按规定"定向评价、定向使用"，中高级岗位实行总量控制、比例单列，不受各地岗位结构比例限制。出台完善中小学岗位设置管理的指导意见，适当提高中、高级岗位结构比例。进一步落实学校办学自主权，具备条件的学校在岗位结构比例范围内依据标准自主评聘中、初级职称和岗位，按照管理权限推荐或聘用高级职称和岗位,鼓励地方进一步探索具备条件的学校在岗位结构比例范围内自主评聘高级职称和岗位。

(十四)加强教师工资待遇保障。

加大经费保障力度,切实解决拖欠义务教育教师工资和欠缴社会保险费、职业年金、住房公积金等问题,全面落实义务教育教师平均工资收入水平不低于当地公务员平均工资收入水平要求,落实好公办幼儿园教师工资待遇政策,确保及时足额发放,民办幼儿园参照公办幼儿园合理确定教师工资收入水平。提高教龄津贴标准。各地绩效工资核定要向乡村小规模学校、艰苦边远地区学校等倾斜,要完善中小学教师绩效考核办法,绩效工资分配向班主任、教育教学效果突出的一线教师、从事特殊教育随班就读工作的教师倾斜。各地要继续落实好乡村教师生活补助政策,着力提高乡村教师地位待遇,形成"学校越边远、条件越艰苦、从教时间越长、教师待遇越高"的格局。

(十五)推进教师队伍建设信息化。

建设师范生管理信息系统,加快完善教师管理信息系统和教师资格管理信息系统,提升管理服务支撑功能。完善国家教师管理服务信息化平台,精准到人,为教师队伍建设提供信息化决策和便捷化服务支撑。加强信息系统安全防护,确保教师信息安全。深入实施人工智能助推教师队伍建设试点行动,探索人工智能助推教师管理优化、教师教育改革、教育教学方法创新、教育精准帮扶的新路径和新模式,总结试点经验,提炼创新模式,逐步在全国推广使用,进一步挖掘和发挥教师在人工智能与教育融合中的作用。

三、实施保障

(一)组织保障。

建立新时代基础教育强师计划工作协调制度,推动发挥地方党委教育工作领导小组作用，各地及有关高校要建立强师工作专班，制定具体实施方案，切实加强协调。要加强宣传引导，深入细致地做好政策宣传解读工作，及时回应社会关切。各级教育督导部门要将实施情况纳入政府履行教育职责评价内容，加强督导检查并强化督导结果运用。

（二）政策保障。

各地要满腔热情关心教师，完善教师评价制度和标准，制定出台当地教师激励支持政策，推进中小学教师减负，在全社会营造尊师重教的良好风尚。要将依法依规落实教师待遇保障作为底线要求，支持服务教师专业发展和终身成长，确保各项政策措施全面落实到位，真正取得实效。

（三）经费保障。

中央和地方共同支持新时代基础教育强师计划实施。各地要优化支出结构，将教师队伍建设作为教育投入重点予以优先保障，加大对师范院校支持力度，适时提高师范专业生均拨款标准，重点提升教师专业素质能力、提高教师待遇保障。严格落实经费监管制度，规范经费使用，确保资金使用效益。

后 记

经历了长时间的思考和整理，《阳光·协作·成长——中小学校本教研探究》书稿终于完成了，有些欣慰。作为从河南南阳到福建厦门教育工作的一部分思考与感悟而成的文字，她有些粗浅，但很真实；虽然稚嫩，正在生长；虽经风雨，总是坚强；还有许多需要完善的地方，更激励着我持续探索、修炼和成长。

厦门翔安，2023年迎来建区20周年。作为厦门经济特区成立最晚的新区，虽然基础教育薄弱，但发展潜力巨大。办好让人民满意的教育，实现教育的快速、持续、高质量发展，打造厦门东部教育新高地的任务艰巨，使命光荣，时间紧迫，责任重大。

"莫道君行早，更有早行人。"源于工作自身，基于教研实践，落于基层调研，成于服务一线。不忘教育初心，感恩翔安同人；牢记教育使命，肝胆负重前行。作为翔安教育的一员，不负韶华的期待，不负"青春"的尾巴，能为翔安教育的跨越式发展付出辛劳，坚持阳光守正，引领创新伙伴，突出协同作为，打造成长团队，竭尽心力，探索前行，做点事情，实属荣幸。

此书以"阳光·协作·成长"为主旨，从理论到实践，内容有概念篇、课堂篇、教研篇、推进篇、备忘篇五个篇章和附录（相关政策）等，高屋建瓴，立足实际，依据教师的成长规律与学校的办学优势，聚焦中小学校本教研工作之推进，把理论思考探讨与实践行动研究相结合，内容具有灵活性、针对性、指导性、操作性和通透性，既相互关联、相得益彰，又自成系统、浑然一体。

此书稿是个人参与的厦门市基础教育课程改革领导小组办公室2020年重点课题"基于学习中心的区域课堂教学改革行动研究"项目核心成果之一，也是参与的福建省教育科学"十四五"规划2021年度常规课题"核心素养视域下小学心理健康教育与德育融合实践研究"项目关联性成果，还是主持的厦门市名师工作室课题"新课标背景下初中思政课'四化'教学实践研究"项目阶段性成果。整体文稿由浅入深，由表及里，循序渐进，思中有悟，研中有道，记中有法，实践性强，具有明显的地方区域特点。对自己来说，书稿的梳理是一个不断学习、勤于思考的过程，一个努力实践、探索提升的过程，也是一个持续研究、完善成长的过程。这一过程是前进的、幸福的、快乐的，它传播的是正能量，引领的是新方向。

在此书即将付梓出版之际，特别感谢正高级教师、特级教师、国家督导评估专家、福建省政府特约督学、厦门市教育科学研究院副院长傅兴春百忙中为本书作序，特别感谢一路引领、带动、赋能、支撑和参与服务的各位领导专家、各位同事亲朋、各位老师同人，向大家鞠躬致谢了。

特别感谢中共厦门市委教育工委书记、中共厦门市教育局党组书记、厦门市教育局局长陈珍，厦门市教育局副局长郑朝南，厦门市教育局副局长洪军，以及组织处、人事处、德育处、宣传教育处、基础教育处、政策法规处等诸位市局领导；特别感谢厦门市教育科学研究院庄小荣院长、潘世锋副院长、谢志芳副书记，以及基教室、培训部、教科所等各位领导和学科专家（教研员）；特别感谢厦门第二中学王守琼校长、思明区教师进修学校郑志生校长、集美区教师进修学校李涛校长等专家。正是各位领导专家的指导和鼓励，才有了这30多万字的文稿完工。

特别感谢中共福建教育学院党委郭春芳书记、林藩教授、徐小敏处长、郑凤教授、黄丽萍教授、陈秀鸿教授等领导专家。正是各位大咖的引领和解惑，给了我坚持打拼、奋楫前行的信心和力量。

特别感谢厦门市翔安区政府党组成员、分管教育工作的徐得志副区长和已调任民革厦门市委主委的程明副区长，感谢中共厦门市翔安区委教育工委、翔安区教育局各位领导和同人的大力支持和帮助。

衷心感谢中共厦门市翔安区委教育工委委员，区教师进修学校书记、校长（区教育研究中心主任）王永富以及翔安区教师进修学校的各位同事。正是你们的关照和助力，我才能结合翔安教育实际，把工作的点滴思考和感悟变成文字，回馈中小学教研实践。

感恩各位，感动践行。由于作者水平有限，此书还有很多值得我们探究、商榷、完善的地方，敬请各位行家里手批评指正，提出宝贵意见。

"莫道桑榆晚，为霞尚满天。"研究不停步，探索一路行。从教已35年多的我会继续努力，主动作为，持续成长，聚焦新课标下的课堂改进，着力教师队伍素养的整体提升，踔厉奋发新时代，笃行不怠向未来，把中小学校本教研工作做得越来越好，打造更多中小学教育教学的"铁军"。

让我们一起期待，厦门翔安教育百花齐放、再结硕果，成为厦门教育的东部新高地。

是为后记。

2022年11月30日于樾琴湾梅屋